互联网文化产业研究书系

主编 陈少峰 于小涵

互联网娱乐营销

张立波 孙雯雯 韩东庆 著

浙江工商大学出版社
ZHEJIANG GONGSHANG UNIVERSITY PRESS
·杭州·

图书在版编目(CIP)数据

互联网娱乐营销 / 张立波，孙雯雯，韩东庆著. —
杭州：浙江工商大学出版社，2022.1
（互联网文化产业研究书系 / 陈少峰，于小涵主编）
ISBN 978-7-5178-4863-9

Ⅰ. ①互… Ⅱ. ①张… ②孙… ③韩… Ⅲ. ①文娱活
动－市场营销学－研究 Ⅳ. ①F719.5

中国版本图书馆 CIP 数据核字(2022)第 027501 号

互联网娱乐营销
HULIANWANG YULE YINGXIAO

张立波　　孙雯雯　　韩东庆 著

出 品 人	鲍观明
策划编辑	任晓燕
责任编辑	熊静文
责任校对	沈黎鹏
封面设计	沈　婷
责任印制	包建辉
出版发行	浙江工商大学出版社
	（杭州市教工路 198 号　邮政编码 310012）
	（E-mail：zjgsupress@163.com）
	（网址：http://www.zjgsupress.com）
	电话：0571-88904980,88831806（传真）
排　　版	杭州朝曦图文设计有限公司
印　　刷	杭州宏雅印刷有限公司
开　　本	710mm×1000mm　1/16
印　　张	15.25
字　　数	240 千
版 印 次	2022 年 1 月第 1 版　2022 年 1 月第 1 次印刷
书　　号	ISBN 978-7-5178-4863-9
定　　价	69.00 元

教育部哲学社会科学研究重大课题攻关项目"我国体育产业高质量发展研究"（19JZD016）

教育部社科规划基金项目"移动互联背景下微电影商业模式创新的路径与策略研究"（17YJA630133）

山东省社科规划基金项目"促进我省互联网文化产业发展对策研究"（18CHLJ05）

总　　序

随着近年来,互联网技术的不断发展,互联网逐渐成为人们购物、互动娱乐、知识分享等"卖场＋传播"的平台,互联网文化与人们的生活方式相互促进、深度融合,文化产业进入了互联网文化产业的新时代,"互联网平台＋数字内容＋电商"的文化科技融合新业态呈现出迅猛发展的态势。作为一个在传统文化产业基础上建立起来的新的产业形态,互联网文化产业在延续文化产业的基本内涵的同时,更加突出了轻资产的特点,这也为文化产业拓展了新的发展空间。

众所周知,互联网文化产业的发展,一方面得益于互联网平台文化与科技融合的特性,另一方面也是传统文化产业实现供给侧改革、跨界融合及产业转型升级的结果。从现有的互联网平台与互联网整体经济驱动发展的潜力角度看,今天的互联网文化产业发展仍处于初级阶段。今后伴随着人工智能、大数据、物联网、陪伴机器人等技术的不断融合发展,以及 IP 产业链的打造,互联网文化产业有着广阔的发展空间和美好的发展前景。

可以预见,在未来互联网文化产业的发展进程中,互联网文化、生活方式、技术创新与文化产业的融合将进一步加强,互联网文化与文化产业也将呈现出新的特点和发展趋势,需要文化企业与时俱进,不断探寻新机遇、把握新模式。尽管当前的互联网文化产业还是以广告为主,但各种媒体营销、互动娱乐、文创电商、付费点播、知识分享、版权开发、新媒体垂直业务等也将持续快速发展。互联网平台公司往往注重内容制作,形成"平台＋部分自制内容＋垂直运作"的新模式。可以说,今后内容提供(故事 IP 与形象 IP)、网红经济、互联网平台(技术创新)等将成为缺一不可的综合体系。随着获取优质内容的竞争趋于激烈化,以及政府逐渐取缔过度娱乐化的节目(如直播等),互联网文化企业也需要转型升级,创作或者扶持精品内容。就是说,做文化产业不仅要有适度的娱乐,还需要有文化内涵,或者要做正能量的娱乐。同时,互联网文化企业也要重视跨界创新,形成技术与设计、创意、艺术、故事等的跨界融合。

互联网平台的价值变现和技术创新,具有不同的等次和功能。我认为,以"卖场+内容"支撑的新媒体与文创电商将成为今后发展的重点,其中,新媒体各种小平台的建立,以及其垂直业务的发展是最具活力的。自媒体(新媒体)的商业模式从传统的"传播型"转化为"经营型",即以自媒体吸引粉丝的能力为基础,以品牌(含网红品牌)效应为后盾,开发自主产品,发布自家产品的广告,形成产品、营销、渠道一体化的新型平台(卖场),并且通过频道组合(多个自媒体),逐步成长为新媒体文创集团,形成内容(故事)驱动与衍生品开发相结合的新业态,从而实现内容产业、小平台频道组合和衍生品产业的内在融合。这也将成为互联网文化产业持续发展的新动能。

互联网文化产业在商业模式上更加突出了"未来"的特点,即互联网文化科技企业(及其投资)的关注点不在于考察当下是否盈利,而在于关注企业的整体价值最大化,尤其是未来导向的成长性。因此,业态的选择很重要,公司的战略、内在能力积累、发展前景也变得越来越重要。此外,基于互联网平台出现全市场、全方位竞争的特点,企业之间的合作关系将替代竞争关系,企业需要更关注行业资源的获取、资源的互补性及业务的合作开发。当然,文化科技融合与跨界业态的发展,还将整合以互联网平台为核心的产业要素,在经营方式上实现线上线下的融合。例如,随着人工智能技术的日渐成熟和人们生活方式的变化及内在需求的增加,娱乐机器人、陪伴机器人的时代也即将来临,这将赋予以互联网平台为核心的文化科技融合产业更大的发展空间。

当然,在关注互联网文化产业发展的同时,各种网络伦理问题,包括与大数据应用和机器人思维、机器人道德教育等相关的伦理问题也需要我们予以

更多的关注,需要进行前瞻性的研究,做出深入的思考。

　　基于以上的关切和研究的问题意识,浙江工商大学中国互联网文化产业研究院、北京大学文化产业研究院、北京峰火文创中心与浙江工商大学出版社联合推出了"互联网文化产业研究丛书",拟组织业界专家学者对网络文化和互联网文化产业的相关政策、产业趋势、营销模式、商业模式、企业文化、伦理问题等进行比较系统的探讨和研究,希望该丛书成为文化产业和互联网文化企业研究人员、相关从业人员和同学们有益的参考读物。

陈少峰

2019 年 1 月

目　录

导　论

　　这是一个娱乐无边界的时代。由互联网特别是移动互联网支撑的娱乐无边界，使得互动不仅成为一种时尚，更成为一种用户体验。这种体验通过娱乐网站、社交平台、在线支付、二维码等多种渠道充分表现出来，在娱乐内容、产品和用户之间建立了一个在体验中沟通的纽带，让用户以最直观的方式了解产品和品牌，同时在娱乐中感受产品和品牌所带来的各种美妙意象，从而实现信息共享、情感共鸣、心灵共通。

一、发展背景

　　信息技术与生活方式结合的互联网文化产业，给传统媒体带来了巨大挑战。它不仅给人们的体验方式和娱乐方式带来了重大的改变，而且带来了争夺创意内容的激烈竞争。在近二十年的时间内，传统媒体和新媒体体验的生活方式之间一直存在并存与竞争的关系，并且将逐渐转变为以新媒体体验为主的生活方式，其原因在于基于互联网技术的新媒体更加有利于人们在工作与生活的结合中实现便利性、丰富性和互动性。

　　互联网文化产业的快速发展，正在改变媒体产业竞争的格局，媒体汇流将演变为多形态的融媒体汇流。互联网文化产业的出现为融媒体的形成创造了机遇，特别是纸质媒体、电视媒体需要进入新媒体，而创业者可以拥有新媒体的生存和发展空间，实现内容资源共享。纸质媒体遭遇新媒体互动性和海量信息的挑战，无论是报刊机构还是出版社，都将难以通过自有的信息内容服务提供得到足以维持生存的收入支撑。由此，传统媒体必须转型，向新媒体或者做娱乐与阅读终端平台的机构靠拢。

与多形态的融媒体发展路向相一致,互联网文化产业可以创造出纵向一体化或横向一体化的空间载体,实现全产业链的整合。具体而言,就是以数字内容的"制作—授权—集成"与"转换—存储—传播—营销—分销访问"等价值链为基础,借助文化创意与信息技术的强大整合能力,通过纵向与横向产业链衔接与打通,形成全产业链的融媒体集聚。全产业链的融媒体集聚,意味着可以打造包括虚拟形象、数字影视动漫内容、植入式广告经营、内容频道经营和媒体平台、3D技术服务及软件开发、数字艺术体验、数字制作设备、手持娱乐与阅读终端设备及虚拟产品、延伸产品开发、电子商务、网络营销服务、媒体传播等全产业链的商业模式。数字内容还可以通过融媒体结合线上与线下来延长产业链。以互联网足球频道为例,如果结合互联网的视频存储点播、信息发布、足球手机报、手机信息用户的明星交流线下活动、足球夏令营、衍生产品开发和品牌赞助等,可以形成系列化的价值链整合。

中共十九大之后,政府作为第一推动力对非时政类传媒集团进行新一轮重组和改革,市场在资源配置中的基础性作用将得到实质性的发挥,原有市场准入的行政审批和许可证制度,将在传媒文化市场的一般竞争性领域逐步退出,新的登记制度将逐步得到施行,原有的行业壁垒将随着市场准入门槛的降低而软化;传统媒体和新媒体融合、制播分离体制改革等方案的全面实施,将为中国的节目制作和内容创作腾出巨大空间,从而使媒体行业进入融媒体的竞争模式;娱乐节目或内容提供商的出现及新型内容供应链的出现,将造就真正的融媒体产业。

二、新业态与新模式

伴随着经济结构的调整和转型升级,我国经济发展步入新常态。在经济新常态之下,"文化＋"与"互联网＋"相关产业得到了快速的发展。"文化＋"与"互联网＋"战略的对接,文化与科技"双轮驱动",推动了网络文学、网络音乐、网络电影、网络演艺、网络动漫、网络游戏、网络直播、AR/VR/MR、AI、微产业等新兴业态的迅猛发展,改变了人们的文化消费方式,也拓展了文化产业新的发展空间。

进入新时代以来,数字娱乐市场需求持续增加,相应政策相继出台以鼓励引导数字娱乐业态健康发展。网络音乐原创作品得到扶持,网络文学用户阅读方式多样化,网络游戏类型的多样化和游戏内容的精品化趋势明显。尤其是,随着从 4G 到 5G 的升级和大众娱乐的快速发展,微视频应用迅速崛起。据有关统计,74.1%的网民使用短视频应用,以满足碎片化的娱乐需求。① 与此同时,数字娱乐内容进一步得到规范,网络音乐、网络文学版权环境逐渐完善,网络游戏中违法违规内容得到整治,视频行业构建起以内容为核心的生态体系,直播平台进入精细化运营阶段。由此,数字娱乐在电子商务、社交网络中的应用得到推动,并与虚拟现实购物、社交电商、粉丝经济等营销新模式相结合。

数字娱乐以文化创意内容为核心,依托数字技术进行创作、生产、传播和服务,其本身具有更迭快、生产数字化、传播网络化、消费个性化等特点。数字娱乐与大数据、人工智能相结合,不断催生新业态、新模式,以满足群众的消费新需求,增强产业发展的活力与动力。此外,数字娱乐通过跨界融合,推进新兴的数字文化产业与传统的制造业、消费品工业融合发展,与信息业、旅游业、广告业、商贸流通业等现代服务业融合发展,提高产业附加值,引领新发展。

三、娱乐无边界的升级

数字娱乐的新业态和新模式的变化,使商业营销方式经历深刻的变革。工业经济的"营销 1.0"是以产品为中心,服务经济的"营销 2.0"是以消费者为中心,而当今体验经济的"营销 3.0"则是以用户情感和精神为中心。网络媒体和移动媒体技术的发展,已经逐渐改变了消费者对产品的传统态度和认知,消费者更加注重自身的情感体验,没有人会拒绝娱乐。以时效性、参与性、互动性作为显著标志的互联网娱乐营销便应运而生,互联网娱乐营销传

---

① 中国互联网络信息中心.第 42 次《中国互联网络发展状况统计报告》[R/OL].(2018-08-20)[2019-09-20]. http://www.cac.gov.cn/2018/08/20/c_1123296882.htm.

递的不只是信息,还包括情感和价值观念。

随着娱乐无边界逐渐成为人们的基本生活方式,我们已经进入泛娱乐时代。泛娱乐作为一种强调 IP 价值多向度延伸的商业生态,其核心在于 IP,即内容型的知识产权(尤其是版权)。因此,在泛娱乐化时代,打造优质娱乐性内容,以内容营销为基础,是获取市场价值的有效策略。也就是说,泛娱乐时代的互联网娱乐营销需要关注的不单纯是泛娱乐化社会背景下的营销,更多是基于泛娱乐模式的内容经营方式。泛娱乐模式下的娱乐营销要以内容为本位,以 IP 为核心,整合线上线下营销媒介:一方面,要细分受众群,根据不同受众偏好设计营销内容,实现精准的分众化营销;另一方面,要针对不同营销媒介打造与其传播特性完美结合的营销内容。泛娱乐时代的营销内容本身需要具有娱乐性,而非生硬直接地与娱乐节目相结合,唯有内容本身具有娱乐性,它才具备话题性,才能在裂变式传播中提升品牌的知名度。

随着"80 后""90 后""00 后"长江后浪推前浪式地走向社会前台,娱乐无边界成为主宰和吸引泛娱乐时代年轻人注意力的有力武器。随着中国市场年轻化,娱乐化营销的趋势越来越强,各种微视频产品对年轻人的争夺也越来越白热化。这些相互竞争的微视频产品固然很多,但每一个都有自己独特的特点,它们的娱乐化营销方式也各有不同。以抖音、快手和陌陌来分析,在以微视频、直播为核心的泛娱乐营销中,抖音更有新潮的特性,快手更大众化也更真实,而陌陌则拥有更强的社交娱乐功能。陌陌在俄罗斯世界杯期间推出了世界杯大型竞猜直播类栏目,形成了"综艺+直播+微视频+社交"的模式,这就是一种互联网娱乐营销的体现。不管哪一种产品或业态的时兴,都是与年轻人的脉搏相吻合的。

四、研究思路与框架

互联网娱乐营销是文化产业商业模式的有机组成部分。在对文化企业的商业模式进行持续研究的过程中,我们重视娱乐营销与文化产业商业模式的交叉和互动关系,也注重运用文化产业商业模式框架来分析娱乐营销与产品经营的衔接,以及其对文化企业业务结构的影响。

作为"互联网文化产业研究书系"之一,本书主要运用文化产业的基本理论和方法研究数字内容与互联网营销之间的内在关联,在此基础上探讨互联网娱乐营销的具体路径和方法。从逻辑结构上,本书可以分为四大部分:第一部分(即第一章至第三章)属于总论部分,主要是从宏观上分析新媒体时代娱乐营销的变革,形成互联网娱乐营销的基本框架(包括其内在运营原理和外在营销环节等),为后面对互联网娱乐营销所涉及领域的分析奠定理论基础。在对营销主体进行分类时,既考虑传统企业如何借助数字内容进行互联网营销,又重视脱胎于互联网的平台企业如何实现娱乐营销转型。第二部分(即第四章至第九章)是对互联网娱乐营销进行分领域、分业态的分析,主要以大量鲜活生动的案例对网络视频、自媒体(如微博、微信公众号、微电影、微视频、网络直播)的营销模式和路径进行细致入微的探讨,以期对正在进行互联网娱乐营销转型的企业提供可资借鉴的思路和方法。第三部分(即第十章和第十一章)属于专题研究,主要就与娱乐营销变革密切相关的版权交易和艺术授权,以及文化企业品牌营销战略进行延展分析,以使营销具有明确的指向。第四部分(即第十二章)主要对互联网文化产业发展格局、互联网娱乐营销变革走势和未来景象进行展望和描述,以便把营销变革和转型置于更为开阔的时空背景之下。

最后需要说明的是,本书在选取相关娱乐营销案例时,注重开创性和启发性的结合,而不是简单以事件本身存续时间的长短做权衡。因为没有永远卓越的产业,也没有永远卓越的企业,可能有的是卓越的经营行为和方法,而这些行为和方法可以引发对问题的思考。本书的完成,除了执笔者的努力之外,课题团队亦给予了大力支持,郑瑶琦、朱嘉、朱萌、赵笑笑等团队成员不同程度地协助做了部分案例调研和数据收集工作,并针对相关问题进行了多次研讨和交流,为问题的结构化和系统化研究奠定了某种实证基础。需要特别声明的是,本书关于新媒体发展的内容不同程度地参考了有关领域已经发表的统计数据和有关专题报告的研究成果。在此,对于各有关机构和学者对本课题研究所做出的基础性贡献一并表示诚挚的谢忱。

第一章　新媒体与娱乐营销变革

第三次科技革命以来,电子计算机和信息技术飞速发展,带来了互联网及其发展。现在,人们已进入新媒体时代。新媒体的普及改变了人们的生活方式和娱乐方式,也改变了传统营销的内涵。借助新媒体技术渠道与互联网络传播平台,迎合大众爱好娱乐的心理,采取互联网娱乐营销的手段推广相关产品和服务,已成为现代社会主流的营销方式。

一、信息技术与生活方式深度融合

近年来,以数字化、网络化、智能化为特征的信息技术在文化产品生产、传播和消费上的广泛应用,使文化产业获得了空前的增值发展空间,从而极大地提高了内容产业的市场竞争能力,形成了新兴的互联网文化产业。这种互联网文化产业以文化创意为核心,将各种创意内容与最新数字技术相结合,融合重铸,建立了新的生产和消费方式,产生了新的产业群落,培育出新的消费人群,并带动传统文化产业实现数字化更新换代,引领当代文化产业发展的新趋势,创造出巨大的经济社会价值。因此,互联网文化产业作为引擎产业,赋了了文化产业新的内涵,同时它的出现和发展对各种传统产业的优化与升级也提出了新的、更高的要求。

互联网文化产业是文化娱乐与信息技术相结合产生的概念,它是以文化创意为核心,以数字技术为主要支撑手段,以网络传播为主要途径,通过各种数字终端向消费者提供文化产品与服务的新兴产业。其宽泛含义是将图像、文字、影像、语音等内容,运用信息技术进行数字化并在互联网上加以整合运

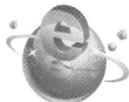

用的产品或服务。互联网文化产业可以分为内容软件、数字影音、电脑动画、数字游戏、网络服务、移动内容、数字出版典藏、数字学习等八大类。其实,互联网文化产业涉及移动内容、互联网服务、游戏、动画、影音、数字出版和数字教育培训等多个领域,现在走热的网络游戏、VOD 点播、音乐下载、微视频等都属于互联网文化产业,未来互联网文化产业的边界还会越来越大。

从总体上看,互联网文化产业是文化内容与现代科技二者深度结合形成的产业集群。一方面,宽带技术、互联网、多媒体传播等信息技术的兴起给文化内容提供了新的可能,对内容的创作、收集、存储、传输以及消费带来革命性影响。数字技术的发展推动了包括生成/制作、整合/格式编排、数据压缩、特效处理、图像加工等内容的数据库或数据中心的发展。文化、娱乐、艺术、教育培训等领域的商业化应用,要求运用 IT 技术对文化内容进行统一处理,由此,文字、图片、视频、音频等所有文化内容都简化为由"0"和"1"组成的数字序列。网络在线和移动视频化技术的成熟,逐步推动互联网文化产业的规模化发展。

另一方面,互动性、参与性和体验性活动成为现代人类基本精神生活的主要形式。随着视频网站经营的专业化、频道化,在线视频点播体验的深化,以及手机电视和移动网络游戏的普及,互动性、参与性、体验性的活动将成为信息技术与生活方式相互影响的重要形式。由此,投入互动性、参与性和体验性的活动成为现代人类生活方式中的基本需求。例如,多数人之所以进行网络冲浪、聊天、追剧,在很大程度上是为了丰富自身的业余精神生活。从信息交换、交际到共同参与娱乐并共享体验的感受,新一代文化消费的特征逐渐形成。信息技术在为这种文化消费活动提供便利的同时,也极大地拓展了产业空间,形成了许多新的生活方式。例如,网络中的许多淘宝者和创业者,开辟了工作、恋爱、交流与文化生活各个角度相互联结的生活方式新形态;电子商务不仅改变了商品的交易方式,也改变了商业文化和商业体验文化。

作为文化娱乐与信息技术两者相互促进的结果,娱乐无边界逐渐成为主流的娱乐生活形态。或者说,不受时空限制、实现随时随地娱乐成为人们生活方式的重要组成部分。在信息技术快速发展的过程中,人们的生活方式也随之发生剧烈的变化。移动互联网技术强化了人们随机娱乐的观念,使人们可以实现随时随地无边界娱乐的理想。作为结果,无边界娱乐的生活方式反过来又极大地促进了信息技术的飞速发展。网络的出现和普及给社会各个层面都带来了改变,精神生活和文化消费模式的改变,只是这个过程中的一部分。

无边界娱乐已经成为人们的一种新生活方式,特别是年轻人,更是成为这种生活方式的代表。信息技术开辟了"天罗地网"似的信息高速公路,其中就存在着对于文化娱乐内容的巨大需求。信息技术与文化娱乐内容的联合,技术与生活方式的互动,创造出规模庞大的互联网文化产业。很明显,手机媒体技术和信息通信技术的发展正在改变人们的生活方式,特别是青少年的生活方式。人们把重视手机交流和手机媒体内容娱乐的年轻一代称为"拇指族",他们具有很高的消费水平和手机内容消费的意愿,喜欢超越时间空间限制、随时随地地娱乐。这是支撑互联网文化产业发展的重要基础。

二、移动互联网与新媒体发展

互联网是一个无边际的大平台,新媒体是互联网的一种主要功能和呈现方式。新媒体立足于互联网尤其是移动互联网的发展,扎根于人们生活方式的变化,依托跨媒介传播,其营销模式创新更具多样化。

(一)移动互联网发展

移动互联网时代的到来是新媒体营销模式思考最主要的背景。根据中国互联网网络信息中心的第 42 次《中国互联网络发展状况统计报告》,截至2018 年 6 月,我国网民规模达 8.02 亿,互联网普及率为 57.7%;我国手机网民规模达 7.88 亿,网民通过手机接入互联网的比例高达 98.3%。[①] 台式电脑、笔记本电脑的使用率均出现下降,手机不断挤占其他个人上网设备的使用时间。移动互联网与线下经济的联系日益紧密,手机网上支付用户规模增

---

① 中国互联网络信息中心. 第 42 次《中国互联网络发展状况统计报告》[R/OL]. (2018-08-20) [2019-09-20]. http://www.cac.gov.cn/2018-08/20/c_1123296882.htm.

长迅速,手机支付向线下支付领域的快速渗透,极大丰富了支付场景,有越来越多的网民在线下实体店购物时使用手机支付结算。

移动端的持续增长从多个方面影响互联网文化产业的市场发展。首先,用户体验定位的转型。基于PC端和移动端的目标用户显然具有不同的使用体验取向,因此其文化消费习惯和行为也呈现不同的特征,这使得互联网文化企业在用户体验定位上需要做出重要的转型。其次,企业商业模式的战略转变。移动端的发展并不意味着原有的PC端产品原封不动地迁移到移动端,恰恰相反,企业将从商业模式本身出发,实现战略转型,这不仅仅是因为前文提到的用户体验定位转型,更重要的一点还在于,PC端与移动端产品形态和业务组合本身的区别,导致了同一产品或许并不能在两个市场中完全相容。再次,互联网文化实体领域融合发展。正如数据所显示的,手机支付等移动互联网领域极大地丰富了文化产业,尤其是实体部分的消费场景,线上与线下的融合也为互联网文化产业提供了新的发展契机。最后,新的产业蓝海仍在拓展,移动端市场不断增长也带来产业边界的不断拓展,传统的产业边界在移动互联网的影响下延伸发展,为产业蓝海的形成创造了前提和条件。

移动媒介传播形态等深层次的变化,促使处于互联网经济表层的营销模式等商业领域发生变化。首先,传统的通过单一、强大的入口收紧流量的模式遭到挑战。一方面,依托大数据的精准化、个性化服务成为黏着用户、获取流量的新模式;另一方面,社交对于提高用户对平台的黏着作用也凸显出来,社交电商等概念再次出现在视域之中。此外,文化娱乐内容对于平台的黏着和用户数据的抓取也显得很重要,阿里巴巴、百度、腾讯等平台方涉足音乐、影视等文化内容的现象越发凸显。

其次,移动互联网瞬时、碎片和移动的特性导致无效流量增加,简单的流量变现的商业模式遭到挑战。在PC端,最简单的流量变现方式即广告模式的难度因此加大,百度"躺着赚钱"的好日子不再,它发布直达号等产品布局移动端,移动广告业经历了被唱衰到众巨头纷纷出手布局,移动广告业务平台谋求移动广告新模式的转变。

再次,移动互联网时代,用户与手机等移动终端的密切关系致使线上(手机)与线下(用户)的融合越发密切,再加上LBS服务的完善,O2O(Online to

(Offline)模式逐渐火爆,特别是需要用户在场消费的本地生活服务尤甚。

最后,以今日头条、拉勾网、汽车之家、滴滴打车为代表的移动互联网"新贵"的崛起也昭示着移动垂直领域的精细化运营正在成为商业模式的新蓝海。

(二)平台思维的渗入

商业层面的平台思维与互联网开放、共享、共赢的本质相呼应,更契合于互联网经济的网络倍增效应和信息产品复制边际成本几乎为零的经济规律。[①] 互联网的兴起则加速了这种平台聚合进而变化的模式,信息产品固有的高固定成本、低边际成本的特性在摩尔定律的推动之下,为平台思维的实施提供了可能性。

平台思维的本质是网络倍增效应。网络都具有一个基本的经济特征:连接到一个网络的价值取决于已经连接到该网络的其他人的数量。[②] 具体而言,则是将需求方和供应方等诸多利益相关者集结,平台提供良性互动机制使双方需求能得到更好的满足,缓解信息不对称的矛盾,降低交易成本,最终产生"1+1>2"的价值增值效果,若能有效引爆网络,则可以达到赢者通吃的效果。例如,米聊发布早于微信,但其单一的熟人社交较之微信打通腾讯微博、QQ邮箱、QQ、手机通讯录以及附近的人等多个节点构建的平台或者说生态,劣势尽显,后期又因用户少而产生恶性循环,最终败阵。

事实上谷歌、苹果、Facebook、Twitter、阿里巴巴、百度、腾讯以及今日头条等强势互联网企业都是平台思维的受益者,而平台思维的优势在2014年因阿里巴巴风光上市而得以凸显。此外,从2014年第三季度开始,百度移动化转型成功也是其在移动端发布十几个用户过亿的APP,涵盖浏览器、安全、地图、输入法等多个领域,并通过后方强大的大数据和云计算给予技术支撑,最终形成一个平台完善、积累的势能井喷的结果。

其他的互联网企业如小米进军内容产业真正实现软硬件一体化,亚马逊通过AWS(Amazon Web Services)、FBA(Fulfillment by Amazon)和KDP

---

① 陈威如,余卓轩.平台战略:正在席卷全球的商业模式革命[M].北京:中信出版社,2013:7.
② 卡尔·夏皮罗,哈尔·瓦里安.信息规则:网络经济的策略指导[M].张帆,译.北京:中国人民大学出版社,2000:1.

(Kindle Direct Publishing)提供存储、物流等基础设施吸引中小客户入驻,腾讯在微信这一强势应用中嫁接游戏、电商、广告等多种业态,大众点评发布上接流量、下接服务的战略,实现传统行业与互联网的跨界融合,无一不是贯彻平台思维。

(三)新媒体的优势

随着科技的发展,新媒体的出现改变了我们的生活。对于新媒体(New Media),到现在也没有一个明确的界定。1998年联合国教科文组织对新媒体的定义是:"以数字技术为基础,以网络为载体进行信息传播的媒体。"通常把新媒体看作一个动态的概念,是相对传统媒体(如书籍、报纸、杂志、广播、电视和电影等)而言,新媒体是"利用数字电视技术、网络技术、多媒体技术、通信技术,通过互联网、宽带局域网、无线通信网和卫星等渠道,以电视、电脑、手机为终端,向用户提供视频、音频、语音数据服务、连线游戏、远程教育等集成信息和娱乐服务的一种传播形式"[①]。保罗·莱文森对新旧媒介进行研究,又进一步提出了"新新媒介":"新媒介指互联网上的第一代媒介,滥觞于20世纪90年代中期。其界定性特征是:一旦上传到互联网上,人们就可以使用、欣赏,并从中获益,而且是按照使用者方便的时间去使用,而不是按照媒介确定的时间表去使用。新媒介的例子有电子邮件、亚马逊网上书店、iTunes播放器、报刊的网络版、留言板、聊天室等。新新媒介指互联网上的第二代媒介,滥觞于20世纪末,兴盛于21世纪,例子有博客网、维基网、'第二人生'、聚友网、Facebook、播客网、掘客网、优视网、Twitter等。"[②]

新媒体以互联网环境为生存阵地,而中国的互联网网民一直保持着高增长率。互联网覆盖的数字化社会,出现了一系列新名词:上网、在线、链接、社交网络、新媒体、智能手机、参与度、大数据、众筹、信息搜索、网购、社群交流、互动、分享、粉丝、智能判断等。这些词语表现出当下社会群众态度和行为的变化,这些事物深深融入人们的日常生活中,从根本上改变了人类的生活方式。新媒体本质上是数字化媒体,新媒体最重要的特征就是科学技术的进步

---

① 王文科.传媒导论[M].杭州:浙江大学出版社,2006:316.
② 莱文森.新新媒介[M].何道宽,译.上海:复旦大学出版社,2011:4.

所带来的数字化传播方式。①

在数字化环境中,人类面临的信息环境变了,信息变得更加透明和完整,使我们对信息拥有了更大的自主掌控权。互联网上形成了诸如"圈子""论坛""社交网站组群"等一系列虚拟社区,人们彼此之间加强了互动和信息分享。在消费领域,也出现了新的数字化消费者购买行为和决策模式,解释和影响消费者的理论方法和路径有了本质不同。

既然新媒体的"新"是一个相对的、动态的概念,可以预见的是,无论多么火爆的现象都会被新事物取代,如今的新媒体也会很快被更新的融媒体取代,只有牢牢跟上数字化科技发展的步伐,根据新的状况制订新的发展战略,才不会被新时代淘汰。

我们认为,新媒体是相对于传统的纸质媒体、电视、广播等而言,基于信息技术和数字技术的应用而产生出来的各种新的媒体形式,其主要是通过互联网和移动互联网的传输实现更高效的传播。本书所涉及的新媒体大致包括数字电视、移动电视、网络电视、移动多媒体、新闻门户、搜索、垂直门户、地图、视频、即时通信、APP、社交软件、触摸媒体等。这些新媒体中大部分可以用"社会化媒体"概念来概括,所谓"社会化媒体"是人们彼此之间用来分享意见、见解、经验和观点的工具和平台。具体而言,"社会化媒体"是指拥有大规模用户并占据用户大量时间的社会化媒体平台,包括即时通信、视频音乐、博客、微博、社交网络、论坛、移动社交、社会化生活、电子商务等。② 其中,即时通信有 QQ、阿里旺旺、飞信等;视频音乐有优酷、土豆、PPS、爱奇艺、搜狐视频、快手、抖音等视频网站,酷狗音乐、虾米音乐、酷我音乐等音乐平台;博客有新浪博客、36 氪等;微博有新浪微博等;社交网络有 QQ 空间、人人网、朋友网等;论坛有百度贴吧、汽车之家等;移动社交有微信、陌陌、易信、来往等;社会化生活有大众点评、豆瓣等;电子商务有淘宝、京东等。此外,按消费者兴趣细分,还可以将其划分为旅游社交、婚恋交友、商务社交、企业社交、轻博客、图片社交、微视频社交、百科问答、社会化电商等九类平台。

---

① 喻国明.解读新媒体的几个关键词[J].广告大观(媒介版),2006(5):12.

② Kantar Media CIC. 2018 年中国社会化媒体生态概览白皮书[R/OL]. (2018-08-14)[2019-09-20]. http://www.sohu.com/a/247078987_100003557.

总之,以上这些应用基本呈现了现阶段中国新媒体的全景,也是新媒体企业发展有所作为的重要耕耘之地。因为这些新媒体所构成的生态环境也正是互联网和移动互联网的入口,抓住了这些新媒体就等于抓住了互联网和移动互联网的流量和用户。因此,研究新媒体企业离不开研究 BAT(百度、阿里巴巴、腾讯),或者可以说研究新媒体企业主要就是研究 BAT,因为这三家公司基本上已垄断了中国互联网和移动互联网的主要应用。

当然,新媒体的具体产品种类还有很多,对所有的社会化媒体以及其他诸如移动电视等新媒体的分析,不可能面面俱到。因此,本书主要围绕视频网站、网络直播、微视频、自媒体(如微博、微信等)等具有话题代表性的新媒体进行分析,并以典型事件为例进行案例分析。为何选择这些方面?一是因为 5G 时代将是视频的时代;二是因为新媒体在移动端的表现直接决定了新媒体的未来发展,微博、微信就是最具有代表性的新媒体;三是因为以自媒体为代表的新媒体形式,正在进一步分化和颠覆着包括现有新媒体在内的所有媒体。

基于平台思维的生态布局已经成为未来发展的趋势。媒体跨界整合,打造完整生态链,已成为共识。而融媒体,正在打破新旧媒体的壁垒和界限,实现信息的传播效益和社会经济效益的最大化。融媒体平台倡导的是信息源中心化,把传统媒体与新媒体的优势进行有效结合,实现资源通融、传播互融共享、利益共融。用互联网思维颠覆传媒行业,互联网营销不再只是把产品、服务卖给用户,而是向用户开放所有权,企业与用户共同拥有产品和品牌,一起定制属于用户并不断成长和契合用户需求的产品。

三、娱乐营销的变革

娱乐是人类的天性,有谁不喜欢娱乐呢?《牛津词典》对娱乐的定义是:"一种能够吸引受众的兴趣和注意力,或者使他们感到愉快的活动形式。"按照这种定义,娱乐在现实中涵盖的范围可以说非常广泛,上网、听音乐、看电影、旅游、玩游戏、外出聚会等一系列可以带来愉悦体验的经历,都可以算作娱乐。

（一）互联网改变了娱乐形式

娱乐进入营销领域的研究最初兴起于美国。美国最大的媒体与娱乐顾问机构博思艾伦咨询公司创始人沃尔夫在《娱乐经济》一书中认为：娱乐业是全球经济增长的驱动轮；"娱乐经济"已经成为新的世界通货，21世纪的货币不是欧元，而是娱乐。美国学者阿尔·利伯曼的《娱乐营销完全指南》则介绍了过去几十年娱乐业发生的深刻变化及其对商业的影响。他说："喜欢好玩的东西，是人类的天性。没有什么能比娱乐更让人不设防，更能让消费者难以抗拒了。而娱乐业五光十色，令人眼花缭乱。营销人想要在娱乐业占有一席之地，必须接受狂风骤雨般的挑战，同时不得不面对突如其来又转瞬即逝的流行趋势。"[①] 他评价道："娱乐是公众面临的精神'鸦片'，一旦上瘾便很难戒掉。"[②]

互联网改变了娱乐的形式，一切可以看作娱乐的活动如新闻、社交、音乐、文学、绘画摄影、电影、网络电视节目、网络剧、动漫、游戏、购物，都可以在网络上加以呈现。在互联网上，这些娱乐形式之间并非截然分开，而是常有重叠，比如音乐和电影的结合、根据动漫开发的游戏、网络电视节目中植入购物信息等。这些娱乐信息按照视听类型来区分，主要表现形式可以概括为视觉类的图片（包括动态和静态）、文字，听觉类的音频，以及视听结合的有声视频等。从互联网角度看待娱乐业又是另外一番景象。娱乐业网络化是全球娱乐业在21世纪的发展方向，网络化、互动性和真实感这三大趋势构成了未来数字娱乐的基本特征。

（二）手机居于生活中心

许多人平常的一天往往这样展开：早上起床第一件事就是伸手拿手机看看空间或朋友圈、新闻推送、公众号；上班时间快到了便匆匆出门，在等车、乘

---

① 阿尔·利伯曼，帕特丽夏·埃斯盖特.娱乐营销完全指南［M］.王芳，译.2版.上海：格致出版社，2017：1-3.

② 埃尔·李伯曼，帕特丽夏·埃斯盖特.娱乐营销革命［M］.谢新洲，等译.北京：中国人民大学出版社，2003：288.

车期间好像没有其他的事可做，就只有浏览一下手机上感兴趣的内容，或者听听歌，看看视频；开始学习或工作时，繁杂的思考和计算让人心烦意乱，此时手机似乎变得更加有吸引力，毕竟玩手机和学习或者工作相比显得那么轻松愉快，手机成了提神醒脑的利器；终于到了短暂的休息间隙，拿过手机更是十分自然；下班路上仍然要靠手机打发时间；当结束了一天的工作和家务终于能躺在沙发或床上休息一下的时候，拿起手机休闲放松一下，不知不觉就到了深夜，实在是非常疲倦的时候才不得不放下手机准备睡觉。新一天的生活仍是一个类似的循环。你是否发现自己已经离不开新媒体与互联网了？手机似乎变成了身体的延伸，成为身体不可分割的一部分。

宝贵的休息日，出门游玩的吸引力也没有那么大，更多人选择在家里用电脑或是手机上网、浏览信息、听歌、看视频。既然存在这种点一点手指就足以满足休闲放松需求的方式，为什么还要出门面对堵车的烦躁，以及不停行走带来的腰酸腿疼呢？即使出门旅行，主旋律也变成了拍照和发朋友圈。哪怕在聚会上，人们也并不彼此交流，而是在等待上菜的过程中玩着各自的手机，菜端上来后拍照发朋友圈，匆匆吃完离去。

手机似乎代替了人们的感官，人们通过手机来感受这个世界，甚至患上了一种"无手机焦虑症"。一个网友说："有的时候天天玩手机不是因为手机多有意思，实在是其他都太无聊了，长辈问我天天看手机都看什么，实际上就是打开程序关闭程序，然后一直找有什么能看的。"人们戳着手机几乎变成一种无目的的无意识的行为，巨大的生活压力使我们对周围的一切似乎都失去了兴趣，一旦被拿走赖以打发时光的手机，人们就会陷入不知道做什么的焦躁不安中。

这一切体现出新媒体对人们的影响力远远超过传统媒体，在依赖报纸、电视等传统媒体作为主要信息接收工具和娱乐寻求方式的时代，人们并不会觉得哪一天不看电视会对生活产生什么至关重要的影响，然而当互联网和新媒体渗透生活的方方面面的时候，使用它们甚至成了一种"不得已而为之"的行为。比如你会发现商铺老板收现金时经常难以找零钱，因此你不得不学会使用手机支付。或者你想在路边伸手招停一辆出租车，却发现没有一辆出租车愿意停下来，因为使用网络打车的乘客快你一步，这些出租车早已被乘客预约了，正急着赶去接他们而无暇顾及在路边焦急等待的你，因此你也不得不学会使用打车软件。最后人们发现，在生活被新媒体控制下的时代，没有人能够脱离这种生活方式。

（三）网络营销的翻新

移动互联网和新媒体快速发展的过程，也是营销模式不断创新的过程。相对于企业对社会化媒体营销应用的积极性，网络营销应用速度则相对缓慢，很多企业对基于手机的网络营销策略还比较模糊，或者并不急于在手机营销方面过于激进。尽管手机上网已经成为用户获取信息的主要网络渠道之一，但对手机网络推广效果评估困难，以及手机网络营销可操作的方法有限等因素，影响了企业营销人员的积极性。手机营销的行业差异性非常明显。例如，机票预订、酒店预订领域，手机营销的效果就相当好。网络营销具有便利性、快捷性、信息量大、传播范围广等优势，随着网络管理的规范化，网络营销也会有越来越大的发展空间。随着文化内容和信息技术的加速融合，各种数字内容产品不断推陈出新，相应地，营销模式也随着数字内容的推陈出新而不断翻新。

第一，植入式广告将成为一项专业业务。娱乐植入广告由来已久，早期常见于电影、电视剧。植入式广告是将产品或品牌及其代表性的视觉符号策略性地融入电影、电视剧、电视节目、游戏等各种内容之中，通过场景再现的方式，让受众在不知不觉中留下对产品及品牌的印象，继而达到营销的目的。植入式广告是随着电影、电视、游戏等的发展而兴起的一种广告形式，它是在影视剧情、游戏中刻意插入商家的产品，以达到潜移默化的宣传效果。在互联网娱乐项目中，网络电视综艺节目、网络游戏、网络视频自制剧等也成了植入广告的主阵地。不过植入广告的处理方式一定要与节目的主体氛围相符，不然会显得生硬甚至引起观众反感。由于很多受众对广告有抵触心理，因此把商品融入这些娱乐项目的做法，其效果往往比硬性推销的好得多。相对于传统直白的硬性广告，将营销寓于娱乐的方式之中，是一种使消费者难以辨明其为广告的间接营销形式。植入式广告与媒体载体的相互融合，共同建构了受众现实生活或理想情境的一部分，将商品或服务信息以非广告的表现方法，在无意识的情态下，悄无声息地灌输给受众。随着互联网文化产业的蓬勃发展，植入式广告会因其强劲的传播渗透力，越来越受到高端品牌企业的青睐,由此植入式广告也会由现在补充性的边缘角色跃居中心位置,形成一种由专业机构运作的专门业务。

第二,虚拟产品经营将成为一种相对稳定的商业模式。互联网可以提供大量的虚拟消费方式,由此可以相应地开发虚拟娱乐产品获取收益。如通过IT技术开发出"第二人生"这样的虚拟社区或者创意和买卖网络,尤其是网络游戏中的虚拟产品(典型的如传奇和征途网络游戏中的道具及奖励),企业可以从经营这样的虚拟活动中获得不菲的收益。实施虚拟产品经营,注重对价值链关键环节的把握,最大限度地利用外部资源,加快了企业对市场变化的响应速度。随着移动互联网的普及,虚拟娱乐产品将会趋于多样化和规模化,相应的收益方式也会趋于规范与稳定。

第三,海量阅读选择、娱乐软件下载和网络游戏将为平台服务带来联动收益。互联网文化产业的基础是数字内容产品的规模化生产和交易,其核心是由文化创意所形成的图像、文字、音频、视频信号等。互联网与手机无线网一体化将带来数字媒体的互动与资源整合,从而促进各方联动的商业模式的形成。例如,苹果公司推出 iTunes 网上音乐商店,为用户提供合法的、便于使用的、灵活的照单点播式音乐下载,使唱片公司、音乐人和运营商都从中获益。苹果公司还非常强调利用 iPhone 和 3G 网络的结合,强化用户界面与终端体验,为消费者创造体验价值。iPhone 采用的是手机销售(独享)、应用程序销售(分成)和运营商服务费(分成)的盈利模式,促进 iPhone 与合作运营商网络之间的结合。iPhone 建立应用商店 App Store,其应用商店中提供了多种应用供用户挑选,以满足用户自身的个性化需求。苹果的应用商店模式使众多第三方开发商实时接触到千千万万分布于世界各地的用户,这种共同获益的模式获得了成功。

第四,消费者自助形态的商业模式会越来越普遍。就内容的提供而言,互动性娱乐将成为数字内容的主题。许多自主创作的内容如彩铃、博客、微博、社交网、自助游戏等,可以促进信息交流和信息阅读的互动性,是大众之间意思表达和文化交流的重要形态,并成为互联网文化产业的组成部分。例如,人们会用手机制作节目,自己喜欢什么娱乐节目,就可以分享这些作品,并修改这些作品。今后的网络和手机动画短片都可以采取原创加自助修改的模式,增强其互动性和体验性。

第五，专业化模式更加丰富多彩。专业化是互联网文化产业一种基本的商业模式。从总体上说，互联网媒体正在进入一个专业化的竞争阶段，一些网络公司如新浪、搜狐、网易等门户网站都需要走专业化道路，通过扩展某些领域如游戏和专业频道如体育等来保持增长。从视频产业发展的角度看，针对不同的视频业务可以采用不同的商业模式：互动的基于会议的视频业务可以采用计时收费的模式去运作；高服务质量的影视、音乐等业务，可以采取插入视频广告的模式去运作；一些基于两者之间的业务要按照两者结合的模式去运作。而手机内容产业就已有的内容产品来看，包括手机门户网站、广告、短信、博客、音乐、手机小说、手机报、手机单机游戏、手机网络游戏、手机视频等。围绕这些产品可以形成众多的专业化商业模式。可以预见，今后将有许多手机媒体企业上市，包括手机体育、手机电影、手机电视、手机游戏、手机动画、手机广告、手机文学等企业将获得发展的新机遇。

当然，尽管新媒体呈现迅猛的发展势头，但电视依然有其不可替代的地位。相对于网络广告而言，电视广告比较集中，尤其是中央电视台黄金资源广告的价值，更是到目前为止任何新媒体广告都难以望其项背的。现在国内电视广告的形势相当严峻，在这样的背景下，央视能够创造这样的佳绩，可谓奇迹。湖南卫视的广告招标也足够抢眼。电视广告依然存在自身优势的主要原因是其公信力较高。因此，电视台应该持续发挥并扩大这一优势，同时还要注意永远不要破坏这一优势，远离虚假广告，以免多年积累的良好口碑毁于一旦。

（四）互联网娱乐营销的进路

自从新媒体出现后，互联网娱乐营销就随之而至。而我们所谓"互联网娱乐营销"，是指以"互联网＋娱乐内容"为支撑的一种营销方式。具体而言，互联网娱乐营销就是在互联网平台上借助娱乐元素或形式将产品与用户情感建立联系，从而培养忠诚用户的营销方式。它不是从理性上去说服用户购买，而是通过感性共鸣从而引发客户购买行为。[①] 它以娱乐的方式进行有效

---

① 刘芸畅.新媒体营销＋：互联网时代的娱乐营销解密[M].北京:中国文史出版社,2015:2.

传播,从而达到娱乐大众、营销自己的目标。

在我们看来,理解"互联网娱乐营销"有狭义和广义两种思路。狭义上的互联网娱乐营销,是对娱乐内容产品或娱乐活动本身的营销,娱乐内容产品就是营销内容本身。在互联网新时代,推广众多互联网娱乐公司生产的产品,例如爱奇艺视频、腾讯游戏、网易云音乐等,本身就可以说是一种娱乐营销。

而我们所谓"互联网娱乐营销"是从广义上来思考的,它不只是强调对娱乐内容产品或娱乐活动本身的营销,更强调把互联网娱乐作为一种新的营销方式,其效果远远优于传统意义上的营销。进一步说,互联网使得营销的主体发生了丰富的变化,与传统意义上的营销不同,营销不再单纯依靠广告公司,任何企业本身甚至个人都可以成为营销的主体。易言之,只要我们想要自己被别人知道,那么我们就是在营销;只要通过采用"互联网+娱乐内容"的方式,就是互联网娱乐营销。

虽然互联网世界是数字化的虚拟世界,但是它仍然与现实世界紧密联系着。所有现实中的企业——生产各类产品、提供多种服务的企业,它们都可以利用互联网这个利器传播自己。互联网营销与传统营销最大的区别就是其导向由产品转向用户。传统营销的宗旨在于,消费者是工作的中心,必须时刻想到消费者,提供比竞争对手更好的产品和服务。而互联网时代,"娱乐营销所着重推广的首先是一种消费体验,而不是具体某件产品。目标消费者必须在体验之前购买参与该体验的许可权,而这种体验的提供者也必须在体验发生之前获得一定的经济回报"①。德鲁克曾经提出"顾客价值"的重要思想,认为顾客购买和消费的绝不是产品,而是价值——顾客看重的价值主要有功能价值、情感价值、社交价值、体验价值等,各种消费都是以是否能满足这些需求为目标的。② 可以说,营销的重点放在"以人为本"的理念中,体现了消费者的能动性和消费者需求的决定性作用。

在传统营销方式下,商家大多通过传统的广告推广产品,消费者是被动接受的,而在互联网新媒体时代,消费者有了更多主动选择权,对比之下传统广告愈加显得简单,人们再也不会乖乖地等在屏幕前,盯着广告慢慢播放了,

---

① 埃尔·李伯曼,帕特丽夏·埃斯盖特.娱乐营销革命[M].谢新洲,等译.北京:中国人民大学出版社,2003:8.

② 德鲁克.21世纪的管理挑战[M].朱雁斌,译.北京:机械工业出版社,2009:93-95.

如果一条广告跳出来打扰了你正在消遣放松的兴致,你完全可以毫不留情地关掉它。营销方式也正在从"强硬推送"变为"你想看什么",真正有效的营销是让消费者主动选择,甚至进一步主动参与传播的过程。"未来娱乐营销的真正症结在于关注消费者的选择权利。消费者用他们的腿和钱包来选择他们想要的娱乐产品,这一选择的结果直接决定了谁将成为未来娱乐业真正的赢家。……在闲暇时间、可支配收入、技术进步等各方面条件都成熟的情况下,营销团队的任务就是打造品牌,提高观众的认知,挖掘消费者当前和潜在的需求。这一步骤是娱乐营销的核心。"[①]从这个意义上说,互联网娱乐营销引起消费者兴趣最好的方式就是借助丰富多彩的娱乐形式,更好地传播自己,利用互联网娱乐内容进行推广营销。

四、互联网娱乐营销关涉的负面问题

(一)有违公序良俗的娱乐内容

从内容角度来说,娱乐营销有时可能无法达到社会伦理和法律的要求。一方面,网络娱乐在给人们带来乐趣和放松的同时,也过度夺取了人们的注意力和时间,导致我们在其他事物上的精力减弱。过度沉迷网络娱乐会降低日常生活的效率。另一方面,诸如传播低俗、色情、暴力等一系列不良价值观或有违社会道德的节目是国家重点监管的对象。2018 年以来,包括斗鱼、花椒等直播平台,今日头条等引擎产品,快手、抖音等微视频 APP,以及 AcFun等视频弹幕网站都应相关要求进行了整改或自查。特别是今日头条旗下"内涵段子"客户端软件及公众号永久关停,网络综艺节目《奇葩大会 2》也从爱奇艺下架。这些被整改或取消的网络娱乐项目等的内容多多少少涉及一些传播负面话题或是不遵守国家管理规定的行为。

其实,对于娱乐内容的评判有限定性标准和提倡性标准两个层次[②],而最

---

① 埃尔・李伯曼,帕特丽夏・埃斯盖特.娱乐营销革命[M].谢新洲,等译.北京:中国人民大学出版社,2003:10.

② 陈少峰,张立波.文化产业商业模式[M].北京:北京大学出版社,2011:25-28.

合理的是以社会主义核心价值观为评判标准。根据中共十八大的陈述,理论界把社会主义核心价值观一致概述为"二十四字",即"富强、民主、文明、和谐、自由、平等、公正、法治、爱国、敬业、诚信、友善",这是新时代社会主义核心价值观的最新成果,是对中华文明和世界其他民族文明几千年历史的总结和提炼,汇聚了一代代优秀的中国人的价值探索。社会主义核心价值观之所以是"核心"的,原因在于其内容的普遍适用性、基础性、原则性和优先性:普遍适用性指的是其价值内容适用于任何一种价值观念体系;基础性指的是其价值内容是一切其他价值观念的基础;原则性指的是其价值内容不能为其他价值观念所左右;优先性指的是其价值内容与其他价值观念冲突时具有优先考虑的权重。创意者和文化企业在产品和服务的创作、生产上需要以社会主义核心价值观为指导。这是娱乐产品创作、生产与传播的价值底线,即不能触犯"文明""和谐""爱国""诚信""友善"等核心价值取向,比如不能用黄色、暴力等内容吸引消费者眼球,不能用流言蜚语冒犯和伤害公民,不能用激烈的言辞去激化社会矛盾,不能用虚假的言辞渲染某一个故事或内容,不能宣扬背离国家的言论,等等。

将社会主义核心价值观作为区别低俗文化、通俗文化和高雅文化的标准,作为政府文化管理部门对文化企业的产品和服务进行监管的标准,并不是说如果不宣扬社会主义核心价值观便是低俗文化,便需要对其进行限制、处罚或者没收,而是说不应该去触碰社会主义核心价值观所反对的东西,比如"不文明""不和谐""不爱国""不诚信""不友善"等价值观念。在"十三五"发展规划中提到了文化产业发展需要注重社会效益优先、经济效益与社会效益相统一的原则要求,这里所讲的社会效益的优先性,实际上要强调的并不是只要文化产品和服务不能促进社会效益便应该被抵制和拒绝,而是只要文化产品和服务没有触碰降低和破坏社会效益的价值领域便应该得到政府和公众的肯定。文化企业应该主动地回避低俗文化的倾向,尽力为促进文化的整体性社会效益做出贡献,至少不应该去减损和破坏社会效益。政府文化管理部门也应该以这条标准为准绳,来对文化事业和文化产业进行规范化管理,为通俗文化或大众文化留下广阔的发展空间,即认可和尊重娱乐化的倾向。

（二）侵犯隐私问题

隐私问题事关每个人的切身利益，但又是每个互联网用户无法绕开的问题。无论是我们注册成为网站或 APP 用户，还是在社交软件上交流分享，我们的个人信息都暴露在网络环境下。除了主动发布的个人信息，大数据的应用也使我们的一举一动都受到"监视"，每次点击、浏览、停留都会留下痕迹，甚至在网络之外，你去过哪些地方，偏好吃什么、玩什么，都能通过定位等技术一览无余，这些都给人带来了隐私泄露之忧。

很多用户担忧储存在智能手机或者云端的个人数据泄露。埃森哲发布的《2017 动态数字消费者报告》显示，智能手表和健康检测设备等互联设备的需求依然低迷，原因在于这类设备价格过高，而且消费者一直存在对隐私及个人数据安全方面的担忧。有 87％的受访者对在线购物等交易的安全性有所顾虑。近 90％受访者担心，某些公司或系统未经同意便可获取他们的财务信息。[①]

这些担忧并非杞人忧天，互联网技术给人们带来便利的同时也给网络犯罪提供了可乘之机，再加上资金交易与互联网相连，更带来了利益相关风险。随着技术更加智能化和人性化，有了更多保护账户安全的加密技术和对相关隐私问题的事先询问，隐私保护是在尊重消费者意愿的前提下最大限度保障用户隐私安全，需要相关网络企业在技术和道德上都严加防范风险。

（三）侵犯知识产权问题

网络上信息高度透明，一个现象的风靡很快就会引起跟风模仿，这也带来了受众对版权问题的担忧。虽然在模仿中有时也会出现创新的成分，但是对于原始的内容生产者来说，这也是一种对积极性的挫伤。对于知识产权相关问题，我们在后面将辟专门章节进行讨论。

---

① 埃森哲. 2017 动态数字消费者报告［R/OL］.（2017-05-02）［2019-09-30］. http://www.doc88. com/p-8791305971082.html.

第二章　互联网娱乐营销基本原理

埃尔·利伯曼在《娱乐营销完全指南》一书中曾经阐述娱乐营销的"4C"理论，即内容（Content）、传播渠道（Conduit）、消费（Consumption）、整合（Convergence）四个方面。[①]"4C"理论主要是基于传统的娱乐业分析而言的，而我们所讨论的互联网娱乐营销有着不同的特点，与之相对应的营销原理也有着独特的含义。本章从互联网时代特征角度分析娱乐营销所具备的新的逻辑和要素，以探究互联网娱乐营销的内在结构和原理，主要总结提炼出互联网娱乐营销中的五大要素：营销主体、环境、内容、用户、效果。这五个要素反映出互联网娱乐营销的特征，相互间又存在着紧密的联系。以下从各个部分展开论述，具体阐明互联网娱乐营销包含的内在要素。

一、营销主体

这里的营销主体主要指从事互联网娱乐营销活动的主体，以各类企业为主，它们生产互联网内容、各类产品或者提供各类服务。其中，互联网类企业可以在自主建立的互联网平台上推出互联网娱乐相关内容，借此营销。而其他线下提供产品和服务的企业则可与之合作，依托互联网娱乐内容进行营销。另外，有一部分企业也开始自己生产互联网娱乐内容，将文化企业内涵注入工业生产和服务提供中，提升了企业的整体价值。

---

① 阿尔·利伯曼，帕特丽夏·埃斯盖特.娱乐营销完全指南［M］.王芳，译.2版.上海：格致出版社，2017：1-2.

（一）互联网企业

1. 互联网娱乐内容供应商自身的娱乐营销

互联网上的娱乐内容千姿百态，这有赖于大量互联网娱乐内容供应商的存在，例如网络文学领域供应商掌阅科技、中文在线、阿里文学，网络视频领域供应商爱奇艺、优酷、搜狐视频等，网络音乐领域供应商 QQ 音乐、网易云音乐、酷狗音乐等，互联网社交领域的 QQ、微信、新浪微博、Twitter、Facebook等，网络游戏领域的盛大游戏、网易游戏、腾讯游戏等。这些企业供应商的互联网娱乐内容类别丰富，有些同时涉足文学、游戏、视频等多个领域，靠多层次、多方面的业务内容成为强大的互联网娱乐内容供应商。

依靠自身形成的互联网娱乐生态圈，这些互联网娱乐内容的供应商在自己的平台上宣传新作，这可以看作他们的营销方式。例如一些视频客户端在网络视频开播前的广告播放中，播放这一视频客户端中其他热门视频或即将上映视频的预告。

2. 互联网娱乐内容供应商之间的合作

为了扩大宣传，这些供应商彼此之间也会选择合作，选取符合自身定位并且受众群体广泛的其他娱乐内容平台进行营销推广。互联网时代，网络视频已经渐渐取代了传统电视。网络视频与传统电视相比，用户的自主选择权大大加强，在节目休息间隙插播的广告可以通过拖进度条跳过，这就无法保证广告的接收效果，因此为了不让观众把广告"剔除"出去，平台出现了一种把广告和节目内容结合起来的方式——节目植入广告。在节目中，主持人通过巧妙的解说把广告内容传递给观众，观众常常难以预料而且能够持续保持注意力。在浙江卫视真人秀节目中，可以看到"今日头条""抖音""同桌游戏"等互联网娱乐产品的广告信息，其中《王牌对王牌》"新白娘子传奇"一期，有曝光嘉宾手机的节目环节，实际上是为手机 APP 打广告。

3. 其他互联网企业的娱乐营销策略

还有一部分与互联网联系密切的企业，它们不是直接的互联网娱乐内容供应商，例如阿里巴巴一类的服务运营商，但同样提供互联网服务，且商业气息更为浓重，是为销售产品服务的企业。对于这一类企业，它的娱乐营销方

案同样有两种:一种是与上面提到的娱乐内容供应商进行合作,另一种则是通过自身网络平台加强营销活动的娱乐性。

支付宝作为一款互联网支付软件,可以说充满商业气息,但是它善于在商业元素中调动群众的兴趣和参与热情。"蚂蚁森林"是支付宝客户端发起的一项公益行动:用户通过使用支付宝的服务或是运动计步,可以为减少碳排放量做贡献,获得一定的"能量",用来在支付宝里养一棵虚拟的树,在支付宝程序页面可以看到树苗的成长进程。"能量"累积到一定的数额后,公益组织、环保企业等合作伙伴,可以"买走"用户的"树",在植被稀缺的内蒙古阿拉善、鄂尔多斯、巴彦淖尔和甘肃武威等地区种下一棵真正的树,为缓解地球荒漠化做出贡献。

用户通过每天的低碳行动,看着自己"种植的树"慢慢长大,直至变成一棵真正的树,会产生一种为环保做贡献的自豪感。另外,"蚂蚁森林"还增加了支付宝好友之间的运动步数排名,以及可以早起"偷取"好友的"能量"增加自己的"能量"等设置,这些为用户提供的社交价值进一步增加了乐趣。支付宝还将这种参与感加社交价值的策略运用到诸如"集福抢红包""分享红包赚奖励金"等活动中,虽然红包能带来的现金收入是微乎其微的,但是人们还是对这种充满参与感和乐趣的活动无法抗拒。

"有趣"是娱乐最明显的表现形式,原本商业化的内容只要加上"有趣"的特质就能显得更有人情味。用故事让消费者充满参与感,这是所有企业都可以借鉴的娱乐营销形式。

(二)线下企业

1. 与互联网娱乐供应商的合作

提供产品生产和服务的线下企业,其互联网娱乐营销策略之一也与上文提到的其他互联网企业类似,可以选择与互联网娱乐内容生产商进行合作,用常见形式插播广告和植入广告。另外,娱乐营销也会从线上延伸到线下,通过娱乐活动营销来提高影响力,形成线上线下一体的整合娱乐营销。

例如,2017年8月农夫山泉和网易云音乐跨界合作营销,网易云音乐精选30条热门评论,印在4亿瓶农夫山泉饮用水包装上,在北京、上海、杭州等国内69个城市和京东商城同时首发。除此之外,包装上还印着网易云音乐黑胶唱片图案和进度条标志以及二维码,通过扫描二维码可以获取音乐和乐评,而通过网易云音乐APP扫描瓶身黑胶唱片图案,就能体验定制化AR:扫描完成后,手机界面会出现星空图案,点击不同的星球还能弹出随机乐评,用户可以与之合影,并立刻分享到社交平台上,完成从线下到线上完整的音乐体验。这些热门评论和音乐元素使得每瓶水都带上了故事和艺术魅力,将物质消费转为精神符号消费,即使知道是在营销,这种包含着情感的方式也能打动人心,令人难以抗拒。

在这一案例中,与互联网音乐供应商合作的农夫山泉选取了互联网用户基数大的群体,也就是有一定知名度的平台合作。网易云音乐拥有数量可观的用户群,根据官方数据,网易云音乐在2016年用户数就已经突破2亿。同时,两者用户也有一定的差异,可以互相拓展用户群体。农夫山泉饮用水本身的目标消费者并没有突出细分,相对于针对年轻人生产营销的碳酸饮料等饮品并没有优势,所以在年轻人的观念中并不是第一饮品品牌。而年轻用户是网易云音乐的主要目标用户,这款软件凭借个性化推荐、歌单、优质评论等独特功能,以及社区氛围,在年轻人群中广受欢迎。这样一来,无疑扩大了农夫山泉饮用水在年轻人群中的影响力,网易云音乐的广大用户群也成为农夫山泉的潜在用户。而对于网易云音乐来说,农夫山泉也有可观的销量,合作营销的成功扩大了网易云音乐在线下的宣传。双方在这方面有相当的契合度,进行资源交换不需要大量额外投入,最终获得了共赢。

2.拓展互联网文化娱乐和传媒业务

在文化产业蓬勃发展的今天,任何一个企业都不能仅仅停留在产品生产阶段,而是要依靠更强大的文化内容在精神上吸引群众的持续关注。智能手机生产商小米不仅为其产品营销,而且推出了游戏、视频、网络文学、音乐、新闻等数字内容业务。小米参与投资的文化娱乐企业共有54家,涉及影视、动漫、媒体及阅读等10多个文化细分行业。可以看出,小米公司依靠互联网文化增值服务,认识到成为互联网文化企业比单纯的产品企业前景更加广阔。

除了依靠参与文化娱乐内容生产扩大品牌影响力,自媒体的出现也是企业娱乐营销的有力武器。各企业可以建立企业论坛、服务号、微信公众号、官方微博等,发布企业服务相关信息,与客户及时沟通,引领营销活动进程。在未来,企业无须借助媒体营销,而是直接成为媒体本身。

二、环　境

互联网娱乐营销的环境包括外部营销环境和内部营销环境:外部营销环境主要是市场环境,包括消费者行为、传播渠道和平台、竞争者、技术环境、国家法律政策等;内部营销环境主要是企业内部环境,受到企业文化、领导力、营销策划者能力、道德自律等方面的限制。

(一)外部营销环境

1. 消费者行为

消费者行为是营销管理的基础,营销活动的起点是消费者诉求,目标是消费者满意度和忠诚度。因此要研究营销,先要研究消费者行为。

对于消费者行为的解释,"决策论"认为是消费者购买、消费和处置的决策过程;"体验论"认为是消费者的体验过程,往往是一种感性行为——消费者是在体验中消费,在体验中处置;"刺激—反应论"认为消费者行为是消费者对刺激的反应,从消费者与刺激的关系中去研究消费者行为;"平衡协调论"认为消费者行为是消费者与营销主体之间的交换互动行为,是双方均衡的结果。[①]

理解消费者行为首先要洞悉消费者需求。现代营销理论认为,消费者需求是营销的核心。罗格·D.布莱克韦尔把人类的需要分为 10 类:生理需要、安全与健康需要、情感需要、金融资源与保险需要、娱乐需要、社会形象需要、拥有需要、给予需要、信息需要、变化需要。[②] 人类的这些需求是人类行为动

[①] 卢泰宏,周懿瑾.消费者行为学:中国消费者透视[M].2 版.北京:中国人民大学出版社,2015:9-17.

[②] 罗格·D.布莱克韦尔,等.消费者行为学[M].徐海,等译.9 版.北京:机械工业出版社,2003:185-192.

机的来源,在动机之下才产生行为。营销主体就是在不断满足消费者需求的过程中取得消费者的支持和信赖,从而成功地将他们发展为忠诚的客户。

想要明确消费者的需求可以首先从消费者属性上分析,包含消费者自身特征和社会特征,不同特征的消费者会有不同的需求指向特征。例如 VALS（Values and Lifestyle Survey）,是由美国加利福尼亚的 SRI 国际公司于 20 世纪 70 年代研究出的一种根据消费者生活方式和价值观进行市场细分的方法,它将美国成年消费者按照拥有资源多寡和看待世界的方式分为 8 种:创造者、思考者、信仰者、成就者、勤勉者、体验者、制造者、生存者。这些不同的消费者特征和不同的消费者驱动力决定了不同的营销策略。

进入 21 世纪的互联网时代,学者开始了对数字化消费者行为的研究,数字化时代消费者的行为特征是互联网营销的依据之一。在互联网娱乐营销中,营销主体会分析不同互联网用户的特征,从而确定他们的需求和行为动机,采取不同的营销策略。下面就以"90 后"为例具体分析他们的特征。

普伦斯在《数字原住民,数字移民》一文中提出,伴随着互联网和移动互联网时代出生和成长起来的一代人是"数字原住民",更早时代的人被称为"数字移民",需要更多的适应和学习。按照这个标准,1990 年以后出生的"90后"是标准的"数字原住民",是数字化新时代的主要推动者。需要额外强调的是,这里所称的"90 后"不仅是 1990 年后出生,而且以有机会接触互联网科技为主要特征,符合这一条件的大多是城市中产阶层出身的子女。他们的成长背景与父辈不同,他们没有物质匮乏的紧张感,同时大多数是独生子女,生活中受到父母的关爱和经济支持,生存压力和责任感都比较微弱。他们热情、冲动,喜爱新鲜事物,愿意将收入花在流行、娱乐、社交活动上,互联网是他们生活的一部分。

在互联网世界的行为中,"90 后"偏爱网络社交,对网络消费价格不敏感,讲究个性化与参与性,偏爱定制产品,产品信息接收渠道大多源于爱好或交友圈子中口碑渠道的推荐,因此四平八稳的传统广告营销方式在互联网营销中对他们作用不大。针对年轻人的网络娱乐营销策略应该符合年轻人的生活方式和价值准则,在营销内容上,就要注意把握潮流和新奇性,满足他们社交娱乐的需求。

总体来说,新时代的消费者更加追求便捷,渴望便利的科技和"一站式"

消费解决方案,同时更多使用社交网络进行沟通分享,追求个性化,更加关注自我,寻求丰富人生体验的满足感。

2. 传播渠道和平台

这里所指的传播渠道是指设备属性。传统的营销传播渠道包括报纸、杂志、电视、电影院等,在互联网营销中,则是接入互联网的设备,如一体式电脑、笔记本电脑、智能手机、平板电脑、数字电视等。这些都是互联网娱乐营销的传播渠道,从便携移动性上可以分为桌面互联网设备和移动互联网设备。智能手机、平板电脑、智能穿戴设备等可随身携带的小型电子设备为移动互联网设备。

移动互联网设备在出现时期上晚于桌面互联网设备,却有着后来居上的发展趋势。新媒体内容传播渠道的阵地更多转移到移动终端尤其是智能手机这个渠道上,我国工业和信息化部发布的《2017 年通信业统计公报》详细介绍了 2017 年我国在电话、宽带、互联网方面的建设:2017 年,全国移动电话(手机)用户达到 14.2 亿户,手机上网流量达到 235 亿吉字节,比上年增长 179%。市场研究公司 eMarketer 2018 年底的报告显示,2018 年中国用户使用智能手机时长将超过看电视。从中可以看出这样的趋势:新媒体的使用率和影响率还会进一步扩大,并且移动终端的发展潜力尤其巨大。

其中在传播的内容差别方面,桌面互联网内容以信息为中心,强调内容的丰富性,移动互联网内容则以个人为中心,强调内容的个性化和精准程度,对信息的需求更加碎片化。在消费差别方面,以个人电脑(PC)终端和手机终端为例,PC 端上更注重产品信息的浏览,而手机终端消费目的明确,更倾向于做出消费决定。

如果说渠道提供的是硬件支持,那么平台相当于提供软件支持。平台特征是指互联网本身提供的互联网内容的承载形式,例如各种网页、程序、APP。这些平台是互联网娱乐营销具体施展威力的场地,可以通过多种渠道同时到达受众。

然而无论是传播渠道还是平台,都有更新换代频繁的特性。人们面临多个屏幕的注意力之争。根据尼尔森的调查,大约 86% 拥有智能设备的美国人会一边看电视,一边使用第二个屏幕——手机或平板电脑。

同时互联网中每天会产生滚滚的信息洪流,想要在浩如烟海的信息中抓住用户的眼睛不是那么容易的事,人们的注意力非常容易被转移,无论人们多么感兴趣的信息都会很快被新的信息淹没。来自微软的研究员称,新用户访问一个网站,决定是否留下来的平均时间只有 10 秒甚至更短。在移动平台上,情况更加严峻,根据移动应用程序分析和互动公司 Localytics 的数据分析,超过 69% 的移动用户最多使用一款应用 10 次,而应用数据分析公司 Flurry 的分析则表明,只有 25% 的用户会在 90 天内再次使用同一款应用。① 传统娱乐营销传播渠道远远不如互联网娱乐营销传播渠道丰富,而互联网时代传播渠道和平台彼此之间重叠性更高,同类产品会以更快的速度涌现。

从互联网娱乐营销的角度看,分析各传播渠道和平台的属性和特质,选择合适的传播渠道和平台进行营销,是成功营销的第一步。在社交网络营销中,常见的社交平台如微博、微信、QQ、贴吧、社区等,都可以作为营销信息推送的平台,对营销信息的推送要注意把握时间和量,选择一天中合适的时间推送,不要过于频繁,以免过度打扰。信息推送要自然,不露痕迹,不要打断用户的娱乐时间。

利用互联网社交平台中"意见领袖""粉丝"的存在进行娱乐内容营销,有针对性地选择那些粉丝数量可观的用户,征服一个用户就相当于征服了他背后的许多人。粉丝驱动是一种受众驱动,是互联网娱乐营销的主要驱动力之一。

例如,小米手机的营销一方面靠的就是互联网社交粉丝营销,在用户群中培养最早的一批忠实粉丝,另一方面运用饥饿营销制造了社交话题,人们在微博上谈论抢购小米手机的话题,相当于免费为它做了宣传。在营销平台的选择上,小米根据目标消费者选择了互联网平台。2013 年红米手机在 QQ 空间预约页面开放半小时,预约人数突破了 100 万,而首轮发布的 10 万台红米手机在开抢 90 秒后便售罄。红米手机选择在 QQ 空间首发预订,一方面就是因为这个手机价位低,而 QQ 空间用户主体是收入不高的年轻人,与手机的定位十分契合。

---

① 盖布·兹彻曼,乔斯琳·林德.游戏化革命:未来商业模式驱动力[M].应皓,译.北京:中国人民大学出版社,2014:8.

3. 竞争者

互联网娱乐营销中的竞争主要是同类产品之间的营销竞争。同类的互联网娱乐内容之间、同类互联网娱乐营销平台之间、在同一平台发布的不同产品之间都存在着不同形式的竞争。

与传统营销环境中的竞争不同的是,互联网环境加强了信息透明度,传统营销竞争者受地域性壁垒的阻隔也不再明显,所有竞争者将站在由互联网连接起来的统一的市场环境中,他们的一举一动也非常容易被了解,在加强竞争信息公正性的同时也增加了竞争难度。

4. 技术环境

第三次工业革命以来,各种科学技术飞速发展。阿尔文·托夫勒在《未来的冲击》一书中提到,技术改革分三个阶段:第一是创造性的,产生具有实际用途的创造性想法的阶段;第二是想法得到实际应用的阶段;第三是应用在社会上普及的阶段。科技在今天开始作用于科技本身了,技术普及反过来又会促进新的创造性想法的产生,再重复上述三个阶段,这三个阶段需要的过渡时间在缩短。也就是说科学技术不断使自身更加"技术化",促使今天的科技发展速度越来越快。[①]

科学技术在互联网信息方面的一个具体体现就是提高信息加载速度。如今网速越来越快,信息越来越多,用户的耐心和精力很容易消耗殆尽,如果页面加载太慢,或者不能在最短时间内抓住用户的注意力,用户很可能会毫不留情地关掉它,寻求其他的替代内容。

同时,智能技术、大数据等技术的运用为营销提供了有力的帮助。在进入数字化媒体时代后,研究消费者行为的核心问题变为智能技术如何改变消费者行为,以及如何精准了解消费者。

研究机构 Gartner 这样定义大数据:大数据是海量、高增长率和多样化的信息资产,这一信息资产需要全新的处理模式才能具有更强的决策力、洞察力和流程优化能力。大数据具有体量大、类型多、处理速度快等特点,互联网庞杂的选择让人们产生选择恐惧症,人有时会相信机器的选择而不再依靠自己的理性判断。当用户还没有发现自己想要什么的时候,互联网要先一步替

---

① 阿尔文·托夫勒.未来的冲击[M].蔡伸章,译.北京:中信出版社,2006:25.

用户做决定,而大数据与推荐就是互联网"智能思考"的体现。

大数据分析目前已经应用在互联网娱乐营销中。以我们熟悉的淘宝为例,淘宝推荐采用的是"到访定位"技术,即你在淘宝上搜索一样产品,经过浏览可能并未立即打定主意下单;而过一段时间后再次打开淘宝,你会发现之前感兴趣的物品出现在推荐商品中,而且款式、功能等特质可能比之前自己搜索的产品更符合要求,于是产生了更强烈的购买冲动。

为了适应这种针对性的营销,实时竞价技术(Real Time Bidding)应运而生。这是一种利用第三方技术在数以百万计的网站上针对每一个用户的展示行为进行评估,以及出价的竞价技术。这种广告推荐方式跟以往的互联网广告交易模式不同,传统互联网广告的交易涉及广告主、广告代理商(即广告公司),以及互联网媒体。而在 RTB 广告交易模式中,受众浏览产生的行为数据(Cookies)被供应方平台(SSP)接收并向广告交易平台(AD Exchange)提交广告位代码,同时由数据管理平台(DMP)判断用户属性并向需求方平台(DSP)发送竞价请求。DSP 收到 AD Exchange 的竞价需求后,立即通过实时竞价确定出价最高的广告主,使其获得商品展示机会。

从营销业绩方面说,大数据可以实现个性化精准推荐,从而可以投放精准广告,这种精准广告甚至能够做到根据消费者的特征与消费者一对一传播,避免浪费,同时可以实时监测传播效果,根据即时反馈调整精准营销策略。从长期的品牌建设方面来说,大数据深入洞察消费者,帮助建立顾客盈利能力分析管理,细分市场,以及做出基于品牌意义的传播决策。

比如,猫眼电影是美团网下属的一款独立 APP,其充分利用大数据来分析用户群体,例如"90 后"在线购票率、性别比率、一二三线城市比率、年龄段划分偏好等一系列用户数据,从中可以分析出中国电影的消费特征,从而帮助电影更精准地营销,提高电影上座率及行业整体运营效率。

今日头条的定位是一款基于数据挖掘的推荐引擎产品,它会根据每个人的阅读兴趣建立"兴趣 DNA",为每个人精准推荐其感兴趣的新闻资讯。同理,大部分 APP 在用户注册后,就能根据用户的兴趣标签、好友、转发等锁定其兴趣爱好,从而推荐相应内容,还会让用户绑定社交账号,增加推广渠道。这些都是运用大数据进行消费者市场细分和精准营销的典型应用。

在互联网上,用户本身的注册行为和网上浏览行为都是大数据的获取方

法。网页数据收集的原理是在浏览的网页植入 cookies/flash cookies(一种从客户端读取数据的技术)进行浏览数据收集,包括停留时间、鼠标轨迹、点击次数、浏览人数等,最终进行数据整理计算,根据消费者的属性标签(如个人属性、设备属性、城市属性、商圈属性等)、行为标签等建立消费者大数据分析模型,以及做好数据深入分析。PC 端的信息来源主要依赖注册信息和 cookies,移动智能终端除此之外,还可以依赖地理位置的信息,例如根据 GPS 定位用户所在的具体地理位置,为之推荐周边商家。另外,很多用户在社交媒体发布动态时喜欢"晒定位",这种地点曝光也是一种宣传。

5.国家法律政策

国家为了维护市场环境制定一系列法律法规和相关政策,从宏观上保障市场运行秩序。对于互联网娱乐营销来说,不符合社会道德的行为和违法的行为都是国家政策法规调控的对象。

以直播行业为例,国家对主播个体、直播平台及直播内容等多个方面进行监管,逐步实现直播行业的规范化。既要求主播个体的实名制,并对涉黄内容进行整改查处,也要求直播用户实名制,并对评论、弹幕等实施监管;对映客、一直播等互联网直播平台本身的监管义务也提出了较高的要求,通过点名整改、列入名单、查处等多种方式进行综合执法。

随着国内网络视频服务水平的提高,视频网站已经发展成人们获取影视、动漫资源的重要平台。视频网站不仅成倍地抬高了电视剧的版权价格,同时也在向电视剧制作的上游延伸,开始为"网络观众"量身定制剧集。随着"限娱令"和"限广令"的施行,包括电视剧在内的更多娱乐节目转向视频网站。视频网站等所占的市场份额较低,但发展速度很快,已进入寡头垄断竞争阶段。而手机视频的快速发展,对适合手机用户的影视内容提出大量需求。相比移动互联网等的发展速度,影视内容企业还有不小的差距,尤其是传统影视企业规模较小、业务单一,其适应新媒体、新技术的能力提升还有待国家法律政策的倾斜性支持。

国家广播电视总局进一步规范网络视听节目传播秩序,要求所有节目网站不得制造、传播歪曲、恶搞、丑化经典文艺作品的节目,不得擅自对经典文艺作品、广播影视节目、网络原创视听节目做重新剪辑、重新配音、重新配字幕,不得截取若干节目片段拼接成节目播出,不得传播编辑后篡改原意产生歧义的作品节目片段。[①] 除此之外,国家还在打击盗版、保护知识产权、整治包含不良价值观的内容等方面做出一系列政策法规上的规定。互联网娱乐营销也要在相关政策法规环境下进行。

(二)内部营销环境

1.企业文化和企业领导者

企业文化是企业内部的灵魂,是企业竞争软实力的体现,互联网思维下的营销往往注重情怀。企业文化、领导人格魅力、目标客户共鸣等,这些都能从感情上打动消费者,使得营销不再仅仅带着冰冷的商业气息。领导者是企业的文化传达者与代表人物,因此出现了利用 CEO 营销的方式。CEO 营销,就是整合 CEO 的成长经历、管理风格、社会责任等方面的优势因素,借助网络、书籍、演讲、活动等传播方式,塑造和提升 CEO 的个人品牌形象,最终达到提升企业知名度、美誉度的现代企业营销的全新模式。[②]

企业领导者的个人魅力对企业来说,对外可以传播企业形象,对内可以加强凝聚力,还可以提升个人品牌形象。很多互联网企业 CEO,例如马云、刘强东、扎克伯格等,都成为互联网公众人物。在互联网传媒时代,CEO 不只是企业首席执行官,更是企业形象代言人。企业领导人不再仅仅是企业幕后的指挥者,互联网使他们的事迹广为流传,其一言一行都与企业息息相关,但也有可能一荣俱荣,一损俱损。

2.营销团队

营销团队是互联网娱乐营销的具体执行者,他们需要具备的特质主要有服从力、执行力、团队凝聚力和创造力。服从力是指围绕所效忠企业的核心定位进行营销,要尽可能突出品牌特性。执行力主要体现在执行效率上,在营销策划的每一环节都不能放松警惕。团队凝聚力可以说是执行力的保障,有时营销策划需要的人力物力都是比较庞大的,这时需要整个团队在团队领导者的带领下各司其职,共同为营销目标做出努力。在这个环节中,团队领

---

① 白瀛,史竞男.国家新闻出版广电部门:网站不得擅自重新剪辑经典文艺作品[EB/OL].(2018-03-23)[2019-10-05].http://www.xinhuanet.com/mrdx/2018-03/23/c_137058870.htm.
② 刘芸畅.新媒体营销+:互联网时代的娱乐营销解密[M].北京:中国文史出版社,2015:118.

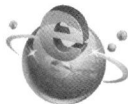

导者的能力和团队成员的合作能力都非常重要。创造力则是互联网娱乐营销内容质量的保证,不断保持创造力才能使娱乐营销保持活力,毕竟用户不愿意看千篇一律的内容。因此创造力可以增加各种娱乐内容、产品或服务的吸引力,留住尽可能多的用户。

企业除了与广告公司的营销团队合作,也可以在公司内部成立广告部和宣传部,招收新媒体策划营销相关知识领域的员工组成自己的营销团队。

3. 道德自律

道德和伦理是营销理论中不可或缺的要素。网络娱乐是精神文化产品,由于形式和内涵丰富多变,其经常遇到法律边界模糊的问题,因此仅仅依靠外部的国家政策法规是不够的,还要依靠企业自身的道德自律。

营销伦理问题主要包括利用人性弱点迷惑或诱惑消费者,利用虚假信息欺骗消费者,或是利用人们的同情、虚荣、欲望等心理诱导消费者偏离理智地过度消费,还有其他存在于互联网营销中的题文不符、虚假广告、垃圾邮件,以及侵犯消费者知情权、隐私权、版权,恶意改编扭曲经典作品等现象。

互联网上的信息泥沙俱下,在互联网娱乐营销过程中,能够坚持遵守政策法规,坚守道德自律,采用正面、健康、积极的娱乐营销方式,是十分难能可贵的。

三、内　容

"内容"指互联网娱乐内容本身,是受众接收到的信息主体,重要性相当于传统营销中的广告,但是娱乐内容并不是像广告那样强硬地推销产品,而是靠自身含有的感情特质打动受众。这一部分主要分析互联网娱乐内容的特征。

(一)碎片化的信息内容

互联网娱乐营销强调"无内容,不营销",需要充分认识内容对营销的重要性,精准洞察目标人群的需求与痛点,创造出具有影响力的娱乐内容,从而引发强势自来水效应。"任何有助于形成最终娱乐产品的事物都可以称作娱乐内容,它包含以下四个方面:(1)注重创意,因为它是一切制作过程的开始;(2)充分利用一切可能的技术,尽快制作出娱乐产品;(3)要具备一定的天赋,使创意得以实现;(4)要意识到娱乐产品的易逝性,因为消费者所崇尚的潮流和品位随时都在变化。这也是娱乐产品区别于其他产品最明显的一个特征。"①对于营销主体而言,营销内容只有被受众看到才能发挥其价值,因此,将优质娱乐内容与非中心化传播运营能力结合起来,才能更好地达成企业营销的目的,实现产品和品牌的广泛传播。

"碎片化"是描述互联网娱乐内容的一个形象性的说法。所谓"碎片化",原意为完整的东西破成诸多零块。②互联网时代与传统媒体时代相比,由专一媒体把控话语权的时代已经一去不复返了,互联网时代出现了更多以某一兴趣或利益为由形成的"小团体",因此有了更多来自各方不同的信息。互联网时代的信息内容是如此开放化、透明化、多元化。"在聚焦娱乐和注重体验的时代,任何一个普通人都能知晓原本置于毫不起眼位置的信息,并且能够对此自由发表评论。"③

从空间变化上来说,传统的娱乐方式大多在互联网以外进行。例如,坐在客厅看电视,去电影院看电影,出门和朋友们聚会聊天玩游戏(纸牌、体育运动等),这些活动大多需要从一个现实场景进入另一个现实场景中,需要耗费的时间较长,涉及的行为转换也更多。而在互联网上进行娱乐消费只需要网络信号和网络电子设备即可,所有的行为参与只需要动动手指就可以实现,这大大减少了人们为了娱乐而付出的额外精力,并且不用像传统娱乐计划一样为其单独安排一段完整的时间来进行,这也是互联网娱乐内容变得越来越碎片化的原因之一——人们希望其内容短小精悍,可以在等车、休息等短暂的时间内放松消遣。同时因为转换的成本小,再加上可替代选项十分丰富,所以人们的注意力就更容易转移,冗长而复杂的内容显然容易让人失去耐心。这一点在移动设备上表现得更加明显:手机游戏跟电脑游戏相比,玩一局所需的时间更短,操作更加简便;手机微博跟电脑上的博客相比,内容更

① 埃尔·李伯曼,帕特丽夏·埃斯盖特.娱乐营销革命[M].谢新洲,等译.北京:中国人民大学出版社,2003:2.
② 喻国明.解读新媒体的几个关键词[J].广告大观(媒介版),2006(5):13.
③ 埃尔·李伯曼,帕特丽夏·埃斯盖特.娱乐营销革命[M].谢新洲,等译.北京:中国人民大学出版社,2003:30.

加精简易读；手机微视频短到仅有几十秒，避免耗费过多的数据流量，方便观看和传播。

很多互联网娱乐内容如微信朋友圈、微博、微视频、微游戏等，都可以做成碎片化的内容，每份内容体量很小，但是数量却很庞大，这与其说是提供了信息，不如说是为现代人提供放松、消遣、减压的方式。碎片化的互联网娱乐内容加深了沉浸程度，当有较多空闲时间支配时，网络娱乐内容的碎片化加剧了量的积累。每浏览一条信息所需的时间非常短暂，这会给人一种并未占用时间的错觉，想着再浏览下一条信息必然也只占据极短的时间。用户在不断点击下一条信息的动作中形成了惯性，放松了对时间的警惕，完全沉浸其中，在不知不觉中时间就过去了大半。

（二）快速流变的潮流

互联网娱乐潮流日新月异，更新换代极快。观察网上流行的内容，也许你会感叹，不知那些日常生活琐事、明星八卦的意义何在，但是当有相当数量关注它们的人时，它们就是有意义的，至少在营销方面，这代表着流量，流量就是有效营销的保证。

比如，2017年10月8日，微博上"大家好，给大家介绍一下，这是×××。@×××"突然流行。起因就是一个娱乐圈当红明星在微博上公布了自己的恋情，其写道"大家好，给大家介绍一下，这是我女朋友"，并@了另一个当红娱乐明星。这原本算是个人隐私，或者对常人来说是非常平常的一句话、一件事，但是因为当事人在娱乐圈的影响力引起了疯狂的转发，人们纷纷模仿这一句式发布自己的微博和朋友圈内容。营销主体也很快就抓住了这一"潮流"，纷纷借这一语气推广自己的产品和服务。

当今，每个人都能当15分钟名人。对于传媒界来说，这就是对群众关注点流变不定的一个成功的预言。实际上大众对某个人物的关注甚至连15分钟都没有，在互联网上，无数人热衷于造星和追星，很多红极一时的人物或现象如烟花般瞬间闪耀又很快落幕。

由于互联网娱乐内容多种多样，瞬息万变，我们也无法预测未来将会出现什么千奇百怪的娱乐方式，正如上一代的人已经很难理解年轻人的想法。

要想应对与利用这种潮流般的变换,我们必须非常敏锐,反应迅速,抓住任何可能引起大众兴趣的内容,同时灵活应变,根据流行的转换迅速改变营销策略。因此,做互联网娱乐营销需要有敏锐又灵活的头脑——敏锐地感知潮流,灵活地做出应对。

(三)提供相应的价值

互联网娱乐营销是以用户为导向的,让用户决定要看什么。娱乐营销虽然最终的目的是营销,但是这只是营销主体的一厢情愿,消费者寻求娱乐内容本身是为了放松休闲,而不是看广告。不要直接要求消费者买东西,消费者会感觉受到了冒犯,正如品牌可以提供给消费者的价值——功能价值、情感价值、社交价值、体验价值等,互联网娱乐营销同样需要从这些方面考虑给消费者以实实在在的效用。如果你能够提供这些价值给消费者,即使他最终发现你是为了推销产品,也会因为这些内容对他有价值而感激你。

(四)内容的免费与付费

互联网娱乐可以说是一种方便实惠的娱乐方式,不仅因为其内容容易获得,最重要的是其内容绝大多数都是免费的。360创始人周鸿祎说过,免费是最好的营销方式,但是对于企业来说,免费不是最终目的,营销主体最终还是要找到一种变现的渠道。

对于大多数互联网娱乐内容来说,进入门槛很低,谁都可以参与,但是如果想进一步得到里面的服务与乐趣,就需要消费,这对用户来说似乎是一种"循循善诱"的引导,比直接收费的方式更能让人接受。其中的逻辑,一种是试用,一种是特权。试用的引导方式体现在网络小说、视频等内容上,先用一小段内容引起用户的兴趣,如果想要继续阅读或者观看,就必须付费。特权则是为用户定制专门的服务,特权用户能享受不消费的用户无法享受的待遇。例如网络游戏中一些角色装备、饰物是需要用虚拟货币来购买的,如果希望享受独一无二的角色体验,就只能用现金货币兑换虚拟货币从而购买获得。另一个典型例子就是会员制,会员是一种虚拟网络地位的体现,以充缴会员费的方式获得。成为视频客户端的会员可以获得高清、去除广告的良好观影体验,直播、K 歌等娱乐软件中的会员可以享受特别的会员礼物、作品置顶特权、高标准音质伴奏等。

(五)依附内容的广告形式

在传统营销中依赖广告进行的商品信息推广,在新媒体营销中,为了使广告显得不再那么强制、生硬,逐渐演变成依附于新媒体娱乐内容的一种形式。常见的植入式广告、软文营销都是将广告融入内容本身的新型广告形式。下面以 Feed 广告和新贴片广告为例介绍互联网营销是怎样借助娱乐内容巧妙地做品牌广告的。

1. Feed 广告

2012 年 1 月,Facebook 首次启用了一项新功能,即允许汽车经销商将产品或服务广告投放到目标用户的 newsfeed(信息提供)中。统计数据显示,Facebook 用户阅读 Feed 广告概率比用户界面两侧广告要高 8 倍左右,参与度要高 10 倍左右。这就是社交媒体投放广告的新形式——Feed 广告。

Feed 广告是指在发布的消息之间植入的一种广告形式,与弹窗、悬浮等方式不同。Feed 广告可以自然地融入其中,非常像其中的一条社交内容,利用社交媒体多年来培养的巨大用户群,向他们推荐内容。同时,Feed 广告还可以根据年龄、性别、爱好、位置等标签,为用户推荐个性化的广告,展现形式多样,有文字、图片、视频等。广告商有 APP 广告、电商、游戏和 O2O 模式等,其中 APP 广告还可以直接点击链接下载。2014 年,腾讯 QQ 首次引入 Feed 广告形式;2015 年,在微信朋友圈中也首次出现了 Feed 广告,宝马、vivo 手机、可口可乐等成为首批在朋友圈中打广告的商家。

传统广告一般投放于用户界面两侧,很可能会被用户选择性忽略。受众排斥广告的很大一个原因是广告强制打断观看内容的连续性。Feed 广告就可以在一定程度上维护这种连续性,减少强制性。用户在无形中被灌输了广告信息,降低了对广告的排斥性。

2.新贴片广告

一种新型的"贴片"形式的广告,在热播剧《老九门》中可以看到其运用。《老九门》是一部由慈文传媒、爱奇艺、南派投资、国奥影业、乐道互娱联合出品的民国悬疑电视剧,于2016年7月4日登陆爱奇艺和上海卫视两个平台,很快打破纪录,成为全网史上最快破10亿的平台自制剧。除了可观的播放量,《老九门》中的广告也独具特色,产生了"原创贴"新形式。

"原创贴"即根植于剧情的原创贴片广告,利用剧中人物设定的部分特征,使用剧中道具和场景,结合广告产品特色,编写一段原创小故事,篇幅比较短小。新贴片广告引发了网友广泛关注,微博话题"《老九门》广告哪家强"阅读量达到了201.3万。有网友评论道,《老九门》绝对是史上"插播电视剧最成功的广告",比起节奏拖沓的正片,里面插播的广告好看多了。这种贴片广告创新地利用了剧情的优势,显得更有趣味性。当然,也不是所有电视剧都适合这种形式,也要根据题材、受众、商品特性等打造创意内容,一味模仿跟风的话也会引起观众反感。因此,新媒体广告要考虑怎样减少强制性,巧妙地将广告融入内容中。

四、用　户

"用户"与本章第二节"环境"中提到的"消费者"容易混淆。在进行市场环境分析时,"消费者行为"作为需要分析的市场要素被单独提出,意在探究其微观特征对互联网娱乐营销有哪些影响。而"用户"这一部分内容将从宏观上探析互联网娱乐营销市场上存在的营销对象,研究它们包含哪些层级,以及层级之间是如何相互转化流动的。

(一)营销中的"消费者""顾客""用户"

传统营销中的营销对象有"消费者(Consumers)""顾客(Customers)""用户(Users)"等不同的称呼,它们之间看似含义相似,实际上存在着范围程度上的差异。在互联网娱乐内容的语境下,"用户"一词被更广泛地使用。同样地,用户也可以按照使用和消费范围程度上的差异划分不同的等级,它们之间也存在着紧密的联系。

《中华人民共和国消费者权益保护法》规定:消费者为生活消费需要购买、使用商品或者接受服务,其权益受本法保护。国际标准化组织(ISO)认为,消费者是以个人消费为目的而购买、使用商品和服务的个体社会成员。

对于消费者的定义,可以简要概括为购买、使用商品或服务的人。从广义上说,只要有消费需求的人就可以算作消费者;从具体消费行为这个狭义层面上来说,只有真正产生或即将产生购买行为的人才算作消费者。

顾客有广义和狭义之分,广义的顾客是指现实的和潜在的产品和服务的购买者,狭义的顾客只指与企业发生直接交易关系的现实购买者。当消费者自己购买产品供自己使用或自己购买产品供他人使用时,他们便具有了顾客的身份。[①]

根据以上界定,狭义上的顾客来源于消费者。而在互联网时代,用户则是比消费者和顾客更为广泛的概念。用户群体中,对企业更加拥护,对品牌更为忠诚的部分才被称为顾客;消费者数量是最少的,但是给企业带来的利益却是最为直接和可靠的。企业要花费时间和精力与用户打交道,将其培养成顾客和消费者。

(二)互联网娱乐营销中用户层级的区分

1.用户的范围及层级

用户在互联网娱乐营销中类似于广义的消费者概念。根据前文所述,其实从广义上来说,顾客和消费者概念是重叠的,这之间的分界点就在于"是否消费"。为了避免这种语义上的含糊不清,互联网娱乐营销对象最大范围用用户这一概念来表示。而广义顾客概念中"现实"和"潜在"的区分在用户这一概念中同样可以体现。因此,根据使用情况和消费情况,用户可以被分为三个层次:消费用户、使用用户和潜在用户。互联网娱乐内容面向全体受众,其中在使用中的用户成为消费用户。由于互联网内容很多都是免费模式,使

---

① 陈建勋,于妹.消费者、顾客与客户的区分及其营销意义[J].兰州学刊,2007(11):61.

用用户中有一部分没有付费,而为内容付费的那一部分成为消费用户,其他没有使用互联网娱乐内容的成为潜在用户。

2. 消费用户、使用用户和潜在用户的关系

互联网娱乐内容必须依靠不断创新留住使用用户;吸引使用用户进一步变成消费用户依靠的是定制化的内容,其赋予用户某种特权或地位。

潜在用户是非使用人群,但是他们有机会暴露在互联网娱乐的内容下。依靠传播营销的力量,有一部分潜在用户会受到吸引变成使用用户,而使用用户对娱乐内容提供的定制化服务足够满意或产生渴望时,也会成为消费用户。

如果互联网娱乐内容自身不能满足用户需求,或者外部竞争者取得了优势,使消费者转而寻求替代品,那么消费用户很可能放弃为内容付费转而成为普通使用用户,或者进一步放弃使用,回归潜在用户。

无论转换层级是正向的(潜在用户转向消费用户)还是负向的(消费用户转向潜在用户),都是自由流动的,同一个用户可能会正向和负向反复变换多种层级。它们之间的关系和流动情况可以用图 2-1 来表示:

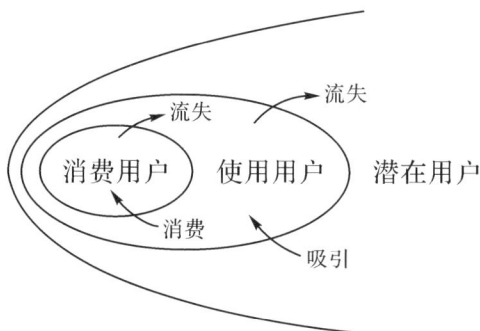

图 2-1　用户正向和负向反复变换的层级

消费用户相当于与企业联系最密切的"顾客",给企业带来最直接的收益,所以消费用户是企业重点营销把握的对象。但是从长远来看,每一位用户都是娱乐营销环节的重要部分,互联网娱乐营销不单是以盈利为目标,最终还是要依靠最广大用户的口碑来打造良好的品牌形象,所以为了尽可能地扩大影响力,对每一位用户都不能掉以轻心。

（三）用户在互联网大众娱乐时代的掌控力

大家可能还记得 2005 年火爆的节目——《超级女声》，这个节目可以说是开了中国娱乐营销成功案例的先河。蒙牛借为这个节目冠名，成功地在全国掀起"超女热"，铺天盖地的宣传信息顺便让大家记住了"蒙牛酸酸乳"这一产品。与蒙牛合作的湖南电视台也成为电视营销的大赢家，广告费从 1 亿元迅速上升到 10 亿元。虽然那时中国的互联网还不是很发达，但是足以看出娱乐营销的威力。当时湖南电视台台长欧阳常林这样评价说，过去是明星娱乐大众，大众欣赏精英，而新娱乐的一个重要特征就是大众娱乐大众。①

传统娱乐业进入大众娱乐时代，而互联网娱乐更是有着广泛的群众基础，互联网娱乐跟其他娱乐方式相比，可以说成本相当低廉，是普通大众都承担得起的。互联网娱乐是一种大众文化，这也决定了互联网娱乐营销是在最广大层面上与用户接触的，因此为了取得更好的营销效果，只有贴近用户需求才能在尽可能大的范围内传播。可以说，用户的力量支撑着互联网娱乐产业。如果说传统娱乐营销是以广告为主，那么新的互联网娱乐营销就是以用户为主。

用户既是互联网娱乐内容的接收者，又是传播者和生产者。用户的掌控力体现在娱乐营销的每一个环节。首先，作为信息的接收者，用户可以自主决定接受哪些娱乐内容，在接收过程中可以随心所欲地暂停、继续与转换；其次，用户又是信息的传播者，通过用户之间的意见反馈，营销人员可以把握互联网舆论走向，从而进一步控制互联网娱乐的进程，决定其营销效果；最后一点也是用户最伟大的一点，就是创造力，用户通过自身的智慧和创造力生产的内容，常常极富创意，能产生营销人员无法预料的效果，众多自媒体娱乐内容就是很好的例子（后面几章再专门详细分析）。

---

① 欧阳常林. 大众娱乐大众［EB/OL］. (2010-01-06)［2019-10-05］. http://news. southcn. com/z/2010-01/06/content_7860307. htm.

（四）用户细分与精准营销

庞大的用户群产生的需求也是多种多样的，每个人会有各自的兴趣爱好。用户基于兴趣细分，会成为一个个具有凝聚力的社群。私人定制是以用户为导向，基于用户细分的理念建立起来的。个性化是当代人的追求，人们希望自己是独一无二、与众不同的，尤其当下的互联网环境十分包容，具有不同爱好的人都能找到志同道合的人，并得到展示的机会，这就为个性化的娱乐方式提供了基础。

大数据推荐就是其适用表现之一，很多软件会根据用户的兴趣选择推荐内容。现在的广告及营销已经不是谁投入最多资金就能取得最多回报了，传统广告浪费掉的钱应该更多用于补贴客户上，与传统广告广撒网的方式不同，根据用户细分进行的精准营销可以避免浪费资源。

（五）年轻人作为主流用户群体

年轻人是文化产业的主流消费者，信息技术与生活方式的互动及结合，在年轻人身上体现得更为明显。年轻人群体本来就具有追求互动性、体验性和参与性的特点，随着生活方式的变化，现代的新技术特别是互联网信息技术，又大大促进了这种特性与高科技的密切结合。年轻人围绕互联网和移动互联网进行文化内容消费和娱乐体验，成为网络创作、阅读和体验消费的主体，也是时尚电子产品消费和付费下载服务的主体。

进入 21 世纪以来，我国的信息技术与娱乐生活的结合在年轻人群体中已经成为一种时尚文化和消费文化。而我国年轻人网民的分布和国外有很大的不同。根据 2019 年 8 月发布的第 44 次《中国互联网络发展状况统计报告》，截至 2019 年 6 月，我国 39 岁以下网民占网民人口总数的 69.2％。也就是说，我国的年轻人网民已是互联网的绝对主力。年轻人普遍喜欢节奏快、娱乐性和时尚感强、明星在场的互动体验。单从使用手机这一角度来说，我们发现年轻人受这种无线通信技术的影响更为显著，出现了"拇指族"这一现象，而且还有进一步加剧的趋势。特别是随着很多娱乐内容被搬到互联网和移动互联网上,年轻人更乐意在信息技术支撑的平台上进行交流,这对互联网娱乐产业产生很大的影响。所以,在过去和今后一个较长时间里,手机内容产业将一直是一个巨大的增长领域,并将成为文化产业的一个焦点和核心,许多文化产业门类都将围绕无线互联网技术与内容产业这个核心展开,而这个领域的消费主体就是年轻人。

五、效　果

用户细分和精准营销在互联网娱乐营销两大要素——用户和效果之间均有所体现,因精准技术而产生的效果是互联网娱乐营销的特色之一。

(一)营销的效果计量精准性

1. 传统营销效果难以计量

广告界流行一种说法,广告商都认为有一半的广告费浪费了,但是却不知道浪费在何处。早期的营销效果是难以统计的。在报纸、杂志、广播、电视等传统传播渠道发布的广告虽然花了很多经费,但是有多少人真正记住了广告内容?最终落实到购买的人数多少也无法得到确切的统计。

在传统娱乐业的营销中,无论是通过传媒发布广告的形式还是通过线下的营销活动,都无法统计接收了营销信息的群体有多少会真正落实到消费中,真正参与消费的顾客又是在多大程度上受到营销信息的影响。如果要进行营销效果的调查,也只能通过访问、调查问卷等形式,而这种传统的调查方式受主客观条件的影响都比较大,结果的准确性难以衡量。

2. 互联网娱乐营销效果计量的精准性

在互联网上,营销效果就比较清晰可见。借助大数据的力量,我们可以更深层次、更全方位地了解用户,用户在网上留下的足迹——点击、阅览、评论、打赏、停留时间、比较了多少种同类型产品、信息采集、购买、购后反馈等,都可以转换成大数据进行分析统计从而得知营销的效果。而且与其他传统营销研究消费者的方式不同,这些数据记录是用户处于自然状态下而不是在被调查或实验状态下的行为记录,因此更加客观、真实、可靠。

(二)互联网娱乐营销效果评估

1.目标确立与达成

每种互联网娱乐营销都有各自的目标。有的追求浏览量,有的追求注册用户数、粉丝数量,还有的以达成交易为目标。这些目标的完成率最终都可以通过大数据统计得到,最终落实到营销的效果上。另外,目标的达成是依赖哪一部分营销的功劳,也是可以详细统计出来的:互联网营销常常依赖多方渠道多个平台的整合营销,每个渠道每个平台具体产生了什么效果,也是需要借助技术力量分别计算与统计的。

2.投入与成本计算

有些营销如实时竞价技术投入一些资金,就会产生营销成本,同样可以量化。如果是社交媒体营销、内容营销中需要具体人力物力投入的,则需要计算工资、时间等其他成本。类似于效果统计,成本统计也要分渠道分平台进行详细记录,与产生的效果相互比较,以确定是哪一个环节的营销产生了最好的效果。

3.粉丝与口碑效应

大数据可以从客观上量化互联网娱乐营销的效果,但是还有一部分主观上的效果可能难以衡量计算,但这却是互联网娱乐营销效果中不能忽视的,即用户的反馈形成的效果——粉丝群体与口碑效应的形成。

"粉丝"是英文"fans"的音译,意为"狂热爱好者",后来成为"追星族"的代名词,在更广泛的意义上代指"支持者、爱好者"。在互联网娱乐圈,我们可以看到粉丝狂热的力量,一些当红明星发表一条普普通通的状态有时会获得数千万的点赞、转发和评论。这就是粉丝营销的效果,并没有刻意的强制力。由于内心对偶像的喜爱,粉丝群体甚至会自愿形成组织,竭尽全力而不求回报地宣传自己的偶像。同理,所有的互联网娱乐营销最成功的结果就是将用户转化为忠实的粉丝,从而引发他们主动地推广宣传。

口碑营销是在传统营销中就一直存在的一种方式,在传统营销中依靠消

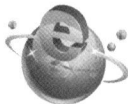

费者口耳相传的方式提高品牌知名度和美誉度。而在互联网娱乐营销中,信息传播速度更快,受众面更广,因此,有的营销采取与网络媒体合作的方式,在论坛、小组或圈子中设置相关议题,引导访问流量,引发民众对品牌或内容的热烈讨论。在数字化口碑平台上,病毒营销、社交媒体营销和粉丝营销均发挥着巨大的作用。

第三章　互联网娱乐营销核心环节

　　在第二章中,我们主要从营销主体、环境、内容、用户、效果五个方面阐述了互联网娱乐营销的基本原理,着眼于从内在逻辑去分析互联网娱乐营销包含哪些要素。在基本原理包含的要素确立以后,本章将从外部流程的角度探究互联网娱乐营销核心环节中的关键步骤。如果说第二章是静态的元素分析,那么本章则是动态的过程阐释。或者说,本章内容主要就是分析这些元素是怎样产生联系、形成流程的,以及具体每一个环节是怎样运作的。简言之,互联网娱乐营销基本原理中的五个要素动态地联系产生了五个核心环节,且彼此的连接关系表现为:(营销主体)分析(环境)、(环境)影响(内容)、(内容)吸引(用户)、(用户)互动(产生效果)、(效果)反馈(作用于互联网娱乐营销新一轮决策)。

一、分　析

　　营销主体对于环境的分析是了解互联网娱乐营销市场环境和自身环境的关键环节。在前文中,我们已经展开介绍的外部营销环境包括消费者行为、传播渠道和平台、竞争者、技术环境、国家法律政策等;内部营销环境包括企业文化、领导力、营销团队、道德自律等。在基本原理中已经分析了这些营销环境分别有哪些特征,而这一部分的"分析",主要是指运用了哪些方法来调研分析营销环境。

（一）明确调研目标，制订调研计划

确定调研目标是确定营销环境中哪一部分作为分析对象，围绕这一目标确定调研的细节问题。在确定调研目标时，应当努力使问题定量化，提出明确具体的数量目标。根据项目调研目标的不同，调研项目可分为探索性调研、描述性调研和因果关系调研等类型。项目调研专题与目的确定之后，紧接着便是调研计划的制订。调研计划的内容主要包括确定资料来源、调研方法、费用预算等。[①]

（二）收集资料以及实地调查

资料包括一手资料和二手资料。一手资料指原始资料，来源于自身调查收集的资料，可以得到包括外部如用户、消费者的建议和意见，以及内部如领导人、员工、策划人员的想法和观念。调查过程中可以采用传统的调查访问等方法，但更主要的是借助用户基于互联网的行为数据的记录。大数据使企业对市场需求的洞察日益走向实时化和精准化。快速积累的海量数据既可以使企业及时利用丰富的信息进行有效决策，同时也为企业营销带来前所未有的机遇。一方面，企业能够记录或收集顾客社会化、移动化的媒体与渠道的行为数据，从而设计出高度精准及绩效可高度定量化的营销策略。另一方面，随着大数据的累积，消费者异质性在不断增大，这种异质性体现在消费者在创意、娱乐、阅读、社交等方方面面的兴趣偏好的不同，由此可以为个性化定制提供充足的养分和坚实的基础。企业根据交叉融合后的可流转性数据及全息可见的行为数据，可以精准地了解每一位消费者不同的兴趣偏好，为他们提供个性化的文化产品或服务。[②] 二手资料来自其他收集、整理过的资料，包括企业内部调查分析报告，以及外部的政府报告、咨询公司分析报告、信息中心资料、媒体资料等。

---

① 张立波.文化产业项目策划与管理［M］.北京：北京大学出版社，2013：108-109.
② 张立波.基于大数据的文化企业商业模式创新［M］.北京：北京大学出版社，2017：3-4.

（三）整理和分析

经过收集、加工、处理之后，要对基础数据资料进行挖掘和分析。数据挖掘与分析的方法主要有定量分析与定性分析两种。随着网络技术以及计算机技术的发展，出现了数据处理软件，这为项目调研工作带来了便利，从而缩短了分析的时间，提高了工作效率。收集来的信息资料要经过分析和处理，得到每一部分的详细报告，最终形成对调研结果的解释报告，报告中要简洁明了地指出对决策有直接指导意义的现象和结果，以便做出最终的营销决策。

二、影　响

"影响"是指互联网娱乐营销的内容特征是受到根据调研分析所得的环境特征影响形成的。例如，对外部营销环境中的"渠道和平台"进行分析时，可以发现，互联网娱乐内容传播渠道的阵地更多转移到移动终端尤其是智能手机这个渠道上。与电脑等终端相比，移动智能终端有着便捷、易携带的特点，移动智能终端娱乐化倾向明显。

移动智能终端更受年轻人的欢迎。对于年轻人来说，他们有更多的精力和兴趣接受新事物和潮流，喜欢个性、参与感，敢于消费；生活节奏也更快速，有着许多碎片化时间。随着智能手机的进一步普及其性价比的提高，娱乐成本降低，移动智能终端的娱乐方式也进一步渗透到社会各个阶层，尤其是为低收入群体提供了廉价易得的娱乐选择。

基于这种特性，适应移动智能终端的互联网娱乐内容应该尽量易读，可以多一些图片，文字要言简意赅。页面设计要精致，给受众良好的感官体验。同时，内容要新颖有创意，避免同质化。

三、吸 引

"吸引"这一环节主要围绕互联网娱乐内容是依靠哪些手段吸引用户的、互联网娱乐内容特性是如何一步步让用户深陷其中无法自拔的等展开。

（一）互联网娱乐业中的游戏化思维

前面已经探讨过，互联网时代下用户的注意力是非常容易被转移的，但是其中有一个行业，似乎在抓住用户注意力方面非常成功，那就是网络游戏。没有一种娱乐活动能像游戏那样让人沉浸。

广义的"游戏"本来就可以看作"娱乐"的一个代名词。与为了现实不得不做的工作相比，人们寻求娱乐的体验就相当于在寻求游戏的快乐。很早就有学者研究游戏中的沉浸感：1967年威廉·斯蒂芬森提出的大众传播游戏理论，阐述了游戏具有隔离的特性，可使人完全沉浸其中。1975年美国心理学家米哈伊·西卡森特米哈伊描述，当人们全神贯注于一件事，会忘却周围环境，忘掉自我意识，忘掉时间。这种现象被称为"Flow"。"Flow"有很多种译法，比如福乐、沉浸、心流、流畅、神迷、流动、意识流、行云流水等。人们在做自己喜欢的事物时容易进入这种心无旁骛、物我两忘的状态。而游戏的沉浸感就是"Flow"现象的一个典型体现。人类学家约翰·赫伊津哈把游戏描述为创造自身的现实，游戏通过所谓"神奇圆圈"与现实世界隔离开。玩家进入"神奇圆圈"，为了游戏体验而同意遵守游戏世界中的规则，把日常生活抛在脑后。[①]

当下的网络游戏中普遍存在的关键机制有点数、勋章（成就）、等级、排行榜和奖励等。它们都可以通过给人成就感，使其进一步产生晋升动力。存在于游戏世界的奖励，可以是身份地位、待遇、权力、财富等，它们往往是虚拟的，不需要像现实一样奖励物质，因此奖励成本非常小，但玩家却可以收获毫

不逊色的满足感。网络游戏世界只是互联网娱乐的冰山一角,其实在整个互联网娱乐世界中都可以找到游戏化思维的影子,上面提到的属于游戏的机制,一样普遍运用于其他娱乐方式中。

互联网娱乐营销从某种层面说,就是通过把握消费者的行为动机和心理状态,找到消费者的角色渴望。互联网娱乐动机可以概括为如下方面。

第一,沉浸。人们在进行互联网娱乐活动时可以全身心地投入,暂时摆脱现实的苦恼。例如视频剧情将人们带入情节中,让人沉浸其中。人在玩游戏时更是全神贯注地操作,生怕眼睛离开屏幕一会儿就会输掉游戏。

第二,自主权。电视的魅力不及互联网视频之处就在于互联网视频的便利与可控。人们可以不受时间地点的限制,选择自己想看的节目,或者只选取想看的段落,随意点击、暂停、快进、切换,可以发表评论,还可以对自己喜爱的内容建立个人收藏等。这给了用户极大的能动性,可以使他们感到可以掌握娱乐的进程和结局。这些都是用户对娱乐内容掌控力的体现,而这正是互联网娱乐吸引人的地方之一。

第三,竞争感和成就感。人们能通过竞争性行为获取胜利带来的快乐。排行榜就是其中典型的体现,例如运动步数、游戏得分等在朋友圈的排名,让用户产生的是炫耀的满足感和激励。

第四,宣泄。人们日常生活中会产生焦虑、抑郁和压力。这些情绪会使人产生进攻的冲动,因此一些娱乐方式主要依靠模拟日常生活中不存在的冲突,让人们通过模拟进攻来达到宣泄压力的目的。这一点在电子游戏中很常见,一般娱乐内容里也经常涉及,比如情节带入和场景模拟也可以给人同样的体验。

第五,虚拟的社会形象。游戏吸引人的地方之一就在于游戏试图构建一个虚拟世界,增加人们的沉浸体验。即使是在现实中能力弱小被人看不起的人,在游戏中也可以成为叱咤风云的英雄;在现实中交不到朋友的人,在游戏中也可以有一群"队友"。游戏甚至可以虚造声音、样貌、身份。人们玩游戏不再是单纯追求游戏本身的乐趣,而是在游戏这个虚拟世界里按照自己的期望重塑自己的形象。人们在虚拟现实中打造的虚拟形象,可以按照自己的喜好呈现,可以与现实的自己完全不一样。财富、权利、地位、美貌,这些都可以重塑。比如K歌软件唱吧中存在会员等级、歌手等级、财富等级等,这些是虚

拟地位的体现。同时,唱吧采用声音美化技术,并尝试实现录音棚效果的技术,对声波进行处理,用计算机模拟人在高档 KTV 里唱歌时的所有情况,包括声音反射、叠加等的效果。与之类似的还有美颜相机等,其利用照片处理及合成技术,为用户打造一个满意的外形,尽管这一外形与现实可能差别非常大。人们认为这种虚拟的社会形象可以使自己显得更有吸引力。虚拟的形象让人在网络社会中变成另一个人,在网络的帮助和庇护下尽情展示或者发泄。

第六,社会交往。在如《王者荣耀》之类的在线网络游戏中,玩家都是真实存在的,不再是冷冰冰的机器,可以让玩家有真实团队合作感。和熟识的朋友一起玩游戏可以增进友谊,通过游戏还可以结识新的朋友,这种把社交元素融入游戏中的方式比起单机游戏给玩家提供了更多的动机选择。人类是社会性的动物,希望与身边的人建立某种联系。人们在日常生活中遇到开心的、难过的、感动的事情时,都想与其他人分享。社交软件提供了这样一个平台,互动与分享是其主要特征。截至 2017 年 12 月,微信朋友圈、QQ 空间用户使用率分别为 87.3％和 64.4％;微博作为社交媒体,2017 年继续在微视频和移动直播上深入布局,推动用户使用率持续增长,已达到 40.9％,较 2016年 12 月上升 3.8％。知乎、豆瓣、天涯社区的使用率均有所提升,用户使用率分别为 14.6％、12.8％和 8.8％。①

第七,创造力。大众娱乐时代人人都能轻松获得娱乐内容,同时可以自己创造娱乐内容,并以此得到他人的认可和支持,给他人带来欢乐,也会给自己带来成就感。众多自媒体内容就是民众创造力的体现。还有同人作品等衍生品,以及弹幕文化等也是在大众创造力支持下产生的乐趣。互联网原住民这一代在高科技环境下成长起来的人,接受的娱乐方式是科技娱乐,他们的思维更适应这种互动性产品,他们成长学习中的很多行为是通过(模拟)游戏完成的。他们在接触游戏一段时间以后,对这种互动和娱乐刺激的需要更加强烈。因此,这种游戏娱乐机制将成为现代人思考方式和生活方式的一部分。人们渴望更多的刺激、奖励和互动。

---

① CNNIC、中商产业研究院.2017 年社交应用使用情况分析[EB/OL].(2018-02-01)[2019-10-10].http://www.askci.com/news/chanye/20180201/115928117398.shtml.

（二）互联网娱乐营销是一种体验

"体验"并非一个新概念，它在哲学、美学、心理学、教育学、管理学、营销学等领域均有涉及。1993 年，Arnauld 和 Price 指出享乐体验中的"巅峰体验""巅峰表现""特殊体验""高峰体验"。"巅峰体验"最早由 Maslow 于 1967 年提出，他认为"巅峰体验"是人类的最高需求。Tinsley 认为"高峰体验"多应用于休闲体验，体验存在于休闲活动中，而休闲则扮演促进自我实现的角色。娱乐业可以说是体验业。"体验"作为经济概念被单独拿出来分析见于阿尔文·托夫勒于 1970 年所著的《未来的冲击》一书，他提出，继服务业发展之后，体验业将成为经济的支柱。他敏锐地意识到"体验业"存在的重要性，并特别指出娱乐业是体验业中重要的一例。但是，直到派恩和吉尔摩的专著《体验经济》一书真正把"体验经济"单独拿出来进行深入的理论分析，这一理论才真正受到人们的重视。

《体验经济》一书向我们阐明了这样一种观点：经济价值的本质及其自然递进的趋势决定了我们正在进入体验经济的时代。[1] 不断革新的技术，越来越富裕的人群，决定了农业、制造业需要的劳动力减少，人们消费欲望的增强，引发农业经济、工业经济、服务经济的依次递进，按照"初级产品—产品—服务—体验"，层级依次上升，直到体验经济新时代。不过它也指出，体验并非最终经济产出。要在体验基础上形成新的产出——变革，使顾客想要从中获得改变自己的力量，使自己变得更完善、更好，感觉到自己受到体验的巨大正面影响，变革经济的产出就是被改变了的消费者，顾客即产品。[2]

在营销学中，相对应的理论是体验营销理论。伯恩德·H.施密特所著的《体验式营销》一书首先提出体验式营销的概念。他根据生理学、心理学和社会学的理论，提出可以把体验分为"感觉（sense）、情感（feel）、思考（think）、行动（act）和亲近（relate）"五种类别。[3] 这打破了"传统的消费者一定是理性的"这一固有思维，认为顾客决策是由理性和感性因素共同作用形成的，消费者

---

① 约瑟夫·派恩，詹姆斯·吉尔摩.体验经济[M].毕崇毅，译.北京：机械工业出版社，2016：2.
② 约瑟夫·派恩，詹姆斯·吉尔摩.体验经济[M].毕崇毅，译.北京：机械工业出版社，2016：23-30.
③ 伯恩德·H.施密特.体验式营销[M].张愉，等译.北京：中国三峡出版社，2001：265-266.

的体验才是打造企业品牌的关键。

从体验论上讲,用户行为是一种用户的体验过程,往往是一种感性行为:在体验中消费,在体验中处置。娱乐业一直在向用户体验的方向发展,同样,人们在寻求互联网娱乐内容的同时就是在寻求一种轻松娱乐的体验,而互联网娱乐营销相对应的也是一种体验营销,致力于互联网娱乐营销的过程也是不断优化用户体验的过程,包括用户的动机,用户的情绪感受、情感共鸣,用户是否感兴趣,以及兴趣能够维持多久等。在任何环节出现不便于用户体验的因素都可能失去用户,对于营销主体来说,也就是失去了消费者。

为了打动消费者,更多的互联网娱乐营销开始采用情感策略,塑造产品及品牌文化,提升商品品位,为商品注入感情。例如很多淘宝店铺开展的内容营销就是一种感性营销,用文化氛围打动用户,弱化商业气息,强调趣味、品位等,从而对某一类型用户产生吸引力。

四、互　动

在互联网环境下,言论自由与信息沟通的顺畅得到保障,与传统营销相比,其互动与反馈都是及时而充分的。这里的互动是指用户在接收了互联网的娱乐内容后,在产生体验感受的基础上与其他用户进行沟通交流的过程,主要行为包括点赞、评论、转发、分享等。互联网娱乐营销效果的产生依靠的是内容应用于用户,再经过大范围的传播应用于更多的用户,而传播的动力就是用户之间的互动。

(一)社交媒体的互动性

社交媒体具有分享性和互动性,社交本身具有一种情感价值,顾客可以从中感受到满足。因此,在互联网娱乐营销中提供社交功能,满足人们分享、沟通、互动的愿望,可以加强营销的效果。例如网络购物中,网店店主在网上开放微博社区,让消费者在里面评价、比较商品,就是在提供一种社交价值,用互动提升销量。

社交媒体在不断发展,不再仅仅局限于信息交流功能,各种社交应用如视频、游戏、网络支付、公共服务等构建了更加完整的网络社会。基于社交网络的广告和营销更加精准和个性化。马克·格兰诺维特提出的弱关系和强关系理论有助于我们理解人际社交分享在信息传播方面起到的作用。强关系是指较为紧密的联系,存在于我们和较亲密的人之间,其互动交流都比较频繁而深入,信息的内容也是与自己相关或自己比较熟悉的;弱关系是通常所指的"泛泛之交",存在于仅有一面之缘或较少联系的人之间,对方来自各行各业,信息也是多种多样的。[①] 弱关系由于涉及的人和信息更加复杂多样,所以会让人知晓一些原本不太可能知道的信息。强关系由于关系紧密,会形成一个个圈子,弱关系则促使信息在不同的圈子之间流动。

在互联网中,QQ、微信这些多由熟人好友组成的社交平台以强关系为主,而在豆瓣、微博、知乎上,由在某些公开话题下参与讨论的陌生人组成的关系,可以被视作弱关系。当然,结识陌生人后,双方进一步进行私人交流,也会转变为强关系。在强关系中,互动程度更高,并且人们更可能因为信息而采取行动;弱关系中的人们大部分只是围观浏览,互动程度和信息留存度低。在互联网娱乐营销中,从扩大信息影响力来说,更多新信息是通过弱关系从一个群体流动到另一个群体中去的,依靠弱关系提供的宣传面更广,比较适合拉拢新的潜在用户。而强关系理论适用于具体的互动环节,如根据营销内容某一话题的某一方面展开深入互动,或者与原有粉丝用户之间加强感情维系,建立起使用户更有行动力的用户联系,比如对粉丝用户进行情感关怀,定时送上惊喜和关心,还可以为他们提供优惠、赠送服务等。

(二)即时评论中的互动性

在互联网娱乐内容中,用户有着强烈的表达意见的愿望。在传统媒体中,营销内容发布后,消费者只能作为信息接收方,产生的感受只能与现实中亲近的朋友分享。而互联网的存在打破了这种渠道上的单向传播。在互联网娱乐内容中,留言区、弹幕等都是用户互动的体现,甚至形成了新的"评

---

① 马克·格兰诺维特.经济生活中的社会学[M].瞿铁鹏,姜志辉,译.上海:上海人民出版社,2014:26.

论娱乐"——在评论中以诙谐或者讽刺的语言表达对事物的看法,形成新的乐趣。

弹幕是一种评论形式,是指看视频时观众的简短评论会按照一定的方向飞过屏幕,看起来就像子弹形成的幕布一样。弹幕文化首先起源于日本,国内的 AcFun 和 Bilibili 进行了仿效,使其迅速在国内流行开来。从技术上说,弹幕为用户提供了可编辑的文本框,用户可以设置文本内容、字体、颜色、大小,以及出现在屏幕中的位置,同时有些网站还支持将编辑的内容转发到社交平台上。[①] 弹幕迎合了共同爱好者之间进行互动交流的需求,增强了观众的参与感和主导性。用户可以基于自己的想法对内容进行解构和解读,这是用户自己参与和主导的内容再生产。志同道合的互动提供了虚拟部落式狂欢体验和群体的认同感、归属感,同时评论与声画同步,加深了临场感。

(三)鼓励使用和分享,提高重复曝光率

互联网娱乐营销很多时候不是内容生产者在做广告,而是其发动用户主动传播,利用合理的奖惩机制让用户心甘情愿为自己打广告。以扇贝阅读为例,扇贝阅读是一款英语阅读学习软件,如果每天使用这个 APP 阅读新闻或电子书,可以打卡,同时可以获得金币奖励。这里的金币是虚拟货币。其中新闻供免费阅读,电子书可以免费试读。如果要买下整本电子书,就需要用金币。要获得金币,充钱和打卡是一种方式,还有一种方式是将 APP 分享到社交媒体平台。虽然分享所能获赠的金币数额很小,但是积攒下来,一两个月也可以买到一本完整的电子书,这为不想花钱看书的消费者提供了另一种选择。在分享的同时,APP 得到了宣传,其知名度也得到提高。

为了提高使用率,这种每日登陆、分享即赠送的方式被互联网娱乐广泛利用。重复是典型的营销策略,其通过提高软件曝光率增加消费者的熟悉感,使消费者慢慢认可接受。这种重复在不同的设备之间同样起效。AdMaster 广告效果监测研究数据表明,跨屏投放广告,如在手机、平板电脑和笔记本屏幕上投放同样的广告一次,效果会比只在其中一个屏幕上投放广告三次更好,

---

① 王海龙,景庆虹.吐槽弹幕与网络节目的互动性探析——以《吐槽大会》节目为例[J].新媒体研究,2017,3(8):47-49.

特别是消费者对品牌的态度和购买意向会提高。[①] 但是最好的方式是围绕一个主题有创意、有变化地重复,单纯的重复只会引发厌倦,会使用户主动忽略信息。

(四)分享便利性与链接

要想获得大量的转发便要注意分享的便利性,例如运用各种链接和二维码。互联网娱乐营销方式之一——病毒营销之所以取得成效,就在于惊人的内容转发量。观察微信朋友圈会发现,一些有趣的小测试、小程序经常获得大量转发。例如2017年7月底,由人民日报社新媒体中心创意策划出品、腾讯旗下的天天P图合作推出的"快看呐! 这是我的军装照",由于操作简单,玩法新颖有趣,再配合建军90周年的热潮,在朋友圈迅速火了起来,每个人都用自己的照片合成军装照,留下了身着戎装的飒爽英姿。在自己的照片分享页面上,就有这个小程序的二维码链接,任何人通过扫描二维码就可以参与合成自己的军装照。在分享照片的同时,天天P图进一步扩大了自己的影响力。

二维码可以包含许多商业信息,例如企业网站、支付页面、微信公众号、有奖活动页面、购买页面。链接的便利性在商业营销中是为了直接指向消费,从产品展示到消费完成之间所经过的步骤越少,操作越方便,消费者的注意力流失的机会就越少,放弃消费的想法出现的可能性也就越小。例如电视剧《何以笙箫默》在东方卫视热播时,消费者可以直接通过屏幕附上的二维码获得剧中人物所穿服饰的购买链接,直接到天猫商城购买,实现"边看边买"。这就是T2O,即 TV to Online,是指电视媒体与电子商务跨界合作,电视线下推广转移到线上销售的电子商务商业模式,是电视媒体运用互联网思维的一种策略。同样,互联网上的娱乐节目也可以用这种方式和电商合作。节目中展示的产品不像广告那么生硬,人们在观看节目时接收到产品信息,产生购物欲,就可以通过二维码链接非常方便地跳转完成购买。

---

① 王淼.数据驱动的互联网广告效果监测研究[J].广告大观(理论版),2017(4):40.

五、反　馈

最后"反馈"这个环节，是在用户参与互动产生营销所得效果之后，具体效果到达营销主体的过程。营销主体可以根据反馈了解到互联网娱乐营销的效果如何，例如收获了多少浏览、转发和评论，新增了多少粉丝，形成了正面效果还是负面效果——在互联网口碑营销宣传过程中，并非只会形成正面反馈。用户如果有负面的体验一样会表达出来，这对营销来说就是负面效果。此时就体现出危机处理的重要性，对于负面效果的反馈，营销主体一定要足够重视，积极与用户沟通，及时回复与解决问题。

具体的效果在互联网娱乐营销基本原理的"效果"一节中已有所介绍，这些效果可以通过调研或者大数据统计来形成具体的报告，为营销主体下一轮的决策提供指导。

互联网娱乐营销五个要素及五个环节完整的循环流动可以用图 3-1 简要地予以表示。

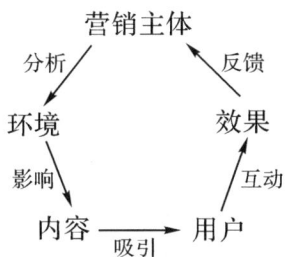

图 3-1　互联网娱乐营销要素及主要环节

第四章　客厅战略与视频行业

近十年来,网络视频因其非线性、交互性、易分享、广传播等特性,正在渗透和颠覆中国人在传统电视媒体下所建立起来的"客厅文化",这一领域也因此首先成为互联网娱乐巨头和传统电视厂商鏖战的新战场。

一、客厅战略

所谓"客厅战略",其实就是互联网新媒体和传统电视媒体争夺"客厅"的布局安排。从宏观角度来说,"客厅战略"大致包括两个部分。一个是硬件载体部分,以小米智能电视为代表。小米依靠在移动硬件领域的积累和优势,成功进入智能电视领域,可以看作"硬件+内容"的重要布局。另一个是软件内容部分。这部分基本上是以视频网站为代表的企业,视频网站在某种程度上已成为"客厅战略"差异化竞争的重要筹码,也是未来视频泛在传播的重要内容平台,更是未来用户使用互联网时一个具有至关重要意义的战略入口。

面对新媒体和视频网站的冲击,越来越多的人尤其是年轻一代开始抛弃电视,拥抱互联网。在电视命运快被互联网终结的时候,以智能电视、云电视、智能3D电视等为代表的电视机概念和产品的风起云涌,令电视这个屏幕产品经营行业看到了一片蓝海。在用户的"客厅"里,可以有微软的Xbox,可以有Apple TV,可以有电视企业,可以有机顶盒厂商如同洲、华数和百视通,可以有互联网视频厂商如乐视和优朋普乐,也可以有移动设备厂商如小米科技。总之,现在和将来各个厂商已经推出或即将推出的五花八门的电视机及其附属产品,令"客厅"这一战场硝烟弥漫。联想进军智能电视市场的举动在业内引起了不小的波澜,也引起了人们对 IT 企业和传统彩电企业在智能化时代优势比拼的大讨论。IT 厂商进军智能电视市场的举动充分说明智能电视市场蕴藏着巨大的空间,包括苹果和谷歌在内的 IT 巨头也将触角伸向了电视这一个领域。

截至 2017 年,我国互联网电视牌照共发七张,分别是国广东方 CIBN、银河互联(GITV)、百视通(BesTV)、华数 TV、南方传媒、芒果 TV、未来电视(ICNTV)。乐视、小米、微鲸等互联网电视厂商,必须和这七大牌照方任意一家合作,才可以推出旗下相关互联网电视或者是电视盒子等产品。随着互联网企业相继打通上述电视牌照方,顺利进军电视大屏,在"客厅"这一硝烟弥漫的战场,用户不仅可以实现随心所欲地看电视,还增加了互动和交流,使得看电视成为新的乐趣。未来三网融合之后,电视就是一个"大 Pad(平板电脑)",抑或是一台一体机,而手中的手机、平板电脑将成为电视遥控器。未来电视机将逐渐变成家庭娱乐中心、播放中心、存储中心、互动中心及交流中心。

从战略和商业模式角度考察,各家的打法均有不同。乐视和优朋普乐主推互联网视频服务,乐视网依托视频平台正构建"平台+内容+终端+应用"的全产业链业务体系,是把互联网电视作为基于开放互联网的视频服务,把机顶盒和电视有机地结合在一起。

相同的全产业链布局战略也体现在向苹果学习的小米科技公司身上,透过小米盒子,雷军的小米产品客厅战略逐步浮出水面。以小米手机为中心,向电视、机顶盒、阅读器等更多硬件延伸,以小米电商为硬件销售渠道,通过各种硬件整合视频、图片、音乐等互联网服务,以及电商、游戏等互联网应用,构建"小米生态链"。未来小米盒子将与包括华数、百视通和 ICNTV 在内的更多牌照方进行合作,小米公司强大的市场推广能力和软件技术,将促使国内互联网电视(OTT)行业更快地发展。

百视通、华数等则是为了增加新的业务形态,即"直播+点播"相结合。继与迪士尼、华纳兄弟等国际著名电影制作商展开合作后,百视通新媒体宣布与好莱坞影视巨鳄派拉蒙影业公司签署合约,展开版权合作。随着 IPTV 和互联网电视的发展,百视通等内容提供平台将逐步完善其在电视端的影视版权的积累,这一新的内容投放渠道的成长将有益于相关影视内容制作方。

二、视频行业

视频行业风起云涌,在资本、监管和新旧势力的碰撞与角力中,行业竞争不断升级。视频网站单纯的内容播放平台的定位已经过时,打造视频行业全产业链生态系统已成为主流视频网站的核心战略。

(一)综合性视频网站

优酷土豆。自优酷网和土豆网合并以来,优酷网继续保持其综合性视频网站的本来业务,同时也不断巩固着其在 UGC、PGC、广告分成及微电影等方面的领先优势,土豆网则倾向于延续创始人王微的"文艺范儿",与豆瓣网合作上线的"文艺电影频道"更是彰显了这种思路。2014 年优酷土豆投资 3 亿元进军自制剧,继续强化在视频领域的自制剧差异化战略。

爱奇艺+PPS。2013 年 5 月,百度旗下爱奇艺以 3.7 亿美元收购 PPS,透露了百度在互联网内容领域的野心。爱奇艺+PPS 因为背靠百度,在内容版权购买方面,现金问题不大。爱奇艺定位为综合性的新主流视频媒体,PPS 定位为提供丰富内容的视频娱乐平台,可以说 PPS+爱奇艺+百度视频的组合完成了百度在视频产业链上的基本布局,也进一步完善了在视频行业的布局。此外,百度又发力 AI,进军智能汽车、智能电视等软硬件结合领域。

搜狐视频。搜狐视频曾经是门户网站里视频做得最好的,其大手笔购买美剧版权值得称道,如购买了 Netflix(网飞公司)的热门剧《纸牌屋》,该剧也确实不负众望,在国内广为人知。此外,搜狐的自制剧也值得称道,《我的极品是前任》虽然名字都来源于互联网流行语,但其点击率不可谓不喜人。随着视频的战略重要性凸显,搜狐视频想保持行业前三恐怕有些难度,毕竟还有腾讯视频等虎视眈眈。

腾讯视频。从腾讯的产品战略不难看出,腾讯业务向来在该细分领域保持在前两名。腾讯自经历了与 360 恶战后首次提出开放平台战略,腾讯在移动互联网领域的一个重要战略就是更加彻底的平台化。腾讯视频在国内的许多重要业务合作中都采取了低姿态的战略投资方式，其近年来在美国开展的海外投资也一样，并不一定要求绝对的控股地位，只要有 20％左右的战略投资就好，做"老二"的好处是不仅可以坐享被投资方的收益，还可以有效阻击像阿里巴巴这样的竞争对手，进退之间，战略非常灵活。①

苏宁与 PPTV。2013 年 10 月，苏宁联合弘毅投资 4.2 亿美元控股 PPTV。苏宁投资 2.5 亿美元，占 PPTV 股份的 44％，成为第一大股东。弘毅投资向 PPTV 投资 1.7 亿美元，占股约 30％。PPTV 已经覆盖的活跃用户数超过 3 亿，但一直处于亏损状态。PPTV 选择苏宁的理由很简单，无论是百度、阿里巴巴、搜狐、PPS 还是湖南卫视，买下 PPTV 都会将 PPTV 完全肢解并消化，但卖给苏宁可以让 PPTV 更加自主，更符合 CEO 陶闯坚持独立发展的理念。因为苏宁并不具备消解 PPTV 的基础，虽说苏宁正在积极地向互联网转型，但其在视频行业仍然是一个外来者，所以卖给苏宁，PPTV 可获得苏宁方面的充分放权。不然，要从市场价值的角度考虑，阿里巴巴能带来的想象空间可要远超苏宁。②

除了以上这些一线的视频网站外，还有一些二三线的视频网站值得关注。新浪微博庞大的用户群数量，并没有给新浪视频带来太多用户。新浪视频拿得出手的是体育竞技类视频，但也没有做到完全压倒对手的程度。网易大部分收入仍然来自游戏业务，而视频则连玩票都算不上了。风行网因为归于百视通帐下，省却了高成本购剧的烦恼，但它目前仅与东方卫视"台网联动"，更像是传统电视的宣传和渠道附庸。

（二）播放器＋视频网站

迅雷目前几乎成为国内电脑装机的必备软件，其凭借庞大的装机量而推出的迅雷看看，最初不过是为了从暴风影音口中夺食，瓜分视频播放器的市

---

① 马向阳. 京东攀上腾讯　俩胖子睡一头[EB/OL]. (2014-03-11)[2019-10-12]. https://www. 163. com/tech/article/9N122BNN000948V8. html.

② 王利阳. 苏宁 PPTV 牵手成功：郎有情妾有意[EB/OL]. (2013-10-28)[2019-10-12]. https:// www. 163. com/tech/article/9C9OIA6P00094NRG. html.

场,再推出弹窗广告。因为有不少高清电影资源,迅雷看看也逐步形成了视频网站,但如今也陷入了尴尬境地:论内容规模,其争不过大型视频网站,用户体验反而一直停留在"视频播放工具"的层面;论流媒体视频功能,其又不是用户的第一选择。面对风生水起的智能电视大战,迅雷看看也是有心无力,只能与相关企业合作,内置自家的播放器,以证明自己还没有落后于移动互联网时代。[①] 从这种种看来,与小米合作应是其最好的选择。

(三)社交视频网站

中国网民的娱乐化需求越来越明显,在娱乐的同时对互动性、时效性、社交性及多媒体性等娱乐属性的要求越来越高,而社交视频网站凭借其多元属性融合的特征,能够同时满足用户"视频＋社交"的需求。中国社交视频行业的盈利模式主要是用户付费和网络广告,其中用户付费是目前最主要的盈利模式。用户付费目前又以虚拟物品付费为最主要的收费形式,VIP/特权服务付费是其重要的组成部分,增值服务和活动参与付费是未来的发展方向。

在社交视频领域,六间房因为发布了恶搞陈凯歌电影《无极》的视频《一个馒头引发的血案》而走红,此后推出"六间房秀场",开始跨入社交视频的行列,主打草根明星的在线演艺平台,并且实时直播,不过目前已不怎么活跃了。此外还有天鸽旗下的 9158、新浪 SHOW、YY 语音、呱呱等社交视频。

此外,社交视频中的弹幕视频越来越多。可以说,弹幕视频的火爆是整个社会"吐槽文化"兴起的表现,这是视频行业社交化发展的一个表现形式。弹幕的本质是一种互动形式,通过互动增强内容的趣味性,提高用户的参与度,进而在视频网站内容同质化的竞争中杀出重围。你不是一个人在看——这就是弹幕网站的存在感。它形成了新的"抱团"观看模式,也真正实现了无时空的社交。正如未来互联网社会是社区化组织的一个个集合,而弹幕视频在某种程度上就是如此生态的一个外在表现形式。

---

① IT 耳朵.国内视频网站概况与未来(三)[EB/OL].(2013-7-14)[2019-10-12].http://www.tmtpost.com/48475.html.

三、重新洗牌

在线视频已成为互联网第一大应用,行业整体市场规模越来越大。从内容角度看,视频行业竞争重点无非就是内容版权、自制剧、UGC、PGC 等。内容版权自不必多说,从优酷土豆、搜狐、爱奇艺、腾讯、迅雷看看等企业看,这是一个肯花钱就能办到的事情。这些企业同为视频平台,未来趋势将是进行正版化和高清长视频的市场竞争,其盈利未来很长一段时间内主要是来自广告的营收,营销模式的重心是进行品牌分化和细分市场化的占领。

在发展战略方面,优酷土豆合并后仍将坚持差异化双品牌战略,使优酷更优酷,土豆更土豆;腾讯视频则力图构建一个集大事件运营、新闻资讯视频、体育资源、大剧和原创内容资源为一体的在线视频平台;迅雷看看成为迅雷集团控股的独立公司,无论法人、品牌、管理都将独立运营;搜狐视频继续保持在美剧内容方面的独树一帜,并完成了拆分重组,做好了上市准备;百度增持爱奇艺股份,继续贯彻"登录页战略",即让用户搜索到的结果尽可能仍在百度业务范围内,爱奇艺在百度的大平台下依托百度的搜索优势将主打白领市场。

在核心竞争力方面,优酷土豆与阿里巴巴的合作,使其在长、微视频方面均有了突破性的发展。微视频可以在不必承担长视频消耗大量流量的情况下,增加广告位;微视频内容更适合用碎片化的时间观看,尤其适应移动互联网的发展,易于在社交网络上分享;土豆的 UGC 内容实现了用户虚拟资产的沉淀,合并后的优酷土豆几乎垄断了 UGC 平台,有助于提升平台用户黏性。在合并前,优酷还收购了海外版权商 Trade Lead 和国内内容提供商东阳天世以增强核心竞争力。作为"富二代"的腾讯视频、爱奇艺、搜狐视频则依靠互联网巨头腾讯、百度和搜狐的优势资源迅速抢占市场。其中腾讯视频更是完成了"211"发展战略,即用户覆盖第二、成长第一、专业视频第一。爱奇艺则能通过百度知道大家搜索的热门关键词,然后跟进这些关键词制作特定的视频。制作这些视频的成本要比购买电视剧的成本低很多,而且这些视频的播放量可以做到和热播剧旗鼓相当。此外,针对一些商业性质的关键词,爱奇艺能帮助广告主来打造视频,从而帮助百度进行流量的变现。百度把流量倒给爱奇艺,而爱奇艺获得的收入也会给百度,双方采用收入分成的模式。爱奇艺和百度在云端的协同效应优势明显,爱奇艺的云端就是百度的个人云存储服务。而如果要爱奇艺自己去搭建云计算平台,购买服务器,这将会是巨额的成本。

迅雷看看正在加紧谋划布局或转型发展,以此找到自身的定位和核心竞争力。相比之下,迅雷的优势是迅雷下载客户端巨大的流量资源。迅雷是一家技术驱动型公司,迅雷下载目前是国内装机量最大的几个 PC 软件之一,其自有的 P2SP 技术和高度可扩展性的大规模分布式计算网络是其核心竞争力。迅雷下载可在流量、付费会员、数据挖掘等方面为迅雷看看提供支持。迅雷的营收主要包括网络广告、增值付费服务和游戏三部分。而迅雷看看的网络广告是迅雷最大的收入来源,约占其年总收入的 50%。但随着科技的进步,以及云存储的应用,迅雷最引以为傲的快速下载服务正在被带宽变大和云计算兴起这两个趋势削弱。随着带宽不断提高,多数应用都已无须下载到本地,直接在网络上就可以完成。若云计算大范围实现,或将对迅雷传统下载业务造成严重冲击,动摇公司根本。

视频网站未来的竞争突破点还是在自制剧、UGC 节目、PGC 节目方面。自制剧包括自制节目、自制剧集和自制电影等,这些构成了视频网站差异化竞争的一个重要砝码。如优酷的《万万没想到》等已经较有影响力。此外还有以高晓松的《晓说》、罗振宇的《罗辑思维》为代表的 PGC 节目的兴起,不仅给视频网站的竞争提供了砝码,还为中小企业甚至个人的新媒体创业提供了重要参考。

毫无疑问,视频行业下一步将继续兼并整合,视频行业的竞争也将从"战国时代"进入"寡头时代"。除了上述的优酷土豆合并,爱奇艺与 PPS 合并,苏宁"迎娶"PPTV,搜狐视频与腾讯视频"谈婚论嫁",更多的是众多中微视频网站坐立不安,再加之多屏时代的到来,视频行业进入"寡头时代"也就不难理解了,剩下的最有可能被抢资源的就是那些微视频网站了。

自 Facebook、Twitter 等在 2013 年推出视频分享功能,微信在 2014 年推出微视频分享功能的新版本,从分享文字、图片再到分享文件、视频、声音,通过移动互联网,你的朋友、家人可以更直观地了解到你身边所发生的一切,正是因为移动互联网的存在,社交在某种程度上越来越真实化了。2015—2017年,视频自制内容迎来真正的爆发期,社交平台格局稳定,社交视频时代正在到来。

KPCB公司发布的互联网趋势报告显示,移动互联网用户在移动设备上分享视频的次数、观看的时间都在直线增长,微视频时代正在到来。各大视频平台的竞争中,社交元素的引入也将成为主流趋势之一。从文字、图片到视频,社交的视频时代正在越来越受到用户追捧。近两年微视频的各种火爆,以及用户在移动端消费视频的时间增长,可以部分印证这一趋势。对于微视频营销,我们后面将辟专章进行讨论。

第五章 自媒体的魔力

互联网是一个无边无际的大平台,新媒体是互联网的一种主要功能和呈现方式,而自媒体则是新媒体中最具活力和最有代表性的部分。当前我国媒体发展正处于由传统媒体向新媒体,由他媒体到自媒体的过渡阶段。随着网民数量的不断增长,智能手机数量和移动互联网流量的不断增长,再加上互联网技术的不断成熟和创新,自媒体行业得到了快速发展。自媒体不仅改变了信息传播的方式,也改变了营销的方式。营销也由传统媒体时代转向自媒体时代。自媒体形式多种多样,既有文字、图片等的静态展示,又有图文结合、音频、视频、动画等的动态展示。每一个人都可以通过自己随身携带的智能移动设备,将信息随时发送到地球的各个角落。这让各类组织,尤其是企业的营销活动进入一个全新的时代——自媒体营销时代。自媒体运营操作简单,管理方式灵活,为很多行业提供了营销载体和内容,未来自媒体营销会更具创新力。

一、自媒体发展现状

随着互联网、移动互联网和各类网络技术的发展和进步,各种智能手机和移动终端设备快速普及,一种新的媒体和信息传播的形式——自媒体悄然兴起并发展起来,呈现出席卷天下、囊括四海的趋势,使得传统的信息传播渠道如报纸、广播、电视等黯然失色。

(一)自媒体发展历程

自媒体是新媒体最火热的领域。从《晓说》《罗辑思维》到《凯子曰》《黄·

段子》，从视频网站到微信公众平台，一大批博客时代的写手、微博时代的大V、传统媒体的从业者纷纷转战自媒体，也催生了诸如虎嗅、i黑马、钛媒体这样的自媒体平台公司。当然，热闹的背后也不乏互联网大公司的掺和，除了微信公众号外，百度百家、搜狐自媒体、360自媒体、新浪创世记等纷纷上线自媒体平台，以期在自媒体市场分一杯羹。

自媒体这一概念源于美国IT专栏作家丹·吉尔默（Dan Gillmor），2001年9月28日，他在个人博客中提出了一个颇有影响力的"媒体3.0"概念。根据他的分类，"媒体1.0"是指报纸、杂志、电视、广播等传统大众媒介或旧媒体（old media），其是单向的线性传播方式；"媒体2.0"指的是在互联网技术的推动下传统媒体的网络版以及新闻门户网站等，这一阶段的新闻传播速度更为敏捷，例如数字电视、IPTV等传统媒体向新媒体的过渡形态，但本质上仍属于旧媒体，是一对多的新闻传播形式；而"媒体3.0"指的是网络论坛、博客、微博等点对点的、双向互动的新闻传播形式。[①] 谢因·波曼与克里斯·威理斯两人于2003年提出对自媒体的权威定义："自媒体就是在数字科技强化并与全球知识体系相连之后，普通大众参与生产并提供与分享他们真实想法和自身新闻的传播途径。"[②] 此后，"自媒体"一词被学者广为借鉴和采纳，这个定义目前也被我国学者普遍认同并广泛使用。相对于传统媒体和新媒体来说，自媒体最大的特点体现在"自"上。

按照自媒体的功能，自媒体可以划分为图文类的自媒体、音频类的自媒体和视频类的自媒体三大类别。图文类的自媒体由于门槛最低，所以创作人数最多，也是自媒体平台争夺最为激烈的一个领域。文字自媒体最开始掀起的时候，以微博、微信为主，尤其是以微信公众号为代表。随后搜狐、今日头条、一点资讯、网易也纷纷推出自媒体平台。音频类的自媒体主要有蜻蜓FM、荔枝FM、喜马拉雅FM等。视频类的自媒体主要有优酷土豆、爱奇艺、搜狐视频、腾讯视频等几大视频网站推出的自媒体节目，以及当前火爆的微视频如抖音、快手、火山、西瓜等。

10多年自媒体的发展历程有几个重要节点：

---

① 申金霞.自媒体时代的公民新闻[M].北京：中国广播电视出版社，2013：12-13.

② WILLIS C，BOWMAN S. We Media：How audience and shaping the future of news and information[M]. The Media Center，2003：7.

——2009 年,新浪微博上线,开启社交平台自媒体风潮。

——2012 年 8 月,今日头条上线,资讯实现个性化推荐。

——2012 年 8 月,微信公众号上线,随即吸引大量机构和个人入驻。

——2012—2014 年,门户网站、视频网站、电商纷纷涉足自媒体领域,平台多元化。

——2015 年,直播兴起,自媒体表现形式多元化。

——2016 年,自媒体井喷式发展,产生了几十个媒体平台。

——2017 年,自媒体进入洗牌期,抖音、快手等微视频爆发式增长。

——2018 年,各种形态的自媒体形成百花齐放的格局。

从 10 多年来自媒体发展的重要节点中,我们可以看出,自媒体形式可谓多彩多姿,既有文字类的和图片类的,又有视频类的,各类自媒体平台已经渗透到我们生活的方方面面。毫不夸张地说,自媒体已经成为我们生活中不可或缺的一部分了。在不同自媒体平台当中,用户覆盖差异化显著,根据《2016年度自媒体行业发展报告》统计的数据,通过 2016 年 11 月和 1 月的对比分析发现,自媒体平台当中的综合音乐和社交网络用户覆盖率分别下降 12.2％和 1.3％,而直播类和电商类的自媒体平台分别增长 249.2％和 120.9％,如图 5-1 所示。[①]

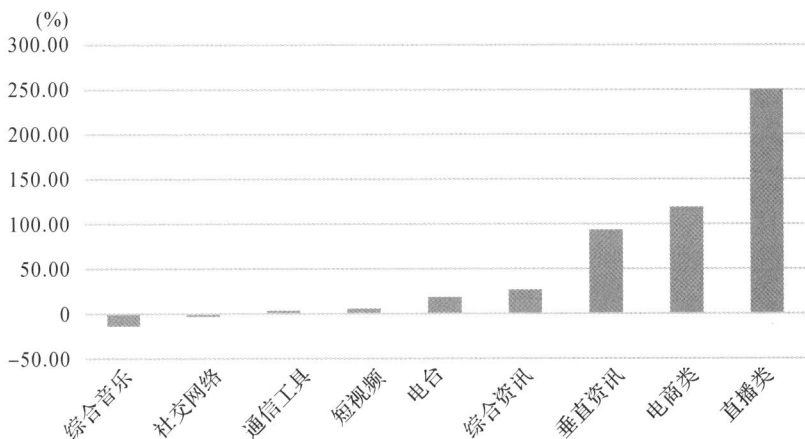

图 5-1　2016 年不同自媒体平台用户覆盖率增速(11 月和 1 月对比)

---

① TalkingData. 2016 年度自媒体行业发展报告［R/OL］. (2016-12-08)［2019-10-15］. http://mi. talkingdata. com/report-detail. html? id＝486.

（二）自媒体的春天

需要说明的是，我们这里提到的自媒体是广义的自媒体，包括通过图、文、音、像等形式传播的具有一定内容的互联网业态。这个内容是由一个人或者几个人完成的新媒体内容表达。比如，一个人只要有一个微博或微信公众号，并能形成持续的传播，就是我们认为的自媒体。

无疑，自媒体的春天已到来这个判断，大部分人是认同的。而说到自媒体的发端，不得不提两个案例。一个案例是高晓松与优酷合作的脱口秀节目《晓说》。《晓说》凭借"一不当公敌，二不当公知，一切只因闲来无事小聊怡情。上说星辰满月，下说贩夫走卒，动机绝不无耻，观点绝不中立"的定位让高晓松在 2013 年人气爆棚，各种围观、"拍砖"、吐槽……网友惊呼原来高晓松这么有才。《晓说》面向的是 20—40 岁的年轻知识分子和上班族，相比较其他娱乐节目，其用户的黏度更高。据统计，《晓说》的男性观众比例占到 70%，大专及以上学历群体占到 80%。另外，东方卫视上线的一档脱口秀节目《晓松说》便是根植于《晓说》的，这种网络自制视频节目对电视节目的反哺，不得不说是自媒体的胜利。

另一个案例是《罗辑思维》。我们并不着力关注《罗辑思维》具体的经营数字，关键是这种现象背后互联网社会下的新媒体模式变化。罗振宇作为一个传统电视人，2012 年底从中央电视台离职创办自媒体脱口秀节目《罗辑思维》。《罗辑思维》的口号是"有种、有趣、有料"，定位是做大家"身边的读书人"，主要服务于"80 后""90 后"有读书求知需求的群体。《罗辑思维》的诞生源于罗振宇对 U 盘式生活方式的向往，他认为未来互联网的生产和协作方式不是当什么硬盘，因为它被装在了主机里，要当 U 盘，自带信息，不装系统，随时插拔，自由协作。2017 年，《罗辑思维》已经进行到第六季，每周在优酷平台播出，此外，微信公众号"罗辑思维"每天早晨那精确的 60 秒语音发送，让很多人看到了一个"死磕自己、愉悦大家"的自媒体人的坚持。

"罗辑思维"的会员收费虽遭巨大非议，但第一次 5000 个会员与 500 个铁杆会员还是只用了 6 个小时便售罄。2013 年 12 月 27 日，"罗辑思维"又成功地进行了第二次社群招募，普通会员 200 元，铁杆会员 1200 元。这一次,唯一的支付通道是刚刚上线的微信支付,其一天之内便轻松募集800万元。两次会员募集,金额总计达到1000多万元,业内惊呼"罗辑思维"给自媒体人带来了一次高潮,更有人为"罗辑思维"估值1亿元,自媒体的春天一片欣欣向荣。

(三)自媒体的内容

有人说"自媒体就是用自己的骨头熬汤",这话虽然听起来有点扎耳,但一点也不假,因为每个人的阅历和学识毕竟是有限的,更何况还需要极强的表达能力,以及持续的对外传播,要做到每天都能产出原创的内容,那是天方夜谭。因此,没有哪个自媒体人敢拍着胸脯说自己不会文思枯竭,这也催生了合伙式的自媒体形态和以转载为主的自媒体形态。

其实,在互联网海量信息的背景下,用户需要"书童"式的角色来为自己梳理精品信息。在这种需求下,一些自媒体人转载别人的内容,再加上自己个性化的东西,将其糅合成一个新产品,这也是自媒体的内容表现形式之一。这个过程中的关键是个性化部分的加入,还需要有标题的渲染、导读的升华、用户阅读感受的揣摩等二次加工。从文字类微信公众号的实践来看,用户只关注内容本身,即这个媒体给他提供了什么内容,并不关注谁给这个媒体提供了内容。用户第一感兴趣的是内容对他有没有价值,有没有用,读起来有没有快感,要不要转朋友圈……得到他该得到的营养。其实最在乎谁给这个媒体提供了内容的是作者自己,如果一个作品被转载了但没有署名,这时候首先来指责的是作者,而鲜有用户提出来。提出这个问题的核心不是版权不重要,毕竟尊重原创、尊重版权才是生产好内容的基础,但这也说明了,对于自媒体人来说,内容为王才是核心。

二、自媒体营销特点

We the Media 的作者丹·吉尔默说过,在过去的150年中,我们实际上有两种确定的传播方式:一对多(书、报纸、广播和电视等),以及一对一(信

件、电报和电话等)。而互联网则首次实现了多对多和少对少(many-to-many and few-to-few)的传播。① 丹·吉尔默说的只是自媒体的一些特性,随着新媒体的不断发展与成熟,自媒体的特性也丰富了很多。只有对自媒体的特性有一个全面的了解,才能更有效地利用自媒体进行营销工作。

(一)呈现个性化

在传统媒体营销时代,需要通过报纸、广告、电视等平台进行营销,而进入互联网时代尤其是移动互联网时代,仅凭一部智能手机就可以实现。每天打开微信、微博、抖音、今日头条等软件,铺天盖地的营销信息便进入我们的视线,可以说自媒体是一种非常贴近我们生活方式的营销工具。其天然的平民化气息决定了其与传统营销方式的不同。我们正处于一个充满个性化和标签化的时代,对于自媒体营销来说,只有个性化的方式才能吸引普通大众。虽然传统媒体时代的营销也在强调个性化,但是自媒体时代的营销个性化不同于传统媒体时代,其更多的是在市场细分的领域进行个性化的营销——独一无二,层出不穷。如化妆品品牌百雀羚 2017 年 5 月在微博和微信上推出了营销广告《一九三一》。与传统营销的图文不同的是,《一九三一》采用新颖的个性化长图文方式进行营销,再加上环环相扣的故事情节和移动端阅读体验,这使得《一九三一》在微信朋友圈和微博上大量刷屏,赢得了不错的口碑。《一九三一》利用长图文这种独特的个性化营销方式让消费者在好看、好玩的同时又能学到知识,充分体现了自媒体营销的个性化特色。

(二)平台多元化

随着媒体技术的不断进步、媒体融合进程的加快,以及新的传播方式的出现和新技术的运用,自媒体平台呈现出更加多元化发展的局面。目前自媒体平台主要有五大细分类别,分别为资讯类、社交类、视频类、音频类和电商

① 张彬.对"自媒体"的概念界定及思考[J].今传媒,2008(8):76-77.

类,如图5-2所示。资讯平台有腾讯、搜狐、网易、新浪、凤凰、今日头条等,社交平台有微信、微博、知乎等,视频平台当中的综合视频有优酷、腾讯视频、爱奇艺、搜狐视频等,微视频有梨视频、抖音、快手、美拍等,视频直播有熊猫直播、斗鱼直播、YY直播、映客直播、花椒直播等,音频平台有蜻蜓FM、喜马拉雅FM等,电商平台有淘宝、天猫、京东、当当、唯品会等。

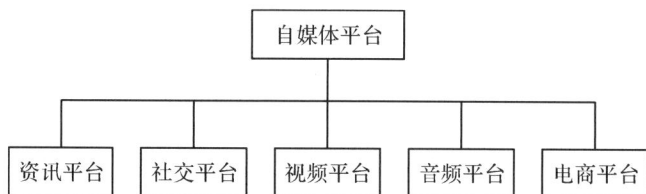

图5-2　自媒体平台构成

从传统的微博、微信公众号平台到新兴的客户端运营号,到2016年火热的直播平台,再到2017年火爆的微视频,各类自媒体平台层出不穷。自媒体平台多元化的发展使得自媒体营销呈现多元化发展的态势。2016年被称为"直播元年",直播平台在2016年得到迅猛发展,受到资本市场的热捧和用户的青睐。在2016年,新闻资讯行业延续前两年的势头,积极布局自媒体行业。如2016年4月网易推出网易号,网易号自带自媒体直播功能,是网易打造的自媒体内容分发和品牌互助平台。2016年9月凤凰新闻和一点资讯打造的凤凰号和一点号实现内容互通。2017年被称为"微视频爆发元年",抖音、快手等微视频走向自媒体市场。当前平台多元化是自媒体一个最为主要的特征。纯视频类的自媒体平台有美拍、秒拍、优酷土豆、爱奇艺、AcFun、Bilibili和小咖秀等。文字、图片和视频综合类的平台有微博、微信公众号和头条号等。对于自媒体营销来说,仅仅在一个平台内进行传播很难形成强大的影响力和知名度。所以自媒体时代的营销不再局限于在单一渠道内进行传播和挖掘粉丝经济,而是进行多平台的联动和传播,无论是首次传播还是在用户分享上的二次传播乃至N次传播,都要实现全面的覆盖。

自媒体营销进行多平台的联动分发,进行全方位、多层次、多平台的覆盖和传播,有利于自媒体营销向更深处扩展。以Papi酱为例,其在秒拍上有一定的知名度后,并没有在秒拍这一平台上进行深入挖掘,而是进行多平台的联动分发。Papi酱在选择平台分发上进行多渠道联动,积极地在各种类型的平台上进行全方位、多层次的覆盖和传播,比如爱奇艺、优酷土豆、微信、腾讯视频、AcFun、Bilibili、微博、美拍和小咖秀等。这种多平台渠道的联动,使得Papi酱在短时间之内积攒了很高的人气,聚拢了大量的粉丝。

(三)操作简单化

在传统媒体时代,营销活动大多数是由专业的营销策划公司完成的,需要耗费大量的时间和成本。在报纸、广播和电视上进行营销不仅营销流程繁多、复杂,还需要投入大量的金钱和精力,且对营销策划方案和营销作品有很高的要求和规定限制,进入门槛很高。在自媒体时代,利用自媒体营销不仅进入门槛低,而且往往一个或几个人就能完成,能节省大量人力物力,还方便进行有效的管理。

(四)传播高效化

借助互联网和移动互联网的迅速发展,当前人和人之间的交流、互动更加快捷、高效和方便。当前自媒体营销均通过互联网尤其是移动互联网进行。无论是文字类、图片类、音频类还是视频类自媒体,从营销内容发布到受众接收,短的只需要几秒钟的时间,而且受众还可以进行二次乃至 N 次传播。受众通过社交平台分享能让其实现更为广泛的传播。自媒体营销可以随时随地进行,不受时间和空间的约束,而且自媒体营销的内容从制作到发布往往在很短的时间里完成,企业可以针对热点事件进行快速化营销,具有很强的时效性,这是传统媒体所无法完成的。这就大大缩短了自媒体营销的内容和受众之间的距离,从而实现更为高效的传播。

(五)分发渠道多元化

不同的流量平台都对自媒体企业持开放的态度,为自媒体企业提供了扶持的奖励政策环境,使得自媒体企业向多渠道分发。自媒体企业的主要分发平台有移动新闻资讯应用、垂直资讯应用、知识分享平台、个性化资讯应用和音频、视频应用,如图 5-3 所示。

图 5-3　自媒体企业的主要分发平台

　　当前自媒体企业的运营偏好也是结合多种平台的特点进行多渠道分发。根据企鹅智酷《2018 年消费者调查报告》统计的数据,当前有 41.1% 的自媒体企业入驻了 3 个平台及以上,43.1% 入驻了 4—6 个平台,15.8% 入驻了 7 个平台或更多。[①] 2018 年以来,自媒体企业的多平台分发已然成为常态。

三、自媒体营销优势

(一)庞大的用户基础

　　随着互联网和移动互联网的快速普及,我国互联网用户和移动互联网用户数量逐年增多。根据我国互联网络信息中心(CNNIC)发布的第 42 次《中国互联网络发展状况统计报告》,截至 2018 年 6 月,我国网民规模达 8.02 亿,普及率为 57.7%;我国手机网民规模达 7.88 亿,网民通过手机接入互联网的比例高达 98.3%,网民手机上网比例继续攀升。在自媒体细分类别中,截至 2017 年 12 月,网络直播用户规模达到 4.22 亿,网络视频用户规模达 5.79 亿,占网民总体的 75.0%。手机网络视频用户规模达到 5.49 亿,占手机网民的 72.9%。截至 2018 年 3 月,微视频月活跃用户达 4.6 亿,同比增长 14.37%,大约平均每两个移动网民中就有一个微视频用户。[②] 无论是互联网和移动互联网还是细分类别中的网络视频、直播、微博、微信、

---

　　① 企鹅智酷.2018 年消费者调查报告[R/OL].(2018-03-19)[2019-10-20],http://www.useit.com.cn/thread-18360-1-1.html.

　　② 中国互联网络信息中心.第 42 次《中国互联网络发展状况统计报告》[R/OL].(2018-08-20)[2019-10-20].http://www.cac.gov.cn/2018-08/20/c_1123296882.htm.

微视频等自媒体,均具有庞大的用户基础,为自媒体营销提供了广阔的市场空间。

在使用率上,根据我国互联网络信息中心发布的第 41 次《中国互联网络发展状况统计报告》,截至 2017 年 12 月,微信朋友圈、QQ 空间的用户使用率分别为 87.3% 和 64.4%;微博作为社交媒体,2017 年继续在微视频和移动直播上深入布局,推动用户使用率持续增长,达到 40.9%。知乎、豆瓣、天涯社区使用率均有所提升,用户使用率分别为 14.6%、12.8% 和 8.8%。[①]

(二)强大的社交传播

从自媒体发展历程和其内容功能发展历程上可以看出,自媒体首先是一个社交平台,之后才发展成一个营销平台。社交平台是自媒体营销平台的基础,微博、微信、微视频等自媒体是社交平台,具有庞大的用户基础。随着这些自媒体的社交功能不断完善,自媒体分享和传播的影响力也在不断提升,这对自媒体营销来说是一个强大的优势。当前自媒体的社交功能已经成为整个互联网媒体功能中最主要和最核心的功能,自媒体社交功能凭借着庞大的用户数量、内容及时迅速传播、互动性强的优势,成为互联网生态中最主要的传播力量。正如第 41 次《中国互联网络发展状况统计报告》所提出的,社交网络正发展为"连接一切"的生态平台。与传统媒介市场当中的受众相比,自媒体中的受众已发生很大的变化,自媒体的社交功能也日益丰富,这使得其受众的黏性不断增强。其中最重要的一点是以用户为中心的趋势越来越明显,因此自媒体营销的聚焦点和发力点应该在用户这一点上,以在用户环节实现 N 次传播。

此外,社交网络加速了互联网营销模式的多元化发展,基于社交的营销服务和移动广告成为最活跃的领域,与社交圈、位置服务等功能相结合,网络营销更加精准化、个性化,成为电子商务新的流量入口。以新浪微博为例,其在 2018 年第 1 季度净营收为 3.499 亿美元,广告和营销营收总计 3.029 亿美元,广告和营销收入是新浪微博收入的主要来源,在总收入中占比高达 86.6%。

---

① 中国互联网络信息中心. 第 41 次《中国互联网络发展状况统计报告》[R/OL]. (2018-01-31)[2019-10-20]. http://www.cac.gov.cn/2018-01/31/c_1122347026.htm.

微博月活跃用户数已增至 4.11 亿,其已成为全球第 7 家活跃用户规模突破 4 亿的社交产品。①

(三)融合性强

进入自媒体时代以来,各行各业利用自媒体等进行营销的例子屡见不鲜。国家也提倡利用自媒体进行营销。如 2017 年 6 月国家旅游局(今文化和旅游部)发布《全域旅游示范区创建工作导则》,明确提出创新全域旅游营销方式,有效运用高层营销、公众营销、内部营销、网络营销、互动营销、事件营销、节庆营销、反季营销等多种方式,借助大数据分析,充分利用微博、微信、微电影、APP 客户端等新兴媒体,提高全域旅游宣传营销的精准度、现代感和亲和力。2018 年 3 月 9 日《国务院办公厅关于促进全域旅游发展的指导意见》指出,要实施系统营销,塑造品牌形象,充分运用现代新媒体、新技术和新手段,提高营销精准度。利用微视频营销在近几年得到快速的发展,尤其是 2017 年,微视频行业盛况空前,风生水起。很多城市旅游品牌因微视频的传播而声名鹊起。不同于以往大众对热门旅游城市的认知,因微视频平台抖音而“抖”火的网红城市仿佛被开启了“新世界的大门”。如以往和西安进行话题捆绑的多为兵马俑的气势恢宏、大雁塔的庄严肃穆以及十三朝古都的名气……然而,在“网红经济”热衷猎奇的裹挟之下,依托地域特色的西安古城凭借“永兴坊摔碗酒”“毛笔酥”等元素在抖音上火了一把。

(四)盈利模式多元

目前自媒体的盈利方式无非就是广告收入、公关费用、小额捐赠。广告是所有媒体最基本的盈利模式,自媒体也不例外,不过自媒体体现的是个人的观点表达,形式是小而精的小屏精准投放,如果夹杂广告,难免会影响用户体验并带来负面价值。效果好点的是公关费用,不过既然是自媒体,独立的、不受制约的表达最重要,这种为了追求一些钱财而忘掉自媒体应有的精神,

---

① 中国互联网络信息中心.第 42 次《中国互联网络发展状况统计报告》[R/OL]. (2018-08-20)[2019-10-20]. http://www.cac.gov.cn/2018/08/20/c_1123296882.htm.

成为枪手的方式值得吗？小额捐赠是最高境界了，互联网大师凯文·凯利说过，如果有 1000 个粉丝，每人每年捐赠 100 美元，在美国就能过上中产阶级的生活了。就目前的自媒体小额捐赠成功案例来说，基础有二：一是要有一定的粉丝数量，二是人格化的个人魅力的充分表达。

自媒体联盟可以算是自媒体人抱团取暖的商业化方式之一。这些联盟的初始目的很简单：联合众多自媒体账号向广告主出售广告。比较著名的有 WeMedia 联盟、犀牛财经联盟、中国文艺媒体联盟等。这种松散的自媒体联盟可以互相借助影响力，发展自己辐射不到的用户，起到优势互补的作用。当然，自媒体联盟要发展也有问题需要探索，由于联盟本身对内容没有强有力的控制权，其很难形成内容品牌的统一。

不过，2014 年 3 月 13 日，拥有 1000 万读者的国内最大自媒体联盟 WeMedia 宣布完成 A 轮融资，金额约为 300 万美元，这也是自媒体形态诞生以来的首个融资案例。WeMedia 的主要盈利模式有两种：一是定向约稿。WeMedia 会接一些大公司的宣传单子，然后根据情况，联系分配给愿意写的自媒体成员，每篇文章的价格从几千元到几万元都有，主要看账号的影响力。WeMedia 或许更像一个新型的 PR（公关）公司，接大公司单子，然后分配任务，吃分成。二是帮助公司邀请自媒体成员参加发布会。WeMedia 会邀请成员去参加某些公司的发布会，对待方式与普通媒体机构一致，花边社的创始人就专门从传统媒体出来，运营自己的账号，已经有几个自媒体人依靠公共账号年收入超过了 100 万元。这也是运用成员的影响力，WeMedia 只负责服务。[1]

四、自媒体营销策略

自媒体营销当前能成为普遍流行的营销方式是多种因素组合作用的结果，其中既有自媒体本身的特点和优势，又有所处时代的大环境提供的机遇，还有契合受众心理诉求方面的原因，未来自媒体营销要想获得更多的关注，需要在以下几个方面努力。

---

[1] 朱晓鸣. WeMedia 如何赢利[EB/OL]. (2014-03-14)[2019-10-20]. http://tech.163.com/14/0314/18/9NALHB0600094ODU.html.

（一）内容为王

互联网尤其是移动互联网的发展和不断革新的网络技术为自媒体营销提供了良好的土壤，比如说各种各样的平台和便利的条件，以及大量的网民群体。对于自媒体营销来说，能够成为当今时代的流行营销现象，最根本和最主要依靠的还是内容，可以说内容是自媒体营销的核心。内容上首先要做到原创性，给自媒体用户耳目一新的感觉；其次要做到生活化，契合自媒体用户的生活需要；最后要具备娱乐性，符合自媒体用户的娱乐需求，总之要在自媒体营销的过程中让用户感受到好看、好玩和好用。

1. 原创性

原创的内容是自媒体营销能够得到广泛传播并且火爆起来的最根本的原因。当前我们所处的互联网时代大量的信息纷繁冗杂，大众对待繁杂的信息往往都是一眼扫过，如果没有原创的内容只是照抄别人的内容进行二次或 N 次加工和售卖，一方面会导致受众减少，另一方面也会引起大众的反感，受众的不信任感就会增加。

2. 生活化

在自媒体营销内容的选择方面，要做到生活化，用现在的流行话来说就是要接地气。选择与大众生活息息相关的时事热点内容，这样能够拉近与大众的距离，使大众有意愿观看并且会分享和转发。以 Papi 酱为例，在视频里，Papi 酱就学习成绩、找对象、找工作、生小孩、加工资等话题进行调侃，说出了广大青年男女的心声。她经常对人们所关注的社会热点现象进行吐槽：如在"双十一"前后推出的关于恋爱的视频；在微信朋友圈被"2016 微信公开课 PRO 版"刷爆之时，快速地发布对微信进行吐槽的视频——《微信有时候真让我崩溃》；在春节前推出《马上就要过春节了，你准备好了吗?》。这些视频都能抓住大众的眼球，使大众有兴趣去观看。

3. 娱乐化

当前自媒体用户的主体是年轻一代，娱乐化的表达方式更能满足年轻一代的需求。因此自媒体的表达形式要轻松、活泼和愉快，能够让大众在工作或学习的闲暇之余得到放松。比如开创"不严肃科普图文先河"的漫画家"顾爷",他曾经推送过的文章《女王范》成为当时的营销热点。《女王范》是与珠宝品牌CHAUMET合作的作品,通过"百科全书式"的品牌解读,顾爷的长图文用生动的历史故事来穿针引线,将珠宝品牌CHAUMET的历史故事传递给消费者,从而有效提升了品牌的曝光率,而消费者对这种品牌植入内容也比较认可,都说觉得内容有趣、长知识,就算是广告,也乐意接受。顾爷就是依靠富有创意的软文广告而成了另类明星,造就了人们"追着广告看"的现象。

(二)契合碎片化需求

借助互联网和移动互联网的快速发展,尤其是新媒体技术的不断变革,各种各样的微视频平台和形式纷纷出现。微视频呈现越发火爆的态势,近年来如雨后春笋般纷纷涌现。如今,微视频已成为社交的新形态,如美拍、小咖秀、趣拍、秒拍等一系列微视频APP。4G网络尤其是无线网络的普及化程度越来越高,使得更多的人有机会和条件在网上观看这类微视频。微视频所提供的内容更加丰富多彩,更能够彰显自媒体营销内容的个性化,此外还能够全方位、生动立体地展示自媒体营销的状态。社会多元化的发展,使得单纯地使用文字、图片、音频、视频等进行的交流难以满足大众的需求,而微视频则包含了从语言、图像到人物表情的不同形态,能够承载的信息量更大。

H5动态页面是近年来兴起的一种新的营销方式,有的H5动态页面制作成微视频的形式,利用各种创意的设计进行营销,因为形式多样,往往能起到良好的营销、传播效果。2016年腾讯创新大赛NEXT IDEA推出的营销H5《穿越故宫来看你》火爆朋友圈。《穿越故宫来看你》视频时长只有1分钟15秒,但是内容却包含很多种元素,让传统的历史人物通过说唱的方式呈现出来,不仅符合年轻人的情感和心理需求,还极具创新性,深受大众的喜爱。

自媒体营销内容可以以大众所喜爱的吐槽或搞笑题材为主,易"讨好"青年,满足当今受众碎片化的需求。自媒体营销中利用微视频或H5动态页面进行展示的时间一般短则十几秒,多则几分钟,受众能够在乘坐公交、地铁或等人的空闲时间进行观看,完全符合受众的碎片化需求。在以大众为导向的同时一定要加强与受众的互动性,改变传统媒体时代营销固有的单向传播思维习惯和定式,充分利用互联网的技术和手段,强化与用户的双向互动性传播思维和模式,增强受众的黏性。

(三)进行针对性营销

在营销的过程中应当准确地把握好自媒体营销平台的优势,针对不同自媒体平台的优势开展有针对性的选择营销。如微博的优势是能实现快速达到受众的效果,微信的优势是能迅速引爆广告,今日头条的优势是流量大、有精准的算法,微视频的优势是年轻化群体突出、目标受众精准。各个自媒体平台在营销效果和自身热点上的差异化将会影响到客户对自媒体平台的选择。不同自媒体平台其自身的特色和优势,营销内容在不同平台上所呈现出来的效果也是差别很大的,因此自媒体平台和客户两者的契合度和融合度是非常重要的。所以在营销时要选择具有契合自媒体平台承载形式和对目标受众具有针对性的营销投放平台。

五、自媒体营销模式

(一)单向传播型营销模式

在单向传播型营销模式中,自媒体平台提供手段或内容,一端连接着客户,另一端连接着受众,如图5-4所示。受众基本上通过免费的方式获取内容,客户主要通过广告的形式为自媒体营销买单。根据克劳锐出品的《2018自媒体行业白皮书》的统计数据,2018年广告主在自媒体投放中平均增加40%。当前广告变现仍是主流自媒体商业变现的首选,其主要依靠广告实现分成。广告形式是当前较为稳定和成熟的营销模式,主要依靠优质内容,通过平台流量广告和自营广告变现。这种营销模式的优势在于:一方面,在这种营销模式下,自媒体和相应的媒体平台的收益几乎全部来自广告商,消费者免费获得节目内容,非常符合中国传媒产业的需求侧特征;另一方面,在这种营销模式下,自媒体仍然直接面对消费者,其收益与内容质量直接挂钩,只有提高内容质量,才能吸引更多的消费者,从而获得更多的广告收入。因此,作为内容商,自媒体获得了提高内容质量的更大激励。在这一模式下,内容商与媒体平台之间的关系也发生了变化,两者超越了原来的依附关系和买卖关系,形成一种新型的合作关系,共享收益,共担风险,其各自所承担的比例取决于各自的市场势力。[①]

单向传播型营销模式能够使客户获得最大的效益,同时自媒体平台也降低了风险,是一种双赢的营销模式。但是,这种模式受客户广告投放的限制较大,而且是一种单向传播,受众和客户之间缺乏互动性。

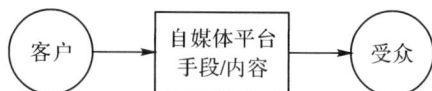

图 5-4　自媒体单向传播型营销模式

(二)互动型营销模式

与传统媒体的营销模式相比,自媒体营销模式的核心体现在"自"上,自媒体会注重营销内容与自身风格的有效衔接,同时也更加注重客户和受众的体验价值。根据营销的内容,自媒体营销模式可划分为两种:第一种是硬营销,第二种是软营销。硬营销就是硬性地以广告形式推广,软营销是指将营销内容通过创意的形式融入自媒体的推广内容当中。当前大多数自媒体营销采用的是软营销模式。自媒体中的软营销模式能够让受众既记住营销的内容,又看不出是单纯的营销推广,或者说让受众即使知道这是推广广告,也依然有兴趣去看。这种模式能够让自媒体赚取营销费用,能够提升品牌商的知名度和品牌曝光度,还能够使受众的体验价值达到最大化,从而实现三方共赢。在这种模式下,受众、自媒体平台和企业三者相互联系,互动性增强,如图 5-5 所示。

---

① 张洁,凌超.传媒产业新模式——"自媒体"的经济学分析[J].产业经济评论,2015(5):59-60.

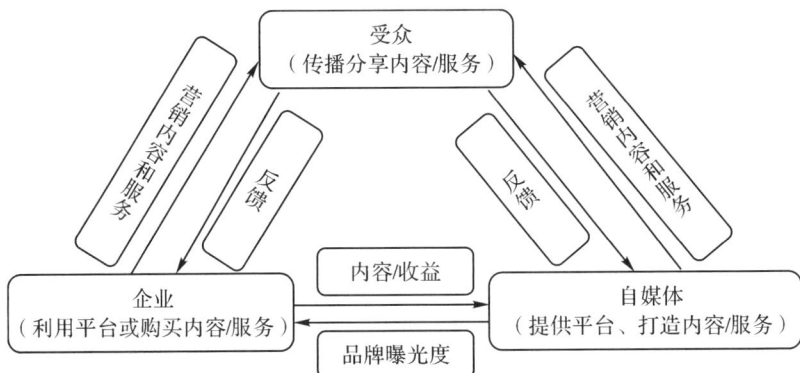

图 5-5 自媒体互动型营销模式

　　这种营销模式需要很多的基础性条件,比如说用户关注度的积累、广告和内容的合理性融合等。而且一旦广告出现的方式不当,影响了用户体验,自媒体的关注度就会下降。怎样平衡广告的投放与用户体验之间的关系对于自媒体来说是一个很大的挑战。

(三)服务型营销模式

　　服务型营销模式依托自媒体能为用户提供某种有形或无形的服务。有形的服务包括出售自媒体的产品或做电商,无形的服务包括自媒体为用户提供的咨询、策划、演讲或培训等内容。服务型营销模式是以优质内容的积累为基础的,随着自媒体在内容创作上实现价值的提升,自媒体的关注度和人气得到不断提高,自媒体的营销模式开始向服务型营销模式延伸和扩展。

　　服务型营销模式当前主要是通过"自媒体＋电商"的方式进行的。自媒体与电商相结合,为自媒体的营销模式开拓了更加广阔的空间,电商模式是目前自媒体为盈利常用的手段。当自媒体拥有很多用户或者有很大的知名度时,可借助自媒体平台所提供的服务和技术,如微信公众号平台的微信支付和微电商服务,涉足电商领域,售卖相关的产品。这种模式主要包括淘宝店和微信接入店铺两种,无论哪一种,都是将用户转化成直接的消费者,导流到店铺中。

　　当前有很多自媒体在利用"意见领袖"的特性。在自媒体的发展过程中,罗振宇和吴晓波都打造了极强的个人品牌,他们创办的微信公众号"罗辑思维"和"吴晓波频道"能够影响到很多人。因为他们具有独特的见识,对此感兴趣的人就会关注他们,他们推荐产品,很多人就会"买单"。这种营销模式也是明星经济和粉丝经济的具体体现。自媒体集聚了一批用户之后,利用较强的用户黏性和庞大的用户基数,并利用自媒体人自身的影响力,在后方市场实现获利。"罗辑思维"卖东西,更多的是以推荐人的方式,用自己的审美品位为其他产品在粉丝面前"背书"。比如"罗辑思维"卖一个并不知名的音响,其售价高达 3 万元,即使如此,仍然有许多人去买。究其原因,还是受罗振宇和"罗辑思维"的"背书"影响。吴晓波曾买下千岛湖一个小岛 50 年的租借权,用小岛出产的杨梅酿酒,命名"吴酒"。在"吴晓波频道"微信商城,首批"吴酒"礼盒加赠吴晓波首部散文集《把生命浪费在美好的事物上》,售价 199元/套。由于岛上杨梅有限,所以"吴酒"限量供应 5000 瓶,其上线 33 小时即售罄。"吴晓波频道"微信商城还卖"和吴晓波一起去南极"船票、京沪五星级酒店代金券、车模型、旅游产品、U 型枕、消费信托产品和游戏机。在视频类自媒体中,电商模式也是最为常见的一种营销模式。如著名文化学者马未都的脱口秀节目《都嘟》和《观复嘟嘟》都有自己独特的衍生产品。在直接的衍生产品方面,第一季和第二季《都嘟》结束之后,马未都就推出了《都嘟:马未都脱口秀第一季》和《都嘟:马未都脱口秀第二季》这两本书,把节目的内容通过图书的形式进行推广。间接的衍生产品中,优酷视频《观复嘟嘟》的自频道里专门开设店铺,卖衍生产品和周边的文化创意类产品。连接到观复博物馆的淘宝旗舰店,全部商品均为观复博物馆商品开发部所开发的具有观复博物馆特色的衍生文化创意产品,包含书籍、音像、陶瓷、服装服饰、办公用品等几大类,如观复嘟嘟杯、桃花运大方巾等。

服务型营销模式以收取产品或服务费用产生的实际交易收益为主要盈利手段。这一营销模式以自媒体强大的用户为基础,然后以自媒体所提供的有形或无形的服务来满足用户多样化的需求。总的来说,这一营销模式具有一定的可持续性。

(四)内容和服务结合型营销模式

内容和服务结合型营销模式是将内容型和服务型这两种模式进行有机融合。这种模式最主要的表现形式是"自媒体企业＋会员制"。该模式从用户利益出发,通过为用户提供新型、优质的信息和服务,提高产品的用户价值,给予用户强烈的心理上的获利感受。满足用户的满意期待,就有机会获得额外收益。在互联网免费模式大行其道并不断挤压媒体盈利空间之际,会员模式正是通过对用户价值的感知实现创新而得以成功的。[①] 会员模式是最显著的一种自媒体社区关系变现形式,如图 5-6 所示。自媒体企业通过内容建设,吸引大量的用户,自媒体企业和用户之间能够形成有效的沟通和交流,而受制于平台,用户与用户之间很难形成交流。因此自媒体企业通过会员制的形式把用户聚拢到某种社区。目前比较成功的模式是会员制的形式,自媒体企业把已经形成的社区关系从线上转到线下,在线下开展高质量的活动。

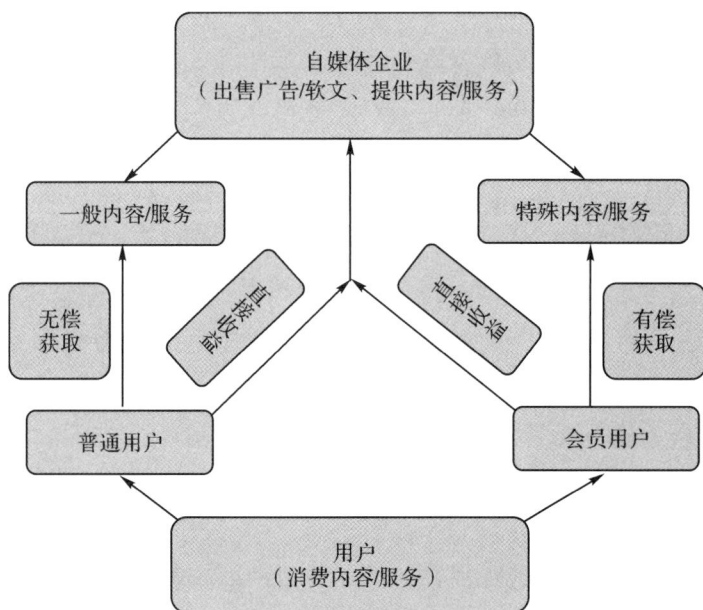

图 5-6　会员制营销模式

　　"文化企业＋会员制"模式由"罗辑思维"最先运用。"罗辑思维"在 2013 年的 8 月和 12 月分别进行了两场会员招募活动,均被人们称为"史上最无理"的会员招募。之所以称之为"史上最无理"的会员招募,是因为"罗辑思维"并没有给会员太多的利益承诺。但是这两场会员招募都在限定的时间内完成。2015 年 10 月 20 日,"罗辑思维"在其公众号上宣布 B 轮融资已经完成。"罗

---

① 张鸿飞,李宁.自媒体的六种商业模式[J].编辑之友,2015(12):41-45.

辑思维"有 500 多万粉丝,并且已经有了成熟的社群经济盈利模式。① "罗辑思维"所创造的这种模式,为企业带来了很大的经济效益。其最主要的原因在于会员能够获取专享的信息和服务,会员制的模式是具有可持续发展性的。自媒体企业聚拢社区,通过自身品牌的维护使用户对品牌产生信任。用户对自媒体的黏合度越高,其社区关系就越强,变现能力就越高。因此,在这种盈利模式中,自媒体要解决的难题就是如何增强用户的社区强关系,为品牌实现增值。②

自媒体营销模式还处在一个不断探索的过程中,自媒体企业在成长过程中往往都是将以上模式相互配合使用,很少采用单一的营销模式。虽然目前有些自媒体企业已经探索出新的且比较成熟的营销模式,但其没有普适性。随着自媒体企业不断发展,未来会有更多新的营销模式出现,从而推动自媒体企业的可持续发展。

六、自媒体营销定位

进入新时代,自媒体企业发展势头持续迅猛,尤其以网络直播企业表现更甚,但是我国自媒体企业处于发展初期阶段,内在的自媒体行业市场体系仍不健全,外部的相关法律法规也不完善,这或多或少会导致我国自媒体企业发展过程中出现一些问题。

(一)自媒体平台运营定位

随着新媒体各大平台的"井喷式"发展,自媒体企业的发展前景也是一片大好,随之而来的是各个自媒体企业在业务形态、产品内容、市场资源等方面的竞争。面对如此多元、激烈的竞争,自媒体企业在平台运营上的定位和发展路径上的选择就显得尤为重要了。

---

① 陈立敏,姚飞.视频自媒体的内容生产与盈利模式[J].广西师范学院学报(哲学社会科学版),2016,37(2):164-168.
② 范钦儒.自媒体盈利模式的可持续发展研究[D].北京:北京印刷学院,2015:21.

1. 从 0 到 1：自媒体平台运营定位选择

纵观 2015—2017 年各个自媒体平台的发展概况：微信平台逐渐进入饱和状态，呈现出一种"后微信时代"的特征；2016 年是今日头条平台的爆发期；一点资讯、企鹅等媒体平台处于潜伏期；UC、360 等自媒体平台还在探索期。对自媒体企业而言，只有在众多的自媒体平台中完成运营定位后才能实现企业从 0 到 1 的突破。纵使关于"内容为王还是平台为王"的讨论未果，但总的来讲，自媒体企业的平台运营定位可以从以下几个方面着手。

（1）看准方向，把握趋势。

从零开始做一件事，无论是自媒体企业还是其他类型的企业，首先要关注两件事：①企业目前做的这件事是不是关乎"未来"，是否具有长远的价值；②企业如何在这件事上把握自身所处的行业和平台未来的趋势。

其实，平台趋势即平台的红利。就目前来说，各个自媒体平台上的平台红利一般可以分为人口红利、政策红利和稀缺性红利三种[①]。

人口红利，一般指一个国家的劳动年龄人口占总人口比重较大，抚养率比较低，为经济发展创造了有利的人口条件，整个国家的经济呈高储蓄、高投资和高增长的局面。而自媒体平台的人口红利则是看这个平台的用户数量是否持续增长。在 2012 年的时候，微信平台上只有三四亿用户，但今天拥有 7 亿用户，从 2012 年到 2016 年，微信公众号的成长是伴随着微信自身用户而成长的，这样的成长过程促进了微信平台整个大生态的构建。

政策红利就是各个自媒体平台给入驻平台的企业政策上的扶持。这种政策上的扶持主要有两类。一类是平台直接给予入驻用户的扶持，通常是给予流量、资源等的关照扶持。比如现在今日头条在向各个自媒体用户全面推广"头条号"，网易也在大力推广"网易号"，这些都是平台给企业的扶持政策。另一种扶持则较为隐晦，利用政策上的"不作为"降低自媒体企业的进入壁垒或者故意留有一些政策漏洞让企业"有空可钻"。比如现在很多微信大号就是通过一些现在不能使用的营销方式迅速占领了微信市场份额。

还有一种红利为稀缺性红利，这就要求自媒体企业能够在平台上看准尚

---

① 李明. 坐拥 800 万粉丝的二更，做好新媒体运营有哪些诀窍？[EB/OL]. (2016-04-24) [2019-11-03]. https://www.sohu.com/a/71351601_355009.

未发展起来的内容进行深入挖掘。第一批微信大号之所以能在微信公众号平台刚推出的时候建立起来，就是抓住了那个时期微信平台的稀缺性红利，比如早期的一些情感、民生、搞笑类公众号发展得特别快。但是目前微信公众号数量已经超过 2000 万个，也就是说，目前微信平台上的稀缺性红利几乎没有了。

而今日头条从 2015 年开始就着手自媒体的转型工作，采取流量扶持等政策来吸引用户，这样一来，在这个平台上就还存在着诸如政策、流量等红利，这些红利很有可能持续较长一段时间。

自媒体企业进行平台运营定位时，应该充分认识各个平台拥有或处于不同红利阶段的特点和要求，懂得每个自媒体平台都拥有相应的生命周期，在这过程中看准发展方向并把握企业、行业的发展趋势。只有看准了发展方向，才能进行准确的定位选择。

（2）定义企业自身品牌。

企业品牌的名称、logo、观点、字体、排版等，这些所有能够表达出来的东西都是定义企业品牌需考虑的要素。自媒体企业的品牌定位是一个持续跟进的过程，是从小到大、从微观到宏观的互通过程，这促成了企业品牌定义的日积月累。因此，自媒体企业在平台运营过程中一定要保持对自有品牌的清晰定义，对自身用户要有足够多的了解。

方向和平台选择完后，自媒体企业就要开始定义品牌了。企业品牌的核心就是企业的价值主张，即企业要提供怎样的产品，为怎样的客户群体服务，为这些客户群体提供怎样的价值体验，这些内容都会在企业的品牌中体现出来。企业只有明确了自身品牌价值后，才能知道应该去做什么样的自媒体内容，才能明白应该策划怎样的活动去服务企业的产品，才清楚该使用怎样的社会营销手段去推广自己的产品。这就是说，自媒体企业不能在一开始就去想做什么内容，怎么去推广，而是要清晰定义好企业品牌。只有树立好企业品牌，才能使用户记住企业、了解企业，从而培育起用户较为稳固的产品依赖度。

（3）未雨绸缪：内容的策划。

自媒体企业生产的内容是需要策划的，绝对不能想到什么就做什么，觉得什么热就做什么，必须围绕企业的品牌去做系统的开发，否则很难持续生产好的内容。一般来说,要做好自媒体企业的内容策划,就要做好以下三个方面。

首先,企业应该对自己的受众、用户有足够多的了解。这种了解是建立在日积月累的运营经验基础上的,在这个过程中,企业逐渐懂得自己的受众、用户喜欢什么内容,不喜欢什么内容,什么对他们来说是热词、关键词,这就要求自媒体企业的平台运营人员能把这些关键词在运营过程中记录下来。

其次,自媒体企业策划的所有内容都不应该偏离企业的价值主张,绝对不能今天一个观点明天一个观点,也不能看到什么内容好、什么内容是爆文就用什么内容作为企业的新内容,更不能一味地、盲目地追热点。自媒体企业的内容策划是"未雨绸缪"的关键步骤,必须围绕品牌的清晰的价值和观点。

最后,一定要做到内容策划先行。自媒体企业在每次创作或者安排内容之前都应该清楚企业的用户喜欢什么样的选题,应该用怎样的方式去讲述企业创作的这个内容,以及用什么样的观点去阐述最合适。在大的框架确定好后再去收集相关的素材,填充内容。

2. 从 1 到 N:自媒体平台运营发展路径

(1)通过"社群"建立起企业和用户的强关系。

自媒体企业一定要把企业在各个平台里面拥有的粉丝往线下引导,通过举办线下活动等形式进一步增强与粉丝之间的联系,做好社群经济是今后自媒体企业发展的一大法宝。与此同时,企业还要让粉丝、受众对企业所提供的内容倾注足够多的时间。粉丝们倾注足够多的注意力,有所付出后,他们与企业的每一次互动都会使他们与企业的关系增强。

"罗辑思维"的成功则在于较好地建立了企业和用户的社群关系。它首先通过优酷平台网络视频节目专区提供了有效信息,从而满足了受众广泛的需求。其依靠这一点将受众慢慢聚合起来,然后通过微信公众号平台的相关信息、服务等,通过会员制、发"罗利"等形式聚集了一大批"铁杆"粉丝。这批粉丝的集聚为"罗辑思维"的社群经济创收提供了绝佳的盈利契机。

(2)充分利用新媒体平台,与时俱进。

相对于传统媒体而言,新媒体最大的好处就是为自媒体企业提供了与其受众直接面对面的平台,基于这样的平台,自媒体企业能够对不适应、不符合受众需求的内容进行快速修正、改正,甚至换一种更新的方式去运营。自媒体企业首先拥有"自"的特点,这就意味着其可以充分发挥主观能动性,根据行业发展动态做出适时的调整。

(3)垂直领域优于"广泛撒网"。

自媒体企业所涉及的领域越垂直,其面对的单个粉丝价值就越高。因为粉丝对企业的诉求比较明确,在这样的市场需求下,自媒体企业更能根据这些要求来生产相应的内容,从而使企业的商业价值更高。

现在自媒体平台众多,但是自媒体企业不能想着一口气将所有的平台都运营好,而是要根据企业自身的实际情况和特点进行平台的选择。例如像一条这一类做视频的自媒体企业,就可以选择优酷、爱奇艺、美拍、秒拍等视频平台做专做细,做垂直领域的头部内容提供者远远优于广泛涉及各个领域的杂家。

(4)整合资源形成产业链。

做创投平台的文化企业如馒头商学院、36氪,看起来是自媒体,实际上其背后可能对接的是孵化器、基金、投资者或者创业者的服务。这就要求自媒体企业能在自媒体之外,去寻找更多的机会,寻找更多的资源,把它们串联起来,形成相对完整的产业链中的一环或者几环,这个时候其商业价值才会凸显,未来的发展空间才会更大。

(二)自媒体平台发展中存在的问题

1.企业自律不足,侵权现象严重

由于很多自媒体企业没有核心竞争力,在内容方面没有核心竞争优势,面对自媒体行业内容产出困难、用户审美疲劳、激烈的行业竞争、自身同质化严重,以及内容创意不足等问题,为了快速发展和融资,未能做到严格的自律,通过一些打擦边球的行为,如抄袭、拼凑、乱改标题,甚至利用色情、暴力的内容吸引用户的眼球。此外近年来自媒体企业侵权现象屡见不鲜,根据《2016年自媒体行业版权报告》的统计,近六成自媒体作者曾经遭遇过内容侵权,自媒体企业成为版权保护弱势群体。但是维权成本太高,维权收益太低,这成为自媒体作者维护版权时的最大痛点,法律政策、社会意识等外部环境不利于自媒体作者进行版权保护。一些自媒体平台也存在对自媒体企业严重侵权的问题,如2016年4月,百名自媒体人发出《联合维权公开信》,控诉新闻资讯应用一点资讯严重侵犯知识产权的行为。公开信中称,一点资讯利用技术手段将自媒体人拥有版权的原创内容,抄袭、复制到自己的平台和应用软件上。侵权问题导致整个自媒体行业尤其是网络直播行业内乱象丛生。

2. 外部监管混乱,有效监管缺失

自媒体企业在内容和技术上涉及多个方面,这些方面分属不同部门监管,文化和旅游部、国家广播电视总局、国家互联网信息办公室等国家部门在各自的职责范围内对自媒体企业发展进行监管,而且监管力度也很大。然而,由于众多部门监管,在监管的过程中难免就会出现管理职能交叉、管理权重叠等混乱局面。各部门和各级部门之间如果出现协调不足的现象,就有可能出现管理越位和错位现象,对自媒体企业的监管效果就会产生很大的影响。此外,多部门实施监管,在监管的过程中会造成监管过度,使得自媒体企业创新性和活力不足,阻碍自媒体企业的成长和发展。

(三)自媒体平台良性发展的对策

1. 加强企业自律,打击侵权

行业自律即通过行规行约来约束行业自身的行为。作为市场治理手段的一种,行业自律是政府管制的重要补充,在约束不良行为、增强行业公信力、维护净化行业发展空间等方面具有重要的作用和意义。互联网本身具有开放性、平等性、海量性、互动性和包容性等特点,如果仅仅从外界进行管理,会遇到大量技术问题和监管难点,并不能取得良好的效果。因此,在他律的同时,绝对不能缺少自律。要充分利用互联网作为一个有机体的自我净化功能,规范行业秩序,明确行业底线,形成健康有序的互联网行业文化。成立行业组织或自律组织,建立起行业自律机制,实现自律管理与外部监管相协调。[①] 自媒体企业应当积极打破当前同质化竞争的局面,向垂直细分市场拓展,增强原创内容和产品创新,积极加强自律。尤其是网络直播企业,要实行实名认证制度,并通过技术手段对直播内容进行全时段巡查,一旦发现有主播播出违法违规内容,就永久关闭其账号。面对自媒体企业侵权屡禁不

---

① 王欢,庞林源.网络直播监管机制及路径研究[J].出版广角,2017(6):82.

止的现象:一方面,各大自媒体平台要积极服务自媒体企业版权保护,开放原创保护功能;另一方面,自媒体企业应自发组建维权组织,加强行业自律,积极维权。如 2016 年 9 月,咪咕数媒、掌阅科技、阅文集团等公司联合发起成立"中国网络文学版权联盟",并发布《自律公约》;2016 年 12 月,40 家津企加入"京津冀知识产权发展联盟";人民网与各党报新媒体发起"党报新媒体版权联盟"。

2. 强化协同监管

自媒体时代的营销不仅形成了一种娱乐化和大众化的营销现象,还形成了"自媒体营销经济"的经济现象。"自媒体营销经济"不排除是一些自媒体平台为了自身的利益而炒出来的,但是这种现象的出现与当前自媒体的快速化发展有很大的关系。要想从"自媒体营销"升级到"自媒体营销经济",必须有高质量的内容和受众群体,实现自媒体营销和粉丝经济相结合,此外还要有能够实现盈利的营销模式,能够拥有多样化的变现方式。自媒体时代也是"娱乐至死"的时代,在这一时期自媒体营销很容易爆红网络,但是也会很快销声匿迹。

需要明确各监管部门之间的职责归属,加强各监管部门之间的协调和协同机制建设,建立权责明确、协同打击、层级清晰的监管体系。各级监管部门应严格按照现行法律法规进行管理,履行监管责任。各监管部门应高度重视自媒体监管,综合运用各种手段加强管理,净化网络环境并促进自媒体企业良性健康发展。

七、自媒体营销展望

随着自媒体的不断成熟,自媒体企业对盈利模式的不断探索将促使其商业模式呈现多元化的态势。各大互联网公司的进入使得自媒体企业依托的平台也越来越多元化。未来自媒体企业的两极分化现象将更加凸显,强者越强,弱者越弱。随着 AR、AI 技术的成熟,自媒体领域对 AR 和 AI 技术的应用会愈加广泛。随着监管的加快和自媒体企业发展的需要,自媒体企业在内容上会愈加专业化、精品化。

（一）内容视频化

借助互联网和移动互联网的快速发展，尤其是新媒体技术的不断变革，各种各样以视频为平台和形式的自媒体企业纷纷出现。自媒体企业视频化呈现越发火爆的态势，其已成为互联网、移动互联网的主要内容形态和社交新形态。如功夫财经推出古装版财经脱口秀节目《功夫财经》，南七道推出《胡说七道》视频秀；电影头条、二更、政商参阅、大话铲屎也都将推出原创视频。视频所提供的内容更加丰富多彩，更能够彰显自媒体的个性化。社会多元化的发展，使得单纯使用文字、图片、音频等的交流方式难以满足大众的需求和自我表达的需要，而视频则包含了从语言、图像到人物表情的不同形态，能够承载的信息量更大。

微视频已成为互联网和移动互联网的主要内容形态，未来微视频与人们生活的联系将更加密切，从目前视频直播平台井喷的态势中可以看出，由微视频所衍生出来的视频直播会很火爆。未来自媒体营销视频化，并不是要去文字和图片化，而是要实现文字、图片和视频的融合，尤其是微视频这种方式更加符合青年一代受众的需求，更受他们的喜爱，特别是在线直播，能够实现营销和受众之间的实时互动，更好地满足受众的体验价值。此外，随着自媒体营销的涌现和可盈利模式的多样化，自媒体营销在营销模式上也有多元化的途径。未来自媒体营销在具体的盈利方式上将不再仅仅局限于广告商投放的广告费，而是呈现出多元化的态势，比如直播、开展线下活动、会员社群制或者"自媒体营销＋电商模式"等。自媒体营销模式和盈利方法的多元化，营销的衍生产品和产业链的不断拓展，都有利于自媒体营销的可持续性发展。

（二）商业模式和依托平台多元化

1. 商业模式多元化

当前自媒体企业盈利模式仍以广告收入为主，广告收入依旧是自媒体企业最主要的收入来源。根据《2017 中国自媒体全视角趋势报告》的统计数据，自媒体企业盈利模式当中广告收入占比高达 88.8％，打赏收入占比为 14.3％，电商收入占比为 9.1％，付费收入占比为 4.5％。但是随着互联网行业中垂直和细分领域内的自媒体企业逐渐增多,在垂直细分领域内自媒体企业的优质内容也会增多。而且当前垂直细分领域里很多自媒体企业都拿到了融资,这些拿到融资的自媒体企业一方面有资金支持,另一方面有优越的合作资源,未来自媒体企业与相关产业会实现深度融合,因此商业模式也会向多元化扩展。如开发内容IP、内容付费、内容电商、精准化社群运营,甚至会形成自生态的平台化发展。

2. 依托平台多元化

根据《2016自媒体行业版权报告》的统计,当前各类自媒体总数超过30家,BAT等互联网巨头强势介入,企鹅号、头条号等自媒体平台不断加码,迅雷、Wi-Fi万能钥匙等公司跨界入场。各大自媒体平台在内容扶持力度上不断增强。展望自媒体企业的未来发展,其所依托的平台也会越来越多元化,因此内容渠道分发的平台也会越来越多。

(三)技术应用广泛化

"十三五"规划纲要明确提出,"大力支持虚拟现实等新兴前沿领域创新和产业化",这表明国家在政策层面支持新技术的发展。媒体可以推动VR技术助力受众感官的延伸,VR技术为受众获取更具真实性的新闻打开了一扇新窗户。从2016年全国两会的实时直播和里约奥运赛事的精彩报道中,都可以看到VR技术的应用。然而,目前VR技术在自媒体行业中的运用还处于起步阶段,从长远来看,要让VR技术拥有更多的用户,还面临着诸多挑战,比如降低采制成本,提升用户的视觉体验,兼顾技术与舆论导向,等等。[①]

以当前火热的自媒体企业当中的网络直播企业为例,运用AI识别可以降低运营成本,运用VR技术可升级用户体验。可以将AI技术用于直播内容检测。直播违规行为屡禁不止,以往的监管主要依靠人工检测和举报,对于网络直播企业来说人力成本太高。如果网络直播企业在直播监管中采用人工智能和深度学习等技术,既能降低人工审核的成本,又能提升对直播内容风险的防控能力。直播作为时效性、互动性极强的视频形式,与VR技术结合

---

① 谭云明,朱小羽.2017年媒体发展环境前瞻[J].青年记者,2017(1):9-11.

将大大提升用户的沉浸体验。比如,旅游直播中采用 VR 技术可以带领用户穿越目的地,提前感受当地美景;对于表演型直播,VR 技术能更好地拉近用户与主播之间的距离。

(四)运作的专业化

随着我国互联网网民学历层次不断提高,他们对依靠恶意炒作、低俗的内容、没有营养的段子而博人眼球的自媒体尤其是网络直播会逐渐产生抵触的情绪和心理。与此同时,依靠自媒体从业者自身的阅历和知识,能够为大众在某一垂直细分领域提供更为专业化知识的自媒体将会得到更多的关注。未来自媒体从业者自身是不是有一定的才能,是不是在某一个垂直细分领域有擅长和突出之处,对自媒体企业能否持续红火至关重要。依靠自媒体从业者的专业化素养,推动内容精品化将是自媒体企业未来的发展趋势。

(五)运营的资本化

随着资本的不断涌入,未来将有更多优质自媒体企业被投资,自媒体企业被资本注入将会增加企业发展动力,吸引更多的人才,从而实现内容生产的多元化和优质化,自媒体企业发展规模也会扩大。然而能够得到融资的毕竟是少数,一些刚起步或没有资源的自媒体企业将会被市场抛弃。因此,未来自媒体企业的"马太效应"将越发凸显,将呈现出强者愈强、弱者愈弱的局面,有影响力的自媒体企业越发蒸蒸日上,普通的中小型自媒体企业越来越难吸引人们的注意力,生存状态不容乐观。2016 年网络直播全面爆发,从游戏直播到全民直播,网络直播形式多种多样。然而网络直播企业之间的战争愈演愈烈,在资本的大力推动下,网络直播企业被大量创业者和热钱追捧,其中斗鱼直播、虎牙直播、映客直播等网络直播企业融资早已过亿元。直播市场规模越来越大,对于优质直播内容的竞争将更为激烈和残酷,随着巨头的加入、监管的升级,直播行业将迎来第一轮残酷的大洗牌,更多的中小网络直播企业将被淘汰。

据新榜统计,仅在 2016 年就有 108 家新媒体吸引了 21 亿元左右资金,其中估值过亿元的超过 10 家,单笔融资金额过亿元的就有 4 家。从 2016 年开始,内容创业得到普遍的认可,其变现能力也很强。当前自媒体企业融资还处于初期阶段,随着自媒体企业原创内容的增多、商业模式的逐渐清晰、人才团队的稳定和强大、受众定位的精准等,在未来,自媒体企业将会获得更多的融资。可以预见的是,今后会有更多资本进入,自媒体企业的资本化进程也会加快。在 2016 年,自媒体交易平台和联盟持续获得融资,如 2016 年 5 月新榜和今日排行榜获得融资,其中今日排行榜获得数千万元融资;2016 年 9 月WeMedia 和社群科技分别获得 4000 万元和 2000 万元融资;2016 年 10 月一道获得融资;2016 年 11 月引爆点和鼹鼠文化分别获得 3000 万元和 1000 万元融资。在自媒体交易平台和联盟持续获得融资的情况下,未来越来越多的优质自媒体企业将会出现,同时在资本化的驱动之下,自媒体企业之间的竞争将越来越激烈。伴随着自媒体企业资本化的趋势,以及获得越来越多的融资,自媒体企业在原有优势基础之上,将通过资金支持深耕内容,推出更多原创性精品化的产品,并且在其他行业布局。如二更在北京、上海、广州、深圳、成都等多个城市启动了"二更伙伴",推出视频新媒体,并在财经、旅游、体育等行业做出新的布局。

(六)自媒体的非媒体化

自媒体虽然带有媒体两个字,但显然,自媒体的未来并不是媒体,而是互联网社会的价值认同和价值认同的人的集合。换句话说,自媒体靠媒体赚钱既是表象又是初级,自媒体的本质就是打造个人影响力的品牌,从而找到一批价值观相近的人,再从中通过别的渠道变现。这个别的渠道就是围绕它建立的粉丝社群。电商、活动、C2B 定制、品牌赞助,什么都有可能,有极大的商业化想象空间。

就如同"罗辑思维"所信奉的"未来组织＝人格＋社群",社群由具有共同价值观的人所凝聚,其核心是人格。正如其创始人罗振宇所言:"传统媒体的所有东西都是内容,我们从不做内容,我们只做一个东西——人格。我们不认为'罗辑思维'做的是内容。我为什么要花 90％以上的时间在视频上,原因只有一个,视频有清晰的人格。"[①]

---

① 蔡佩爽.自媒体杀入网络视频后电视时代的"名嘴经济"[J].数字商业时代,2013(10):83.

第六章　微博营销和微信营销

随着互联网尤其是移动互联网技术的不断进步和行业的快速发展，新媒体已经进入"微"时代，大众可以通过携带方便的移动设备如智能手机、平板电脑等随时随地用微博、微信、微视频等平台接收信息，同时实现评论、转发等互动交流。随着大众对微博、微信、微视频等的广泛使用，互联网娱乐营销已进入微营销时代，微营销时代也带来了互联网娱乐营销的变革。

一、微博营销

随着我国微博用户逐渐增多，很多企业或组织看到了微博强大的用户基础和微博作为营销平台具有的传播、获取、分享信息等的市场前景，越来越多的企业开始利用微博进行营销，由此在互联网中产生了一种新的营销方式，即微博营销。

（一）微博发展现状

1. 基本状况

截至 2018 年 3 月，新浪微博月活跃用户数已增至 4.11 亿，成为全球第 7 家活跃用户规模突破 4 亿的社交平台；微博日活跃用户数则增至 1.84 亿。微博营销凭借即时性、互动性、便携性、社会化的病毒式传播特点高速发展。新浪微博在 2018 年第一季度的净营收为 3.499 亿美元，广告和营销营收总计 3.029 亿美元，广告和营销收入是新浪微博收入的最主要来源，占比高达 86.6%。

自媒体通过微博的收入也在逐步提高,2016 年达到 117 亿元。其中广告代言 4.3 亿元、电商变现 108 亿元、内容付费 4.7 亿元。2017 年快速增加到 207 亿多元。其中广告代言 7.1 亿元、电商变现 187 亿元、内容付费 13.3 亿元。[①]从数据可以看出微博平台为自媒体变现赋能持续增强。

微博融合了数字技术、互联网和移动通信技术,其通过提供文字、图片、视频、链接等多种信息的发布方式,可以达到更好的传播效果,并逐渐成为受众了解品牌的主要渠道。通过与客户进行有效沟通,企业微博可以潜移默化地传输其企业文化和品牌理念,也可以通过发布产品的促销信息以刺激销量。同时,企业可以在线开展"客户满意度"调查,可以在第一时间了解客户的意见和想法,为企业战略的制订提供最原始可靠的参考数据。

2018 年,腾讯微博依托腾讯社交母体还在苦苦支撑,网易微博基本上已经悄无声息,搜狐微博更是早已宣布放弃和退出。时至今日,提及微博,一般默认的就是新浪微博了。用"风水轮流转"来形容新浪微博是再恰当不过的了,前两年还如日中天的新浪微博,因为社会化媒体的进一步细分,以微信为代表的强关系社交和微信公众号平台的强势崛起,再加上一些微博言论中的敏感问题,其用户黏性已大不如前。

2. 新浪微博首次盈利与上市

选择与巨头合作,加速商业化进程成为新浪微博不得不面对的战略重点。2013 年 4 月 29 日,阿里巴巴以 5.86 亿美元购入新浪微博约 18% 的股份。对于新浪微博来说,用户关系生态嫁接到电商生态从而使商品用于购买,是一个不错的选择。新浪微博的财务报告显示,并购后的第三季度新浪微博净利润为 2540 万美元,第四季度净利润为 4450 万美元。值得说的是,满屏的淘宝广告让新浪微博在 2013 年第四季度首次实现盈利,这对于新浪微博来说算得上是里程碑性质的事件。关于新浪微博上市,新浪选择将微博业务独立于新浪进行分拆上市,而微博平台转向盈利是微博分拆上市的基础。新浪微博一开始计划在纽交所进行首次公开募股(Initial Public Offering,IPO),估值不会低于 40 亿美元,在 2014 年第二季度完成上市。同时新浪微

---

① 2018 年自媒体行业深度研究分析报告[R/OL]. (2018-07-17)[2019-11-05]. https://max. book118.com/html/2018/0717/5104040241001302.shtm.

博已经选择高盛和瑞信作为此次 IPO 的承销商,但后来还是迁移到美国。
2014 年 3 月 15 日,新浪微博正式向美国证券交易委员会提交了上市申请文
件,计划融资 5 亿美元。最终在 2014 年 3 月 17 日,新浪微博正式登陆纳斯达
克。目前新浪微博盈利的主要来源为广告和电商,这种强行推销的模式正在
逐渐降低新浪微博的公信力,或许上市只是深谙资本运作的曹国伟给股东们
的一个交代。2018 年 3 月 19 日,新浪微博正式与中国版权保护中心、平壹科
技达成合作,接入中国版权保护中心 DCI(Digital Copyright Identifier)体系,
为平台原创内容开通版权认证。微博平台上的头条文章原创内容,将由中国
版权保护中心提供基于 DCI 体系的数字作品版权登记。

3. 微博的未来发展

虽然目前在微博市场上新浪微博一家独大,但这并不意味着新浪微博没
有被颠覆的危险。可以说新浪微博在一线城市的用户已经基本趋于稳定,未
来新用户增长和微博活跃度增加应该主要来自二、三线城市。换句话说,新
浪微博在二、三线城市市场的成败决定了其成败。如新浪曾是央视二维码独
家合作伙伴,并在节目中出现新浪微博互动二维码,这对二、三线城市新增用
户甚至是农村新增用户的拉动作用很大。另外,"90 后"也是新浪微博亟待争
取的主要目标客户,他们不仅在移动互联网领域非常活跃,同时也是话题的
制造者和信息传播的活跃中介。如新浪微博的一场"疯狂综艺季"让其增加
了上千万"90 后"用户,而且绝大部分用户来自二、三线城市,这可以算新浪微
博做得比较好的案例。在新浪微博内容产品改进方面,相关负责人表示,首
先会加强内容发布的多媒体化和结构化,帮助用户创造更多有传播价值的内
容,从而把微博平台生态引向年轻化、多媒体化;同时,微博会加强基于互粉
关系的内容互动功能等。

当然,二、三线城市市场和"90 后"用户市场的成败不仅仅决定了新浪微
博的未来,也是决定所有社会化媒体成败的关键。当初开心网和人人网在一
线城市风靡,在二、三线城市却少有人问津,如今开心网基本退出了历史舞
台,人人网已被售出,这便是摆在眼前的案例。看看微信,之所以说微信让
腾讯拿到了移动互联网的"船票",是因为可以这样笼统地概括:凡是用微博
的人一定用微信,但是用微信的人不一定用微博。当然,不可否认的是,微
博这种人人都是记者的独特性,以及对于推动中国社会民族化进程的贡献

等方面是微信等其他新媒体所不具备的。从这个角度而言,微博仍然有非常强大的生命力。

(二)微博营销特点

相比传统的营销方式或其他互联网的营销方式,微博营销有自身鲜明的特点。

1.进入门槛低,简单便捷

相对于传统媒体来说,微博营销进入门槛非常低,只需要注册微博账号即可。而且企业、组织和个人注册微博账号时非常简单方便,且耗时很短,注册完成后即可进行营销发布。微博营销操作成本很低,不需要投入大量的时间、资金和人员,营销人员都可以承担微博营销管理的职责。在使用上,微博操作简单,文字、图片和视频可以随时随地进行编辑和发布。微博营销不受时间和地点的限制,一部手机在任何时间和地点都可以发布微博内容,无论从营销内容上、形式上还是传播上,微博营销都非常简单便捷。

2.传播速度快,即时送达

微博与生俱来的一个优势就是传播速度快,具有即时性。企业、组织和个人发布完微博营销内容后,不需要经过层层的审核和把关。微博平台是24小时都开放的,任何人可以在任何时间发布营销内容,营销内容能够在第一时间到达受众,受众也能在第一时间接收到营销内容,其传播速度非常快。

吸引粉丝最有效的途径是发布热门话题,在企业微博平台上,可以发布与企业品牌相关的原创性内容,设计新颖的营销方案,关注热门话题,通过获得大量的转帖和评论数体现企业微博的价值,同时通过关注别人、转帖和评论可吸引优质粉丝和潜在客户。

3.受众具有广泛性

微博平台具有开放性特征,企业、组织和个人发布完营销内容之后,除了粉丝,其他人也能通过搜索看到,使得微博营销内容随时随地都能"被围观",这不同于传统媒体一对一或者一对多的单向传播。微博受众在接收到营销内容之后,如果觉得内容好就会进行转发分享,转发分享到下一个人后,这个人又可能会转发分享,从而形成"一传十,十传百"的病毒式传播态势,形成一到多再到多的营销态势。而且,微博借助名人效应能够使营销内容的传播量呈几何级放大,形成裂变式和爆发式的传播。这种裂变式的传播改变了传统媒体营销覆盖面较窄和影响力较弱的局面,其传播速度更快,使营销内容可以最广泛地送达受众,从而大大增强了营销的力度,提高了营销的效率。

4. 形式立体化

微博营销的内容表现形式具有多样化的特点,借助互联网和多媒体技术手段,微博营销内容可以通过文字、图片、视频等形式进行发表,还兼容表情、音乐、投票、链接等。这使得微博营销内容具有强大的可编辑性和可包装性,可以更加形象直接地将丰富、关键的信息传递给受众,从而提高营销的效果。内容的多样性使企业得以灵活选择、搭配发布微博的内容、形式,既可以在新闻发布,在直播活动时贴上照片、视频、录音,给出完整内容的外部链接,也可以转发至与企业、行业相关的微博并加以简短评论,还可以通过提问、感慨、问候等方式与网友进行互动,使微博真正成为传承企业文化、关怀用户关系的平台。[①]

企业运用微博进行营销推广,除了能达到基本的传播目的外,往往会有一些额外的收获。商家可以利用消费者对品牌的真实感受、消费者与品牌之间的感人故事、经典照片等,进行产品的改进、品牌活动的设计、广告宣传、品牌形象的塑造等。所以,企业还可以把微博当成与消费者沟通的直接通道,实现与消费者的深度互动。

5. 沟通互动性,目标精准

微博有一个鲜明的特点就是每个人既是信息的发布者,又是信息的传播者和接收者。在微博营销中,企业、组织和个人可以随时随地地传播,受众也可以随时随地地接收。而营销内容的发布者和受众可以通过评论、转发等形式进行互动交流。这种互动性是快速而及时的,信息的互动反馈性、时效性较强。而在传统媒体的营销过程中,受众在接收到营销内容后无法及时反馈;而且受众是被动接收的,你播什么我看什么,你放什么我听什么。即便在营销后实施反馈互动机制,也有明显的滞后性。而微博营销是随时随地在线

---

① 周凯,徐理文.基于5T理论视角下的企业微博营销策略及应用分析——以欧莱雅的微博营销为个案研究[J].图书与情报,2012(5):120-127.

沟通,位于营销的第一线,受众都是更加精准的目标群体,从受众的反馈到营销内容理念和价值观的传播,企业、组织和个人能够提供有针对性的信息及相关服务。

(三)微博营销策略

1. 粉丝营销

粉丝是微博营销产业链当中的最后一环,是微博营销的终点,微博营销内容第一时间只能送达固定的粉丝。当粉丝观看完微博营销内容后,如果固定的粉丝群体没有转发分享的话,那么营销内容传播最终的传播群体只是这些固定的粉丝,微博营销活动的生命周期也就结束了。这样就很难取得良好的传播效果。因此,微博营销应当挖掘固定粉丝价值之外的其他价值。

满足用户的体验价值需要,让粉丝主动转发分享,形成裂变式传播。在传播环节,每一个用户都是一个巨大的传播源。用户对网生内容的传播意愿增强,通过社交媒体如微信、微博、QQ 空间、豆瓣、知乎等交流、分享内容已成为习惯,越来越乐于用内容传播自己的态度。社交媒体的丰富极大地促进了用户的传播,社交媒体已成为互联网媒体中最为流行的媒体类型之一,其凭借用户基数大、信息传播快、互动功能强等特点,成为网上内容传播的重要力量。观看完内容之后,用户有分享意愿的话,会将内容发送或推荐给朋友,每一个用户都成为一个巨大的传播源,在传播的过程中内容的影响力和口碑效应也在不断扩大,因此微博应增强用户传播的意愿。

一些知名艺人拥有成千上万的粉丝,明星发布一条营销信息就会很容易被粉丝关注和接受。当企业在微博上拥有了足够规模的粉丝,粉丝营销也就水到渠成。以影视剧为例,影视剧从筹备、拍摄、制作到播放,涉及人员众多,包括原著作者、原著粉丝、导演、演员、编剧、摄制公司、演员粉丝等,人均一个微博账号,在不同的阶段不断发布能吸引目标受众的剧照和剧情,就能形成强大的宣传效果。

2. 微博话题营销

微博话题营销是指根据热门事件、具体的品牌、受众集中的关注点、热点影视和综艺节目等在微博上进行周期性的营销宣传,让受众观看、评论、讨论并分享,从而形成传播效应。话题营销目前主流的有三个形式:第一,直接以品牌名字命名。如影视剧或综艺节目开播前或正在热播时,利用受众的期待来吸引关注,如《人民的名义》《奔跑吧兄弟》《爸爸去哪儿》等都是强大的话题点。第二,以明星效应产生话题。明星本身具有成千上万的粉丝,再加上受众对明星的关注度和八卦心理,很容易就会引爆大的话题。2017 年 4 月,去哪儿网在其官方微博上发布了话题"谁是我的 001 号代言人",并且配发了 3 张悬疑风格的海报。因为去哪儿网自成立以来一直未请明星代言,这引发了粉丝和大众对于其请"哪位明星作为代言人"的猜测。随后,去哪儿网在微博公布赵丽颖代言去哪儿网的消息,更是引爆话题。第三,善于利用热点事件。电视剧《人民的名义》可谓 2017 年的热点。金立手机与剧中饰演达康书记的演员吴刚合作,金立手机官方微博发布了吴刚以金立手机首席安全体验官的身份加入金立的内容,这便是在热点事件中借助明星进行营销。

3. 大数据营销

当前,我们已进入大数据时代,大数据技术和手段也在不断成熟。将大数据技术运用到营销当中,能增加个性化营销的成功率。大数据时代最大的转变是放弃对因果关系的渴求,转而关注相关关系。具体到商业领域,挖掘顾客的行为习惯和喜好,在凌乱纷繁的数据背后找到更符合顾客兴趣和习惯的产品和服务,并对产品和服务进行针对性的调整和优化,这就是大数据的核心价值所在。[①] 营销时,可以利用大数据收集受众的喜好、关注点、搜索内容、个人偏好等信息,通过深度的挖掘和分析,有针对性地选择对某些群体开展营销,实现精准化营销。

(四)微博营销理念

微博营销是社会化媒体营销的一个重要组成部分,它具有 4I 基本理念,即兴趣理念(Interesting)、个性化理念(Individuality)、利益理念(Interests)及互动理念(Interaction)。[②]

---

① 张立波.基于大数据的文化企业商业模式创新[M].北京:北京大学出版社,2017:28.

② Joel Comm.微博营销:140 字的淘金游戏[M].刘吉熙,杨硕,译.北京:人民邮电出版社,2011:2-3.

1. 兴趣理念

融媒体时代,媒体形式的丰富多样带来信息大爆炸,在微博、微信和微视频上,人们每时每刻要面对海量的信息。大量冗杂而又同质化的音乐很难打动人们,让人们继续看下去并产生分享传播的动力。因此只有信息充满趣味才能引起受众的注意力并激发受众观看的欲望。而且当前互联网的娱乐化色彩和属性越来越凸显,只有有创意和有趣味的营销才符合互联网发展的趋势和潮流。如果说传统媒体时代营销追求的是创意,那么在新媒体时代营销应当追求在创意基础上的趣味性,让受众在创意体验中体味到好玩。

在微博营销中,一方面要以趣味性为原则推送每一条信息,微博只有充满趣味性才会吸引粉丝,并被分享传播,从而形成"自来水"效应,得到社会化传播。另一方面要充分利用微博的优势吸引粉丝。将文字、图片、音频、视频等多种传播形式结合在一起的艺术化使用,将会增加营销的趣味性。

2. 个性化理念

自媒体时代是一个追求个性化的时代。在融媒体海量信息的狂轰滥炸下,受众必须从广阔的营销信息中找到自己喜欢的内容,营销由此进入个性化时代。充满个性化的营销内容易于得到受众的认可,充满个性化的营销方式容易获得市场的欢迎,个性化是营销得以成功的重要原则和保障。当前随着互联网尤其是移动互联网的快速发展,以及各种智能终端设备的普及,媒介格局发生了巨大变化,传播渠道的个性、传媒内容的个性、受众的个性都得到解放和发展,个性化在媒介活动中已经内化为移动媒介平台的内在特征。当下媒介实践和营销活动都是在用户小众细分和个性化得到满足的基础上逐步发展起来的。[①] 为受众提供个性化的营销方案和服务成为现实。个性化的营销能够让受众感觉到营销是专门为自己定制的,让受众有一种被关注、被重视的感觉,极大地满足了受众的心理需求,从而使受众产生购买的欲望和行动。

3. 利益理念

企业经营的初衷和目的是获取最大利益,那么企业、组织和个人微博营销的最终目的也是获取利益,趣味、个性和互动原则都是以利益为核心的。

---

① 马逸飞.微信平台的媒介营销模式探析——基于4I理论视角的考察[D].郑州:郑州大学,2016:9.

受众接受营销也是为了获取利益,怎样满足受众利益最大化的需要也是微博营销要考虑的主要问题,如果营销内容不能为受众提供心理或者物质方面的利益,那么营销活动就会寸步难行。因此在营销的过程中要最大化地考虑受众的利益,让受众在接收营销内容的过程中有利可图,从而吸引受众的关注。如图书在营销的过程中可以采取抽奖、打折或者发放代金券的方式,受众评论或者转发即可参与抽奖,幸运的受众可免费获得一本图书,这样受众就会大量分享转发,从而提升图书营销的影响力。

4. 互动理念

著名美国营销学家西奥多·莱维特曾在表达其营销哲学时说道:"成功的营销就像是一场成功的婚姻,会不可避免地转变成一种长久的关系,而买卖双方的交往界面也就变成了相互依存。"[①]互联网具有交互性,新媒体的社交属性突出,互动已经成为新媒体的特点。微博、微信、微视频等都是社交化的平台,社交化媒体最重要的特点是互动性。与传统媒体受众被动接受营销内容不同的是,在新媒体的营销当中,受众不仅获取营销内容的主动性更加显著,还可以参与到营销内容的互动和传播过程中,受众成为营销内容的互动者和创造者。建立与受众相互沟通的桥梁,与受众进行即时的互动能够最大化地发挥出营销的传播价值和效果。一方面,受众如果参与到营销的互动当中,会强化对营销内容的记忆,使得营销内容深入受众内心,从而触发受众购买的欲望。另一方面,微博营销互动能够降低营销的成本,使得营销传播的范围更加广泛,能够激发受众传播分享的意愿,从而提高受众消费行为的转化率。

（五）微博营销优势

微博营销是一种具有循环性的营销,其最大优势在于传播的循环性。传统的营销模型以 AIDMA 营销模型为代表。AIDMA 营销模型是由美国广告学家 E. S. 刘易斯提出的,其逻辑关系是受众先注意(Attention)到营销内容并对营销产生兴趣(Interest),产生并培养消费欲望(Desire),形成消费记忆

---

① 西奥多·莱维特. 营销想象力[M]. 辛弘,译. 北京:机械工业出版社,2007:119.

(Memory)，实施购买行动(Action)。[①] 从逻辑关系上可以看出这是一种传统单向的营销消费心理。进入互联网时代后，传统的营销模型发生了转变，电通公司针对互联网时代的营销，提出了一种新的营销模型——AISAS 模型。AISAS 营销模型的逻辑关系是受众先注意(Attention)到营销内容，对营销产生兴趣(Interest)，通过互联网手段进行搜索(Search)，实施购买行动(Action)，进行分享(Share)。从逻辑关系上可以看出 AISAS 模型是一种具有循环性的营销模型，有两个循环的节点：一是在注意环节，受众在他人的分享过程中对营销内容产生注意，之后经过一系列流程采取购买的行动；二是分享环节，受众对营销内容进行分享，形成新一轮的循环，最终形成了一个良性循环的流程。

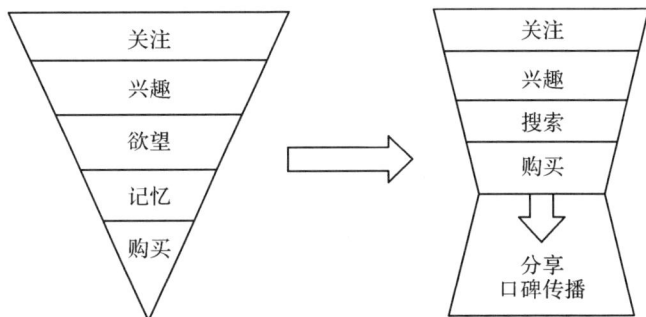

图 6-1　由 AIDMA 模型向 AISAS 模型转变

(六)微博营销要素

美国口碑营销协会的口碑营销大师安迪·塞诺威兹在《口碑营销》中通过五个"T"开头的英文字母，给出了一个非常清晰的营销分析框架和操作步骤，这五个步骤或要素分别是：谈论者(Talkers)、话题(Topics)、工具(Tools)、参与(Taking Part)和跟踪(Tracking)。[②] 任何卓越口碑的形成都没有特定模式，但无一例外都包括如图 6-2 所示的五部分内容。

---

① 徐思璇.基于 AIIDA 模型假设的微信用户广告接受过程研究[J]. 新媒体研究，2017,3(19)：45.
② Andy Sernovitz. Word of Mouth Marketing：How Smart Companies Get People Talking[M].
Kaplan Business，2006：8.

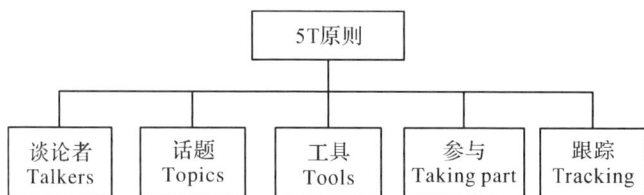

图 6-2　营销 5T 要素

1. 谈论者

谈论者也就是话题的发起者。在传统媒体的营销当中,话题的发起者主要由电视、广播、报纸和受众等承担,需要花费巨额的广告费用,而且话题不确定性因素很多,缺乏稳定的话题发起者,企业整体上处于被动的状态。在微博营销时代,企业、组织和个人,即微博的所有者,都可以成为话题的发起者,话题可以与营销的内容如品牌或产品有关,也可以与之无关。企业应事先发起话题,参与话题讨论,塑造自身形象,向受众、媒体、微博大 V 等群体传播话题,让受众参与话题讨论的一系列流程,拥有更多的主动权。在微博营销中发起和参与话题的主体有两个:一是微博营销内容的发布者,即企业、组织和个人;二是微博内容的接收者,即受众。为了更好地发起话题、参与话题和传播话题,实现营销效果的最大化,在微博营销的过程中,一方面要建立专业化的运营团队,要注重营销内容质量建设,将微博营销作为一项长期的事业推进,只有质量高的内容才会引起受众的参与和讨论,另一方面要细分受众,对其进行差异化定位。因为微博在营销传播的过程中会出现很多的"噪音",而受众质量在微博营销中占据很重要的地位,只有准确地将话题投放到目标受众群体中,才能实现营销效果的最大化,并最终将其转化为商业价值。

2. 话题

话题是指谈话的内容,有话题才能引起谈话的内容,从而实施营销活动。因此话题在微博营销中是重中之重,这也说明了文化娱乐行业"内容为王"的重要性。因为当前微博的使用者都抱着一种休闲、娱乐的心态使用微博,不会去主动制造和参与话题,因此微博营销的话题内容本身要有一定的重要性。同时话题内容要能够吸引受众的注意力,能够抓住受众的眼球。在话题建设方面:第一,要利用热点事件制造话题,对于热点事件,受众本身就有极大的关注度,企业要将热点事件与自己的品牌、产品和服务结合在一起,制造

话题营销;第二,要主动策划话题,有时候热点事件无法与企业的产品和服务相融合,需要企业自己主动策划话题;第三,利用明星效应,明星本身带有强大的话题性,社会关注度高,而且拥有广泛的粉丝基础。无论采取何种方式制造话题,话题内容都要有趣味性和正能量,这样才能被大多数受众所接受和认可,才能够让受众产生讨论话题的欲望。

3. 工具

工具是指营销内容所依托的平台,是企业、组织和个人在营销当中所使用的具体的技术手段。在营销的过程中选用正确的营销工具不仅能降低营销成本,实现营销目标,实现传播效果的最大化,而且能达到事半功倍的效果。这就要求营销要实现多平台和多工具联动。无论是线上营销,还是线下营销,微博营销只是众多营销工具中的一种,不能置身整体营销之外。虽然微博营销有很多优势,但如果仅仅局限在微博营销上,其影响力和效果还是有限的。只有充分整合各种资源,联合各种平台和工具,才能实现"1+1>2"的营销效果。如去哪儿网在签约赵丽颖之后充分利用多平台联动的组合营销方式,先在微博上发布"谁是我的001号代言人"的话题和悬疑海报,引发受众的好奇心和猜想,再制作"赵丽颖去哪儿了"系列视频和H5动态展示页面。这不仅在内容上通过文字、图片、动态展示页面、视频等多种形式的结合实现整体营销,而且通过微博、视频网站、微信公众号和微信朋友圈等多种工具实现整体化的营销和传播,最终去哪儿网打出了一套漂亮的明星营销组合拳。

4. 参与

互动参与有两个方面的含义:一方面,对于营销方来说,微博营销的内容要参与到社会热点事件当中;另一方面,对于受众来说,要积极介入有吸引力的微博话题讨论。参与环节至关重要,无论是企业、组织还是个人,与受众之间的良好互动不仅能给受众带来愉悦的价值体验,让其深度参与到话题中,而且能使受众保持谈话的欲望,并将互动传播分享给其他受众。在互动的过程中,企业要拉近与受众之间的距离,只有与受众建立起亲切愉悦的关系,受众才能在参与的过程中具有愉悦感,从而增强黏性。比尔·盖茨曾说过,Web 1.0的核心是内容,Web 2.0的核心是关系。微博营销的中心并非直接做生意,而是情感营销,即在和消费者的互动中赢得长期的信任与关注,塑造顾客的忠诚意识,培养出超越买卖情感的高黏度关系。对于网络营销,如何实现最大化的用户价值,培养忠诚的用户,最重要的衡量指标是黏着力。[①] 因此企业应成为一个富有情感的人,而不是冷冰冰的工具,从而使品牌更具亲和力。

5.跟踪

在经历谈论者、话题、工具和参与之后,微博营销并没有结束,而是进入跟踪阶段。跟踪是指对营销内容进行反馈。在传统媒体的营销中,因为受众分散、信息收集难度大等,很难实现精准化的追踪和反馈。当前我们已经进入大数据时代,利用大数据进行分析已经成为各行各业普遍使用的方式,微博本身也具有数据记录、监测和分析的功能,这使得每一个数据都有据可依,可以很精准地实现对内容的追踪。

二、微信营销

当前微信已不仅是一个聊天工具、社交软件,更是一个拥有生态系统的商业化平台。腾讯开发的微信,不仅具有互联网的基因和属性,同时也具有社交传播的属性和功能。微信打破了时间和空间的限制,拥有非常庞大的用户群体,能实现高度化和规模化的营销。从整体上来看,当前众多企业和组织已经利用微信中的微信公众号、小程序等功能进行商业营销活动。利用微信进行营销已成为很多企业和组织进行营销的重要方向和手段。

(一)微信发展历程及媒体属性

1.重要节点

作为营销工具,微信功能的日益完善与其发展历程有着紧密的联系。微信功能日益完善,不断满足用户的需求和体验,其发展有几个重要节点:

——2011年1月微信上线,初期被定位为熟人间的聊天工具。

——2011年8月微信添加了"查看附近的人"的陌生人交友功能。

---

① 托马斯·达文波特,约翰·贝克.注意力经济[M].谢波峰,等译.2版.北京:中信出版社,2004:132.

——2011 年 10 月微信发布 3.0 版本,该版本加入"摇一摇"和漂流瓶功能。

——2012 年,微信推出"订阅号"与"服务号"功能,为用户提供了新的信息获取方式,满足用户在微信内获取资讯以及进行长文阅读的需求,并为企业和组织提供了基于微信平台开展营销和服务的渠道。利用微信公众平台可以实现消息推送、品牌传播、分享等一对多的媒体性行为。

——2013 年 8 月微信支付上线,微信具备移动支付能力,为深入营销提供了更多可能性。

——2014 年 9 月企业号上线,企业实现微信独立化营销。

——2015 年微信朋友圈广告上线,企业可向所有微信用户群体开展广告营销。

——2017 年 1 月微信小程序上线。小程序引发电商、线上和线下服务以及移动游戏领域的变革。

根据腾讯 2018 年第一季度财报的统计数据,截至 2018 年 3 月 31 日微信及 WeChat 合并月活跃账户达 10.4 亿,同比增长 10.9%。[①] 微信已实现对国内移动互联网用户的大面积覆盖。2017 年微信登录人数已达 9.02 亿,较 2016 年增长 17%,日均发送微信次数为 380 亿次,微信已成为国内最大的移动流量平台之一。微信完全融入网民生活,成为其生活方式,微信占据了国内网民 23.8% 的时间,排在第二位的腾讯视频仅占据 4.9% 的时间,微信已经培养出用户高度的依赖性。微信已经从最初的移动通信工具,发展成为如今全民使用的强大的具有多种功能的生态系统工具。其不仅为大众的生活,也为商业营销增加了很多的可能性和渠道。

微信是公认的移动互联网时代的"船票"。微信是一个新媒体传播的巨大平台,其可以承载的新媒体传播工具很多,有着巨大的商业开发价值和想象空间。时至今日,包括微信之父张小龙在内的很多人,都在思考着微信的未来发展。我们只能站在当下对微信已经成形的现在和能预见的未来进行盘点和分析。下面我们将从微信的通信功能、朋友圈、微信公众号、商业化四个方面来分析微信的新媒体属性。

---

① 腾讯财报:微信月活跃用户达 10.4 亿同比增长 10.9%[EB/OL]. (2018-05-16)[2019-11-08]. http://tech.sina.com.cn/i/2018-05-16/doc-iharvfht9251457.shtml.

2. 微信收费与短信已死

微信最本质的功能就是通信,这也是张小龙一直倡导的微信要回归沟通的本质。也由于通信功能的强大,微信让三大运营(移动、联通、电信)商坐立不安,从而引发了微信是否应该收费的社会大讨论。因为微信的免费通信功能,让短信的存在如同鸡肋,这从根本上动摇了移动运营商的点对点短信根基,当然,微信的语音功能和实时对讲功能也严重影响了三大运营商的移动通话业务,三大运营商自然不甘心沦为微信的流量管道,纷纷表达利益诉求。

其实,从整个移动互联网生态或者常识上来看,微信根本不可能收费,三大运营商也不过是自说自话而已,就算是收费也是运营商向腾讯收费,至于对用户,根本不可能收费。原因很简单,如果微信收费,那其他类似的社交APP收不收费?都收费的话整个移动生态就完了,谁也不愿意看到;若其他不收费仅微信收费,微信就死了,腾讯好不容易才找到这张移动互联网的"船票",怎能轻易放弃?所以微信压根就不可能直接收费。

3. 闭环的朋友圈

整个社交模式可以大致划分为熟人社交、准熟人社交、陌生人社交三类。微信不同于微博的最大特性就是屏蔽了陌生人社交,如果真要找陌生人社交的入口,也就是"摇一摇"和"附近的人"了。不过,若加了陌生人为微信好友,这也就变成了准熟人社交。对于微信朋友圈来说,双方若能看到对方信息,必定已经是微信好友,而且朋友圈的点赞和留言也必须是共同好友才能看到。朋友圈这种熟人和准熟人的社交模式,让微信迅速抢占了微博的原有用户,从而形成了有别于微博的重要新媒体传播渠道。

朋友圈的社交属性转化为媒体属性最直接的表现就在内容方面:一种表现是,心灵鸡汤和软文营销式的内容逐渐充斥着朋友圈;另一种表现则是各种没完没了的自拍,以及吃喝拉撒睡等无意义的内容。这使得朋友圈逐渐变了味,也许发这些内容的人自我感觉良好,但对别人来说,这些纯粹就是垃圾信息。这种现象让不说话的大多数变成了围观者和被动的信息接收者,丧失了本该平等的"朋友"位置。

同样,朋友圈的媒体属性逐渐增强也体现在电商方面。基于这个闭环的朋友圈关系链,利用熟人社交的信任基础和朋友圈的媒体属性,一些在朋

友圈进行"杀熟"的C2C电商模式得以滋生。比起淘宝,微信朋友圈的运营成本和操作难度要低得多,用户可以直接用手机拍照上传,不需要花钱购买流量,没有搭建和美化页面的过程,并且可以与买家进行随时随地的直接沟通,比起微博,微信更有利于进行客户关系管理和维护老客户。同时,买家无法看到其他买家的评论,这种不透明的沟通体系带来了一定的利润空间。不过,这种评论的不透明和信用机制的缺失也给一些不良商家创造了机会。

4. 微信公众号

2012年8月,微信公众平台面世,整个2013年是微信公众平台快速发展的一年,也是新媒体颠覆性发展的一年。如今,连中央电视台也时常重复着"请关注央视官方微信公众号",哪个企业要是没有自己的微信公众号,那就叫"不懂互联网,更不会新媒体营销"。作为腾讯布局移动互联网的重要一步,腾讯将其升级为公司战略级产品。

如同微信公众平台首页所写的那样:"再小的个体,也有自己的品牌。"微信公众平台使得每个人都可以注册一个微信公众号,通过群发文字、图片、语音、视频、图文消息等来打造自己的媒体品牌。在微信公众平台用户关注目的方面,持"获取优惠/独家信息"目的的用户最多,达到34.3%,26.0%的用户以"关注热点问题"为目的,还有22.9%的用户选择"娱乐、打发时间"。用户会取消关注公众平台的原因主要是该平台出现垃圾信息或广告,提供的信息不实用和没有新意,占比分别达到56.1%、53.7%和31.7%。① 用户更看重平台的内容提供,优质且符合用户口味的信息才是抓住微信公众平台用户的关键。

微信公众平台极大地降低了办媒体的门槛。微信公众号数量增加到200多万个用了15个月,平均每天8000个的增加速度,信息交互超过1亿次。② 2017年底微信公众号已经超过1000万个。需要说明的是,微信公众平台的运营主体和信息内容有不同种类。个人独自运营的原创内容发布是一类,几个人一起运营的原创内容发布是一类,不过更多的是个人或者几人合伙转载

① 艾媒咨询. 2013中国微信公众平台用户研究报告[R/OL]. (2013-05-20)[2019-11-08]. http://www.iimedia.cn/c400/36689.html.

② 马荣. 微信公众号破200万[EB/OL]. (2013-11-19)[2019-11-08]. http://tech.qq.com/a/20131118/015594.htm.

的内容发布。很多人订阅的微信公众号里内容同质化问题相当严重,这不得不让我们思考微信公众号和自媒体的未来。当然,微信公众平台还面临着来自今日头条等公众平台的直接竞争。

5. 微信商业化的空间

在微信的强势布局下,春节期间的微信红包让微信开启了更多商业化的想象空间。微信红包颠覆了拜年发红包的传统方式,大年三十不看春晚看微信,抢红包抢到腰酸胳膊疼,恨不得自己家的网速能媲美网吧光纤的速度,所有人都惊呼微信原来可以这样玩。据 2014 年初腾讯财付通官方消息,平均每个红包为 10.7 元,抢红包最多的人抢了 869 个,除夕夜参与抢红包活动的总人数达到 482 万,瞬间峰值 2.5 万个红包被拆开。① 由此微信全面布局微信支付,进而进军电商。微信支付将支撑起包括公众账号、游戏、虚拟内容、O2O服务等一系列产品和功能的变现。

在微信"抢红包"出尽风头下,腾讯再次出击,与国内知名零售商王府井合作,力推 O2O,扩大微信支付应用范围。此外,它还投资 4 亿美元收购大众点评 20%的股份,充分利用大众点评的线下商户资源,进一步布局 O2O。好戏总在后面,入资京东被认为是微信完成支付商业化的最后一环,既可以充分发挥财付通的作用,又能充分利用京东的物流、销售等体量庞大、人数众多的负重业务。不难想象,微信里一个立体式的 O2O 模式已经呈现。

除了电商,微信在移动游戏方面也颇具商业化的想象空间。与微信类似的日本的 Line、韩国的 Kakao,都因为游戏而实现了盈利,腾讯游戏业务在国内排名第一,微信进入移动游戏领域也顺理成章。微信手游"打飞机"的上线,立刻引爆了社交网络,微信也因此完成了"社交+游戏"的布局。这个布局可以分为两个层次:一层是"熟人社交+游戏",就是现有微信好友的社交与游戏结合;另一层就是利用微信查看"附近的人"、漂流瓶和通过"摇一摇"进行"陌生人社交+游戏"的组合。这个层次微信目前还没有开发,但一定是未来移动游戏拓展增值空间的有效方式。当然,对微信发展有重大贡献的"附近的人""摇一摇""漂流瓶"等功能不与游戏结合,岂不是浪费了资源。

---

① 凤凰科技. 除夕参与微信抢红包用户[EB/OL]. (2014-01-31)[2019-11-08]. http://tech. ifeng. com/bat3m/detail_2014_01/31/33511573_0. shtml.

（二）微信营销的特点

作为一种新兴的营销工具，微信营销颇受企业和个人青睐，并且有不少的企业和个人从中收获成果。相对于其他营销方式而言，微信营销具有如下5个特点。

1. 成本低廉，方便快捷

在传统的广播、电视、报纸等营销中，往往营销方需要支付大量的广告费用，投入大量的资金进行营销活动。而微信无论是公众平台、订阅号还是服务号，注册或者发布消息几乎不收取费用，因此微信营销的成本投入几乎为零。在微信上进行营销，企业不需要花费高昂的营销费用，大大节省了企业的营销成本。而且在传统的营销当中包含很多的中间环节，造成营销和销售的脱节，微信营销直接送达用户端，去除了繁杂的中间环节，减少了营销的成本。如微信的社交电商功能，用户能够即时购买，这样就省去了传统营销中的中间商、销售渠道等成本，既能让企业减少成本，降低商品价格，也能让用户获取最大化的价值，实现双赢。

移动互联网时代具有移动化的便利性，我们早已进入智能手机时代，智能手机不仅携带方便，而且可以在第一时间接收信息，通过智能手机，用户可以在碎片化的时间里随时随地地接收和阅读微信信息。用户通过扫二维码的方式能够即时获取企业营销内容。微信营销能够即时送达用户端，用户也能即时接收到营销内容并进行反馈。此外微信强大的社交功能和技术手段，大大方便了企业即时获取用户反馈，以及回应用户需求。

2. 利用率高

自从微信上线以来，其用户数量呈现出高速的增长趋势。截至 2018 年 3 月，微信及 WeChat 合并月活跃账户达 10.4 亿，同比增长 10.9％。这个数字还在继续增加，说明微信具有强大的用户基数和基础。规模如此庞大的用户群为企业微信营销提供了受众基础和高曝光率，而且微信用户黏性强。众所周知，微信通讯录中的人员多为家人、朋友、同学、同事等，微信是建立在信任基础之上的较强关系链的社交平台。对于朋友发布和推荐的营销信息，用户较为容易接受和认可，这会增加信息得到多次传播的概率，具有良好的推广效果。而且相较于其他媒体形式的营销,利用微信公众平台发布的信息绝大部分都能推送到全部用户中,大大增加了微信营销的曝光率。

3.互动性强

在传统营销模式中,消费者一般处于被动地位,缺少与企业之间的互动。微信营销改变了这一现象。与微博不同,微信上的受众可以直接与企业沟通,微信营销的核心在于企业能否赢得客户的信任,进而促使其购买产品。例如去哪儿网,不仅有强大的网站支持,其还将酒店、机票、门票业务与微信平台相连,用户只要动动手就可以得到旅游攻略、酒店入住信息等。

微信营销具有很强的互动性。在微信公众号上,用户可以通过留言或者后台回复将有关建议或想法发送给营销方,营销方能及时发现信息并回复,从而实现便捷和良好的互动。由于微信有庞大的客户群,再加上智能手机的普及,借助移动终端和位置定位等优势,每条信息都是可以推送的,每个个体都有机会接收到信息,这使得企业可以将自己的产品信息及时发送到客户手中,轻松地实现点对点互动营销。

4.营销针对性强

微信的一个显著特点是精准营销,且信息传递速度快、扩散快,这是其他营销方式所不能及的。目前企业在运用微信营销时,大多只把微信当作发布广告的平台,并没有发现微信真正的营销价值。如果内容不创新,就会导致粉丝流失严重,微信营销的效果便无法真正发挥出来。因此,要想留住老客户,开发新客户,企业就要完善好推送广告的内容,使内容新颖、有活力,同时要明确自己微信营销的目的,然后在此基础上制订微信营销策略。

媒介共时理论指沟通环境中,人们同时做相同的事,拥有相同的资讯,有共同的焦点。在社交网络中,由于我们可以看见彼此所关注的东西,发布自己的评论和个人活动等信息,所以我们很容易处于同一个沟通环境中,彼此的生活更容易被社交圈内的人参与。话题的共同性,焦点的共同性,也为利用社交网络进行营销奠定了基础。这样对同一个话题感兴趣的受众容易被精准定位。[①] 有针对性地对群体进行营销,实现精准化营销,在营销活动中非常重要,能够帮助企业开展有针对性的营销活动,取得良好的营销效果。微

---

① 郑思远.微信营销模式分析[D].长春:吉林大学,2016:24.

信营销是一种"许可式"的营销,在微信公众平台上的关注者最初是企业的老客户,之后再通过老客户转发、传播、推广和宣传吸引潜在的用户,这些顾客大多数是企业的目标人群。只有关注企业公众号才能接收到企业发布的营销信息。企业可以通过公众平台对用户进行一对一的关注及推送,企业在微信公众号后台能够看到用户性别、所在区域等资料,因此可以通过用户分组和地域控制实现精准的信息推送,直指目标客户,针对性较强。

5.庞大的社交传播渠道

微信具有非常庞大的社交网络,既有由来自手机通讯录和 QQ 好友关系较强的群体形成的社交关系,又能利用二维码、"附近的人"、"摇一摇"等功能,聚集更为广泛的社交关系,这增强了营销的多种可能性。通过社交营销,营销效果也会大大增强。在微信内部也存在着多种形式的营销渠道,如朋友圈、多个账号和多种平台等。在朋友圈平台中,营销主体通过高质量、有趣的图文内容、H5 动态展示页面、小程序等形式激发用户将营销信息分享到朋友圈中。多账号是指营销主体除了有自主经营的公众号,还联合其他公众号进行整合营销传播。多平台则是指营销主体整合包括微信在内的多个传播平台。[①] 如视频网站优酷在每年的"优酷春集"和"优酷秋集"推广活动中,会选用多个自媒体平台进行营销推广,不仅有微信公众号,还会联合其他自媒体平台,实现整合营销。

6.多功能一体化

微信是一个集聊天、传播、生活服务、购物、理财、资讯等多功能于一体的生态系统,微信营销可将多种营销形式进行整合。与传统媒体单一化的营销方式相比,微信营销形式具有多样化的优势。微信的传播方式多种多样,文字、图片、音频、视频、"摇一摇"、H5 动态展示、关键词自动回复、小程序等一应俱全。营销方可通过不同传播方式的整合进行创新,实现营销效果的最大化。如"罗辑思维"每天早上推送罗振宇 60 秒音频,最后给出关键词,用户在微信输入关键词后,后台会自动推送文章,这种营销方式的运用形成了"罗辑思维"自己的营销特色。

---

① 廖慧敏.后 Web 2.0 时代微信营销策略研究[D].南宁:广西大学,2016:48.

（三）微信营销模式

微信具有丰富的传播形式和载体,微信营销模式也具有多样性。当前微信营销通常使用的方式有以下几种。

第一,微信朋友圈营销模式。微信朋友圈是一个个人分享平台,具有强大的社交关系,将营销内容发送到其中,可用于个人的营销,如微商、微店等。

第二,广告植入模式。广告植入模式通常出现在微信公众号的文章中,一些知名的微信公众号具有强大的粉丝群体,而且这些公众号基本上属于某一领域或某一行业,因此粉丝群体标签化色彩突出,目标群体显著,能够实现具有针对性的营销。尤其是一些微信公众号在某一领域扮演着"意见领袖"的角色,具有一定的公信力。这些微信公众号大多采用广告植入的模式如软文推广等进行营销。此外微信推出朋友圈广告的模式,企业广告可以完全植入微信朋友圈当中,实现营销的目的。

第三,微信公众号营销模式。截至 2017 年底,微信公众号已超过 1000 万个,其中活跃账号 350 万个,较 2016 年增长 14％,月活跃粉丝数为 7.97 亿,同比增长 19％。[①] 公众号已成为用户在微信平台上使用的主要功能之一。微信公众号目前有订阅号、服务号和企业号三种形式,这三种形式具有不同的营销功能,如企业可以通过企业号和服务号发布信息进行营销,订阅号主要用于企业广告推广。当前微信公众号的普及程度高,在很多领域都有拥有一定粉丝数量的公众号,拥有广泛的受众群体,所以利用微信公众号进行营销推广的可行性较高,而且营销效果较好。

第四,LBS(Location Based Services)营销模式。LBS 即基于位置的服务。微信中有一些功能是基于定位系统的,如"摇一摇"和"附近的人"。"摇一摇"功能除了可以摇到人之外,还能摇歌曲和电视。现在有很多电视节目通过微信"摇一摇"与观众进行互动,如微信摇红包和企业在电视上的各类营销活动。此外查看"附近的人"这一功能使得更多的陌生人接触到营销信息。

---

① 2018 年中国微信登陆人数、微信公众号数量及微信小程序数量统计[R/OL].(2018-05-30)[2019-11-10].http://www.chyxx.com/industry/201805/645403.html.

用户可以点击软件界面上的"附近的人",和周围的微信用户进行相互的位置确认。而在这一微型的微信用户群体中,用户的姓名和签名等信息都会显示出来,这为营销信息的植入提供了良好的条件。[①] 营销主体根据微信的位置服务,通过"摇一摇"和"附近的人"等服务采取不同类型的营销。

第五,二维码营销模式。微信二维码是商家进行营销推广的新方式。二维码不仅是微信用户的一个身份识别系统,在商业领域也有广泛的应用。企业将一些营销信息生成二维码,微信用户使用"扫一扫"功能就可以获取商品折扣等优惠信息,完成转账支付,获取公众号信息,等等,实现即时的营销。此外二维码不仅成本低、准确率高,而且包含的信息量大,可以实现集购物、支付等多种功能于一体。

第六,微信小程序营销模式。小程序功能于2017年1月上线,一经推出便燃爆市场,提升了微信新的商业价值。2018年也被称为小程序年。小程序是社群传播的良好载体,可以分享到微信聊天里面,也可以分享到朋友圈。微信用户可以通过扫描二维码、搜索关键词、公众号关联、好友分享等方式获取小程序。在小程序内容建设方面,营销方能够通过文字、图片和音视频等多种方式对营销的内容进行展示,也可以通过小程序商城提供产品的出售、预订和付费等服务。线下用户可通过扫描二维码的方式获取小程序享受到即时的服务,既便捷,又极具体验价值。通过不同的体验场景进入小程序,用户能够轻松地体验企业提供的服务和商品。

三、微信公众平台与微博营销之比较

(一)微信和微博的角逐

近几年,新浪微博保持着较为强劲的发展态势,网易微博早已不温不火,搜狐更是承认搜狐微博落败。腾讯微博作为腾讯在微博平台上的补充产品,

---

[①] 张艳.传播学视角下即时性营销模式与战略实现——以微信营销为例[J].中国出版,2013(16):18-20.

加强了腾讯各产品之间的协同作用,但是在产品功能、用户体验上缺乏独立性和创新能力。依赖腾讯强大的虚拟平台,腾讯微博顺利地实现了用户规模向腾讯微信的迁移。

在微博变现方面,微博广告主结构的调整为新浪微博的商业化变现提供了更为广阔的发展空间。在 Facebook 10 多亿用户中,移动用户已超过 60%,其来自移动广告业务的营收已占到了广告营收的 20%。国内微博商业化借鉴了 Twitter 的盈利模式,具体展现形式为:其一,受赞助的内容,Twitter 将广告插入用户内容中,基于用户行为推荐品牌主页和内容;其二,向用户推荐游戏和应用;其三,关于优惠信息的广告。

腾讯在微博之外找到了微信这根救命稻草,用户数量急剧增加。在当时,如果没有微信,腾讯仅依靠 QQ、腾讯微博与新浪微博、网易微博、搜狐微博进行正面交战,结果不难想象。不过,幸好腾讯找到了微信,最重要的是,微信不仅仅是一款社交产品,它还承载了腾讯移动商业化的梦想。相应地,腾讯 2012 年做了战略大调整,提升了微信在腾讯中的战略地位。如果说未来是移动互联网的时代,那么微信爆炸式的增长、颠覆式的创新,让腾讯拿到了一张珍贵的移动互联网的"船票"。

在商业模式创新方面,伴随着微信的蓬勃发展,其背后隐藏的商机也越发凸显出来。微信不再局限于作为一款 IM 工具,甚至社交产品,而是落地为媒体+O2O(含电商)+运营商+游戏的"微信帝国"。微信一对一的互动交流方式具有良好的互动性,使其在精准推送信息的同时更能形成一种朋友关系。基于微信的种种优势,借助微信平台开展客户服务营销也成为继微博之后的又一新兴营销方式。越来越多的微博名人和机构"晒"出二维码供粉丝扫描,企业的营销大战也随之展开,诸如 QQ 音乐、美丽说等第三方应用纷纷接入,O2O 模式再次火爆,这些都归功于微信的普及所带来的商业模式调整。

微信公众平台于 2012 年 8 月 23 日正式上线,这是微信商业化进程中的重要措施。微信公众平台让小的个体也有了自己的发声平台。从与微博的比较来看,微信公众平台发布的信息是主动推送的,不像微博需要粉丝主动去查看,因此利用微信公众号营销是精确的营销,而且粉丝也是更铁杆的粉丝。

(二)微信公众平台与微博营销的差异

同样作为重要的新媒体营销平台,微信公众平台与微博还是有较大差异的,这种差异体现了二者具有某种互补关系。从营销角度来看,微信公众平台与微博之间的差异如表 6-1 所示。

表 6-1　微信公众平台与微博营销的比较

指标	微信公众平台	微博
交流形式	封闭的单点对多点,粉丝间互相不知	开放的单点对多点,粉丝互相可知
信息发送	信息主动推送	被动查阅信息
互动形式	可设置自动回复	手动回复
内容形式	文字、图片、语音	文字、图片
内容私密性	仅粉丝可见	所有人可见
内容效果	精准度强	精准度弱
内容频繁度	有节制	无节制
粉丝忠诚度	黏性强	黏性弱

首先,平台属性不同。微信公众号是一个社会化的关系网络,通常为真实的人际关系;微博是社会化的信息网络,是强媒体弱关系平台,媒体属性强,影响范围更广。从本质上来说,微信公众号属于社交化沟通平台,趋向于关系;微博属于社交化媒体平台,趋向于信息。虽然二者在不断地完善,也在不断地互补,但是其根本模式没有变。

其次,用户的忠诚度和黏性不同。微信公众号的内容更具有专一性,粉丝获取更精准,对于主体来说忠诚度更高。微信公众号更容易得到一大波粉丝的长期关注。微博对于粉丝的维系难度远高于微信公众号。二者的透明度不同,为用户筛选的内容也是不同的:微信公众号可以筛选对自己有利的评论展现给粉丝。而微博就太透明了,粉丝很容易因为某个观点与一些人发生冲突。至于黏性,微博在生活中的定位,更多的是一种娱乐性的产品,而微信则是我们现在日常生活中主流的沟通渠道。对于大部分人来说,每天看微信的时间远远高于看微博的时间。

再次,推送的内容不同。微博像一个公共场所,每个人都能畅所欲言,能发表自己的看法,表达属于自己的内容。微博信息的开放性较高,内容相对杂乱。而微信公众号开放性较低,内容更专一,基本都是基于小众人群做的原创内容。微信公众号更多的是以文章的形式进行信息推送,尤其是微信公众号的原创保护功能,保护原创作者的权利。如果说微博是一个碎片化的片段拼接,那么微信公众号就是碎片化的内容集结。

(三)微博和微信公众号营销的互补

互联网娱乐营销是建立在不同的网络构架基础之上的,不同的网络架构对营销都有着很深的影响。基于以上差异的比较,可知微信公众号和微博在互联网娱乐营销中起着不同的作用,二者由此形成相互连接的互补关系。

从信息传播来看,微博的作用大于微信公众号。微博是传播效率最高的媒体平台。微信公众号在这方面比较弱势,一些需要广而告之的营销活动,采用微博的效果会比使用微信公众号好得多,微博可以利用一些公开信息很精准地定位到用户。而且微博接触的用户相对比较多,可以通过一系列的活动累积一批基本用户,后期再进行种子用户的筛选。

从关系的角度来看,品牌维护以及一些区域性的活动,更适合微信公众号。从黏性的角度来看,微信公众号的作用要高于微博,微信公众号前期的获粉比较难。在这个流量难的时代,产品活动引爆的要素表现在产品本身的热点系数、活动自带的用户收益等方面。

不过,B2C 和 O2O 已经成为微博和微信公众号营销社会化的主要方向。围绕这个方向,新浪也开始尝试整合其平台上闲散的营销资源,新浪微博在商业化、移动化、本地化三个方面发力,从早期的粗放态度转为将资源收拢到自身利益链条上,通过"微任务"机制,让商户与用户进行交互,并从中产生商业模式,其中包括本地化的旅游、景点、餐饮等 O2O 类布局。微信则用渠道铺路、媒体切入、获取商户信息和用户评论等方式,通过微信公众号不断获取产业生态链的支持。

当然,微信公众号平台也有需要完善之处。在发展战略方面,即时互动是微信公众平台未来发展的重点,但微信公众平台目前的互动方式很显然不

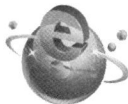

适合此战略的发展,极大地损害了用户体验。当客户的咨询无法得到满意回复后,他们唯一的选择就是取消关注。

(四)案例:微信公众号"文化产业评论"

微信公众号"文化产业评论"于 2012 年 12 月上线,定位为分享文化产业见识,强调有态度、有思想、有深度。7 年来,该公众号不间断地向订阅用户分享文化产业干货,以期用团队对文化产业的研究经验和实践积累,来帮助订阅用户更懂文化产业。换句话说,其在做文化产业研究的内容"搬运工"的同时,加上原创分享,以及对转发内容的分析和点评,帮助用户认识和了解文化产业的相关知识、理念、商业模式、趋势、竞争力等。

截至 2019 年底,"文化产业评论"已经发布文化产业优质文章 6000 多篇,在业内具有广泛的影响力,得到了全国各地、各领域数十万文化产业精英从业者(行业大咖、政府官员、高校教授、文化企业老板和高管等)的订阅关注,是全国知名的文化产业新媒体,也是业内最专注和专业的文化产业新媒体。其对于弘扬和传播正能量文化内容、优质文化产业思想观点内容,在辅助从业者更懂文化产业、更规范从业上,起到了很大的推动作用。"文化产业评论"已经开通微信公众号、企鹅号、大鱼号、今日头条号、网易号、一点资讯号、搜狐号等。

"文化产业评论"的核心业务是把文化产业领域内的"干货"进行集成,这个过程包括筛选、分析、提炼、编辑、运营等一系列工作,此外还要会设计、配图、排版、推广、交涉、谈判、当客服等。如果不是对文化产业和跨界研究有一定的基础,则很难做好。

"文化产业评论"的成功,缘于其具备了专注、跨界、集成三个方面的能力,这也是该公众号有别于其他公众号的核心优势所在。专注就是立足于十多年的文化产业研究积累,打造中国文化产业最好的新媒体平台。关于跨界,由于文化产业就是一个行业集合,该公众号涉足电影、电视、动漫、游戏、会展、演出、旅游、艺术品、创意设计、新闻、出版、广告、音乐、互联网、移动互联网等众多行业,这些行业间的融合是大势所趋,而其能游刃有余地贯通和游走于这些行业间,从宏观到微观上有效地把握这些行业发展。当然,这个跨界也不仅仅体现在文化产业各细分行业间的跨界,还包括向互联网、移动互联网、金融、地产等领域的跨界,这也是该公众号不同于其他公众号的根本原因。集成是指该公众号是文化产业知识和研究的搬运工。在信息纷繁的社会,它替读者阅读并过滤垃圾信息,尽最大努力把文化产业领域内的"干货"进行集成。集成工作不仅仅是内容的简单转载,还包括了对原内容的用户体验提升和对原内容所表达的事情的看法,这些都是在优化用户体验的基础上,站在用户接收信息的角度来进行的二次加工。

第七章　微电影和微视频营销

微电影与微视频可以说是有同有异。从概念分析,微视频包含微电影,微视频比微电影的外延更大。或者说,微电影是一种特殊化、程序化的微视频。在具体营销运作中,一般把专业制作的微视频称为微电影,微电影一定有一个故事,制作更加专业、精美。微视频更加宽泛和多样,它立足于用户市场,针对广泛的用户群体,而微电影主要立足于已有客户市场进行有限开拓。

一、微电影营销

顾名思义,微电影就是微型的电影。近年来,智能手机、平板电脑、数字电视等产品的用户数量不断上升,以移动互联网的普及为标志的新媒体时代宣告到来,通过各种新媒体载体,一个网络视频能轻松取得几亿观看量,以网络为主要载体的微电影迎来了前所未有的发展契机。微电影具有微时长、微制作周期、微成本、播出平台新等特征,微电影营销近年来走俏营销市场。

(一)微电影营销特点

所谓微电影营销是指企业为了宣传品牌或提升形象,运用电影的艺术表现手法,将营销理念与电影内容融合在一起,制作具有完整故事情节的广告片,通过平板电脑、智能手机等移动端进行播放,最终达到宣传和传播的效果。微电影营销主要通过讲述一个与品牌或企业产品相关的有完整故事情节的微故事,并将这充满趣味性、愉悦性或感染性的故事在网络平台和移动终端上播放，吸引观众的兴趣和注意力。观众通过社交平台对微电影进行分享传播，使得微电影实现快速传播。微电影营销既与传统的广告有所区别，又与商业类的电影有很大的区别，它是广告和电影的跨界融合，是将广告与电影相结合的一种新型的营销模式。微电影营销能够将营销内容的商业性和电影固有的艺术性相融合。微电影营销既能满足营销内容的宣传需要，又能满足受众的精神娱乐需求。

1. 融合性强

在新媒体时期，微电影营销已发展成企业营销的重要方式之一。企业自制微电影，不但制作成本较低，还能保证产品在营销过程中享有更多的主动权。微电影的灵活性与时效性也大大降低了投资风险系数。正因为微电影的形式灵活多变，其在企业营销中的应用愈加广泛，为企业营销提供了更为有效、便捷的手段。

在一些传统行业和领域中，借助微电影可以实现营销效果的最大化，当前一些传统行业和领域也在借助微电影营销，如一些城市的宣传、旅游景区的宣传，以及地方特色产品的打造等。在众多微电影题材中，城市微电影是一个重要组成部分。微电影与城市相结合有着天然的可塑性和优越性。一方面，城市能够提供良好的素材、内容、空间、场地等；另一方面，微电影的传播也有意无意地对城市形象的塑造和推广产生了不小的影响。关于城市微电影营销的例子不胜枚举。如早在 2012 年，四川旅游局就发布了《爱，在四川——美食篇》，作为中国第一部旅游微电影，其成功地将城市文化元素与城市意象融入影像化的叙事中。四川人文景观中的宽窄巷子、锦里古街等，以火锅为代表的四川美食文化，以及四川民俗文化如川剧变脸等的融合，为四川城镇旅游宣传造了阵势。

2. 鲜明的故事情节

微电影具有电影的艺术性和完整的故事情节，因此微电影营销不管与传统媒体还是新媒体营销相比，都充满故事性，并且主要偏向品牌故事。它通过一个故事把想要表达的主题（通常这个主题是一个品牌或者产品）串联起来，然后通过电影的形式展现出来。因为是一个完整的故事，所以会有相对完整的时间、地点、人物、情节，而在故事发展的过程中也会有开端、发展、高潮、结局。由于微电影的时长较短，它的主体部分就是故事的高潮，其对于周

围环境或者任务的刻画并不会像电影一样有大量的伏笔,但是优秀的微电影也可以做到让受众有眼前一亮或者峰回路转的感受,同时在故事中将所要传达的品牌文化、理念等潜移默化地传达给受众。[①] 如德芙每年推出的系列微电影《年年得福》,都是充满故事性的。其在 2017 年推出的是由"德芙女孩"关晓彤主演的用德芙巧克力表达爱意的关于母女团聚的温情故事。这个微电影时长虽然只有 5 分多钟,但是故事情节很完整和丰富,故事包括回家、离别、拥抱及思念 4 个场景,将春节的意义反映在母亲和女儿书写"福"字,以及拿起德芙巧克力预祝"年年得福"的情节,而这个情节也成为她们一年一度不变的传统。剧中关晓彤所扮演的田田为了证明自己可以当一个好演员,和母亲发生冲突,离家在外打拼,经历了挫折和成长后最终回家。故事直抵观众的内心深处,让很多人产生共鸣。我们在成长的过程中都有过不顾父母的反对而坚持自我的时刻。

企业在微电影中植入广告,广告元素可以在短时间内与剧情相结合,缩短了企业投放广告的时间成本,而且微电影主要以情节刻画为主,所以相对于商业大片而言,企业更容易将品牌信息融入故事情节中,通过故事的演绎表达企业品牌的文化内涵,从而更易引起观众的共鸣。对于企业而言,微电影营销可在一定程度上解决广告植入与剧情不匹配的问题,让受众更易接受。

3. 与受众的情感共鸣

当今社会是一个充满情怀的社会,只有充满情怀的故事营销内容才更容易让受众产生共鸣。成功的微电影营销内容一定是充满情怀、能打动受众的,并且能让受众产生精神和情感共鸣。《把乐带回家》系列微电影是百事可乐推出的春节营销活动。其从最初 2012 年的微电影《你回家是父母最大的快乐》,到 2013 年的微电影《有爱的地方就有家,有家就有快乐》,再到 2014 年的微电影《把乐带回家 2014》,倡导"家无远近,乐无大小"的快乐理念。2015 年的微电影《把乐带回家 2015》把镜头交给消费者,最后以与消费者共同创作的精彩片段为素材,剪辑成众创电影。每一年百事可乐推出的以"把乐带回家"为主题的微电影都能引发人们的关注和强烈的情感共鸣,"把乐带回家"俨然

---

① 张栀琳.微电影营销的品牌传播研究[D].郑州:郑州大学,2016:9.

成为百事可乐标志性的年度品牌营销主题活动,并且形成了一个品牌 IP。

百事可乐 2016 年推出的微电影《把乐带回家之猴王世家》更是引发了全国人民的情感共鸣。2016 年正值我国传统的猴年,一想到"猴",大家就很容易联想到 1986 年版的电视剧《西游记》和其中孙悟空的扮演者——六小龄童。《把乐带回家之猴王世家》以"一家猴戏千年乐,四代猴王百年传"为主题,在不到 6 分钟的时长内,从六小龄童及其家庭的角度讲述了一个关于传承和坚守的动人故事。《把乐带回家之猴王世家》通过六小龄童的讲述,完整地呈现了猴王世家几代人的故事,通过经典回忆引发了受众的情感共鸣。而且影片最后的背景音乐用了 1986 年版《西游记》的片尾曲,更是唤起了受众的情感回忆。在物质化越来越严重的当代社会,有温情的作品最容易打动人心,一部短短的微电影能够引发大众的情感共鸣,让大众从被动的接收者转变为主动的分享者与传播者,靠的就是温度和情怀。

4. 强调互动性

微电影的播放主要在网络和移动终端设备上进行,因此微电影营销的网络营销传播特征明显。与传统电影营销不同的是,在微电影营销中,受众可以在网络设备上自由地观看,可以在网络视频网站上进行评论,也可以在社交平台上进行传播分享,因此受众自我表达的空间大大增加。通过网络平台,受众和营销方可以自由地互动。品牌商在系列微电影中也会满足受众的需要,如德芙每年推出的《年年得福》系列微电影,每一位女主角都是当年的热点人物,如 2017 年的关晓彤,以及之前的邓紫棋、杨颖、汤唯、郭采洁等。

5. 营销成本低

微电影可在视频网站上免费发布,并且能够导入微博、微信等社交平台,实现多平台的联合传播和营销,增强营销的覆盖面。当前我们正处于娱乐化时代,电影的形式更能吸引受众的注意力,并激起他们的观看欲望。微电影营销在视频网站和社交平台上的传播成本几乎为零,而采用传统的电视、广播等渠道营销需要支付巨额的广告费用,因此在社交平台和视频网站投放的效果会更加显著。这种成本低效果好的营销方式受到越来越多的企业和组织的关注和青睐。

（二）微电影营销模式

企业使用微电影作为营销工具,具有多种模式,如专门定制、品牌植入、广告植入等。微电影营销基本上都是以企业为主导,以达到"润物细无声"的营销效果。当前微电影营销主要以广告植入内容和品牌定制两种模式为主。

广告植入内容营销模式是指营销方不介入微电影的内容创作,在不影响微电影本身艺术性和叙事性的基础上,给予专业团队相应费用,对所涉及产品的电影内容植入广告产品或品牌,使企业品牌或产品在微电影传播过程中取得商业传播效果。具体模式见图 7-1。如雪佛兰科鲁兹被植入《老男孩》,佳能赞助《看球记》,等等。微电影产业链包含创意策划、拍摄、后期制作、传播渠道和观众几大环节。在创意策划阶段,营销方将广告或产品融入微电影当中;在拍摄阶段,营销方采取植入广告或产品的方式;在后期制作阶段,营销方将对品牌进行冠名。

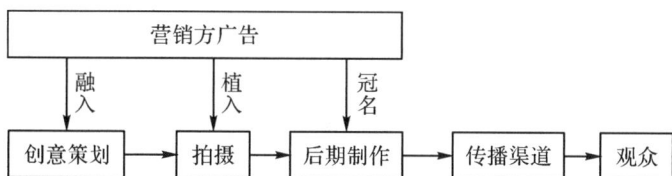

图 7-1 广告植入内容营销模式

从微电影的发展历程上看,微电影在发展初期,其营销价值,尤其是与广告结合的价值并没有体现出来,因此也未引起广告市场的关注。自从作为凯迪拉克营销手段的微电影《一触即发》爆红之后,微电影作为一种营销工具吸引了市场的关注和资本的大规模投入,微电影营销因此发展壮大。微电影与广告结合进行营销,一方面凸显了微电影作为媒介传播的优势,另一方面也是微电影尤其是商业微电影得以生存发展的重要途径。微电影内在的短小精悍特征,以及快速直接的表达方式,决定了微电影中的广告信息必须更隐晦,与内容衔接更自然。因此微电影与广告的结合不仅是微电影生存与发展之道,还能发挥微电影本身所具备的作为广告媒介最独特的优势。相对于传统电影、电视和网络植入广告营销,微电影营销具有十分明显的优势。微电影传播渠道主要集中于视频网站和各类移动终端,没有时间和空间上的限制,观众能够通过社交平台实现病毒式的传播,营销效果大大增强。当前已有很多品牌通过微电影植入广告的形式进行营销,并取得了非常好的营销效果,如雪佛兰科鲁兹的《十一度青春》系列微电影等。上述成功的微电影广告营销,说明只要将商业性的营销内容与微电影的艺术性相融合,再加上打动观众的故事情节,微电影营销就一定能取得成功。

品牌定制微电影营销模式即广告主完全作为投资方投入电影制作(见图7-2),专业团队在微电影剧本开发、拍摄、后期制作的整个过程中,时刻以广告主品牌为核心进行创作,使品牌或产品诉求与微电影剧情融为一体,进而以定制内容的微电影为核心推出营销传播策略。如百事可乐《把乐带回家》、益达《酸甜苦辣》、联想《爱在线》、德芙《年年得福》系列微电影等。总的来说,当前微电影的营销还是主要依靠广告主和厂商的赞助与投资,单一性很强,过分地依赖广告则会不利于微电影的长期发展。

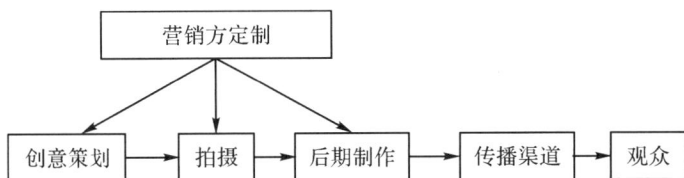

图7-2　广告主定制微电影营销模式

二、微视频营销

比微电影的外延更大且发展更为强劲的是微视频。微视频已经成为现代人生活中不可分割的一部分,日渐取代图文成为大众在上下班途中、睡觉前等碎片化时间里消遣的主要娱乐方式。微视频在近几年里持续高速增长。截至 2018 年 6 月,网络视频用户规模达 6.09 亿,占网民总体的 76.0%。手机网络视频用户规模达到 5.78 亿,占手机网民的 73.4%。综合各个热门短视频应用的用户规模达 5.94 亿,占整体用户规模的 74.1%。[①] 微视频占据了

①　中国互联网络信息中心. 第 42 次《中国互联网络发展状况统计报告》[R/OL]. (2018-08-20) [2019-11-13]. http://www.cac.gov.cn/2018-08/20/c_1123296882.htm.

用户大量的时间。越来越多优秀的微视频创作者和内容平台正在涌现,传统互联网营销方式正在悄然发生改变。

(一)营销从图文向微视频进化

纵观营销方式的变迁史,可以发现品牌营销方式的变迁与信息载体的进化方向基本一致。当下,微视频成为年轻人更喜欢的信息载体,抖音、快手、火山、西瓜等微视频平台也就越发火爆,品牌营销也随风而动,悄然转移了阵地,由图文开始向微视频演变。

首先,智能手机与4G、5G网络的普及,视频的移动化,资讯的视频化及视频的社交化三股力量,是加速移动微视频全面爆发的原因。就传播而言,微视频传播要耗费的流量是图文的好几倍,这在2G、3G时代是无法想象的,现在4G已经成熟,5G时代也已来临,到处都是Wi-Fi,这正是微视频传播的重要载体。随着技术发展,视频创作也不再是难事,以前制作一个视频需要上百万元的设备,还要操作复杂的视频剪辑软件,现在只需要一部智能手机,就可以下载到任何想要的视频编辑软件。

其次,品牌营销需要大规模的曝光,而占据大量移动互联网用户时间的微视频,已经具备了营销的基本土壤。据易观智库数据,截至2018年2月,微视频综合平台和微视频聚合平台的活跃用户共达5.69亿人,用户人均单日使用时长分别为67.13分钟和64.44分钟[①]。大众对微视频的着迷程度从这组数据中可以一窥全局。

再次,消费观念前卫的"95后""00后"正逐渐成长为消费主力,营销也需要适时改变,要拥抱年轻人,微视频已成为年轻用户的聚集地。拿抖音来说,90%的平台主力用户小于35岁。品牌营销通过年轻化的微视频平台进行传播,能得到更多年轻消费者的关注。

最后,与图文相比,微视频的代入感、传播性更强,更能深入用户内心。抖音流传开来的现象级口碑传播事件就是最好的证明,比如迪奥与抖音合作的"宜走开,多彩变身"营销等。这也是微视频能对大众有如此强烈的吸引力的原因。

---

① 易观智库.短视频营销空间巨大[EB/OL].(2018-05-30)[2019-11-13].https://www.sohu.com/a/233500980_104421.

（二）微视频营销的特点

曾快速发展,诞生多次现象级口碑传播事件的快手、抖音等,启发我们对微视频营销特点进行思考。

1.更具表达力的内容业态

微视频比图文更容易抓住人们的注意力,比长视频更精华,更具情感化和代入感。和静态的文字相比,微视频始终以动态形式出现,内容永远充满带有感情的音乐、语调、剧情、文案,图文故事过于单一,内容视频化更致力于用情感和角色来打动用户,从而建立情感纽带。当讲述情怀、引发共鸣的营销成为趋势,相较于传统手段,微视频的优势就被凸显出来。过去文本时代的表达方式已经不能满足"90后"及"00后"对于信息密度的需求。文字的内容用户或许懒得看,但视频这种更全面、更立体的形态给用户视听一体化的感知,可以让用户更真切地感受到内容传递的情绪共鸣,是更具表达力的内容业态。

2.更被年轻人所青睐

微视频会成为未来新人类移动传播的主流。快手、抖音最大的成功,在于以一种简单而被社会所认可的方式,释放了"90后""95后""00后"年轻一代被压抑的表演才华。年轻人已成为互联网绕不开的主力,"90后"是年轻化用户的分水岭,这一代人是互联网时代的原住民,纸媒、电梯楼宇广告等传统媒介的渠道已不足以引起他们的关注,而快速兴起的社交网络成为围猎年轻受众的最有效途径。微视频是当下年轻化受众最流行的社交方式,已成为新人类的社交名片。这将进一步促进自媒体微视频营销的迅猛发展。

现在的互联网节奏太快,人们焦虑而喜欢快节奏,更喜欢利用碎片化的时间去看资讯、打手机游戏、看微视频,导致一系列快餐式互联网产品IP不断兴起。作为最近一段时间最火的微视频产品,抖音在最开始用户还不多的时候,带有"潮""酷""炫"的标签。相对于抖音,陌陌的特点没有那么明晰,但其用户中19—33岁的年轻人比例达77%,同样是一个以年轻人为主的平台。陌陌早在2017年初就提出了视频社交的概念,其电视广告影片(TVC)《用视频认识我》是最早提出视频社交概念的产品,其娱乐化营销也自那时就开始了。陌陌是基于社交的娱乐,营销也是基于社交的营销,并且社交关系的存在正是其可以根据市场需求不断扩展娱乐营销场景的最大武器。

3.品牌转化率高

对于任何品牌营销而言,平台用户量的多与少是决定它们是否在该平台投放广告的第一要素,也是平台是否具备广告营销价值的第一衡量标准。与此同时,用户转化路径的长短也是品牌营销时需要考虑的重要因素,覆盖主流优质消费群体是短视频营销价值的体现。抖音、快手等在用户质量和短视频呈现形式上,大幅缩短了品牌到用户的转化路径,提高了品牌营销效率。这就意味着自媒体内容营销使用微视频作为与用户交流的方式将更容易被受众接受,更容易实现品效合一的传播效果。

(三)微视频变现方式

微视频变现主要有 3 个突破口:电商、广告和打赏;快手、抖音;关联淘宝的卖货链接。比如,一款旗袍商品在快手、抖音投放广告,直接跳转到天猫,投放费用 3 天共 600 元,转化达 6 万多元。快手、抖音已开始测试达人购物车功能,从目前情况来看,品类以服装为主,还涉及美妆、乐器、文具、数码、美食餐具、IP 衍生品等。

从产品的形态来看,微视频是非常适合软广告植入的,因为视频产品不但可操作空间大,植入点多,而且相对图文和音频展示形式也会更丰富。在过去,品牌的价值往往通过硬、广来达成效果和影响,而在微视频营销领域,内容的原生性极大地模糊了广告的属性。微视频将会是网络上最主流的内容形式。可想而知,为品牌定制的微视频广告未来必将成为广告主采购时的标准配置。

(四)微视频营销的未来发展

1.垂直领域内容愈加丰富

有垂直细分领域持续输出能力的自媒体人,有源源不断的素材,IP 属性不断强化,将形成"意见领袖"效应,更具有议价和变现的能力。越是内容垂直细分的达人,商业变现越容易。

在绝对粉丝量不如泛娱乐类达人的情况下,垂直领域达人在收入上可能更多,因为他们的转化率更高,目标群体更明确。只要内容足够垂直,其在用户观看时就已经完成了对目标用户的筛选,其比传统广告更接地气,更抓人心。

2. 投放精细化

互联网思维的核心是口碑为王,口碑的本质是用户思维,就是让用户有参与感。以 UGC 贡献内容,可形成传播和互动的养分补给模式。让粉丝不仅参与内容的生产,更扮演一种角色,产生归属感、品牌认同感。

自媒体视频内容的投放需要多渠道和精细化,需要确定垂直细分领域,选择适合的平台进行多渠道精细化投放。目前微视频行业正处于快速成长期,大量平台在定位、内容、目标客户上存在差异化竞争,未来的流量将涌向少数的头部领域和垂直细分领域腰部平台,中长尾平台将面临被淘汰的风险。

3. 变现方式规范化

目前微视频营销变现仍集中在广告与平台补助上。微视频营销变现还在起步阶段,随着行业的逐渐成熟和规范,会出现更多的营销变现形式和创新。目前一部分平台已涉足多频道网络(Multi-Channel Network,MCN)业务,自媒体可以根据自身情况和发展阶段选择 MCN 合作,并且不断地尝试和创新与平台合作的模式,最终的方向都是平台化规范化。

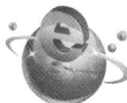

第八章　网络直播营销

根据中国互联网络信息中心发布的第 42 次《中国互联网络发展状况统计报告》，截至 2018 年 6 月，网络直播用户规模是 4.25 亿，用户使用率为 53％，游戏、真人秀、演唱会用户使用率均呈下降趋势。[①] 网络直播用户高达 22.6％的年增长率说明网络直播备受大众的喜爱，尤其是备受"90 后"和"00 后"的喜爱和关注。网络直播庞大的用户数量和高增长率，吸引了众多企业、品牌商和广告主的目光。作为新兴的娱乐化社交方式，网络直播的功能不断被重视，网络直播正由一个娱乐社交平台逐渐转变为集聚电商、企业、广告主的营销创新平台，当前网络直播已成为互联网娱乐营销的重要阵地。

一、网络直播营销契合消费需求

当前，企业、品牌商、广告主和直播平台对网络直播营销越来越重视。网络直播自从 2016 年大规模爆发以来，经过两年多的沉淀和发展，用户基础和数量逐渐触顶，网络直播依靠流量取胜的时代已经过去。网络直播平台以传统的打赏和增值服务为基础的商业模式已经不足以支撑其未来发展和互联网环境的变化。对于企业、品牌商和广告主来说，网络直播是未来互联网营销的一把利器，随着互联网各种技术的不断进步和营销模式的不断创新，网络直播营销能够给广告主带来越来越高的曝光率，因此依靠营销为网络直播平台带来收入的趋势将会越来越显著。未来网络直播营销将会受到越来越

---

① 中国互联网络信息中心. 第 42 次《中国互联网络发展状况统计报告》[R/OL]. (2018-08-20)[2019-11-15]. http://www.cac.gov.cn/2018-08/20/c_1123296882.htm.

多的企业、品牌商和广告主的关注和使用。未来网络直播营销的规模会持续扩大,营收也会越来越多。

当前网络直播行业竞争越来越激烈,用户规模已经趋于饱和。网络直播行业已经逐渐从抢占用户转变为抢夺企业、品牌商和广告主。网络直播平台越来越重视商业端的商业模式创新,创新营销模式已经成为网络直播行业亟待变革的方向。而且随着国家监管的升级和行业自律的增强,网络直播行业逐步摆脱公众对其低俗化的形象认识,向正规化和内容精品化方向发展。网络直播营销模式创新将会驱动网络直播行业向好的方向发展。网络直播平台采取更多创新性的营销模式,和企业、品牌商或广告主合作,不仅能够提高平台本身的商业变现能力,而且能够同步提升品牌主与直播平台的形象,拓宽直播平台的市场资源,从而实现产业链升级。网络直播营销契合了品牌商、平台和用户三者的价值和需求。

从企业、品牌商和广告主来看,传统单一的文字或图文营销模式已经很难满足消费者多元化的娱乐需求,也很难吸引消费者的注意力。因此企业、品牌商和广告主急需拓展新的营销渠道并创新营销模式。网络直播兼具声音、视频、文字等丰富的内容展现形式,主播通过实时互动传递出更多丰富的内容,符合企业、品牌商和广告主的营销需要。无论是传统媒体还是新媒体,营销方式同质化都越来越严重,当前已有的营销方式很难吸引用户的关注。而网络直播作为一种新的娱乐营销方式,其优越的互动性和便携性超越了传统媒体和新媒体的推广手段。与电商、明星、传统行业等实现有机的融合,不仅符合消费者的娱乐化习惯和需求,而且从传播方式上来看,网络直播优势是双向互动式传播,其实时互动性能够激发消费者的存在感和满足感,从而吸引消费者的注意力,让消费者感兴趣并喜爱。

从网络直播平台端来看,网络直播平台急需探索新的商业模式。如今网络直播行业已经形成了固定的依靠用户打赏的盈利模式。根据艾瑞咨询发布的《2016 年中国移动视频直播市场研究报告》,早在 2016 年打赏就已经占据网络直播收入的 80%。未来依靠打赏的形式进行商业盈利将会很难,而且打赏极具风险性,如果用户对直播内容没有兴趣或娱乐方式转移,将会对网络直播营收产生很大冲击。打赏主要依靠基础用户的数量,网络直播早期依靠人口红利的时代已经过去,未来随着用户数量增长速度的逐步放缓,用户流量的提升空间也将会缩减,如何让有限的流量转化变现,成为制约网络直播行业未来发展的主要障碍。因此网络直播平台应打破依靠打赏和用户红利的营销模式,创新营销模式。增加营销在盈利中的比重,以应对瞬息万变的网络直播市场。对虎牙、斗鱼这样的直播平台来说,一方面要面对微视频对网络直播用户的分流,另一方面也要面对微视频平台的入侵,快手、抖音也开始慢慢布局直播领域。

从用户端来看,传统营销传播方式是单向线性的,消费者反馈渠道较为单一,消费者与企业、品牌商和广告主缺乏及时的互动沟通交流。随着社会发展和科技进步,人们追求越来越丰富多彩的娱乐化生活,在网络世界中也更加渴望彰显自己的个性。网络直播能够实现实时互动,消费者在网络直播的互动中能够得到满足感和存在感。

二、网络直播企业发展现状

在网络直播企业自身优势和外在资本力量的推动之下,无论是用户数量、企业数量还是营业收入,均在 2016 年得到迅猛的提升。在网络直播的热潮之下,2016 年移动互联网已进入"直播＋"时代,尤其是垂直细分领域中的直播企业表现得最为明显。直播作为一种载体,为垂直细分领域的发展提供了更为丰富的展现形式,主要有"直播＋体育""直播＋旅游""直播＋电商""直播＋教育培训"等等。但随着市场的变化,到 2017 年上半年,网络直播整个行业热度降低且趋于稳定,不仅如此,网络直播企业两极分化现象凸显。

(一)网络直播企业发展突飞猛进

2016 年被称为我国的网络直播元年,无论是对主播还是对用户来说,网络直播总体上准入门槛较低。拥有多种多样的直播方式和特性、主播和用户之间良好的互动体验、用户优越的在场感、实时性的传播,再加上技术的进步和资本市场的角逐与推动,使得网络直播企业一路高歌猛进,网络直播企业和用户数量均呈现出井喷的发展态势。据统计,2016 年各类网络直播企业接近 300 家。根据中国互联网络信息中心发布的第 39 次《中国互联网络发展状况统计报告》,截至 2016 年 12 月,我国网络直播用户已达 3.44 亿,占网民总体的 47.1%,较 2016 年 6 月增长 1932 万。2016 年各网络直播企业发展势头也很迅猛,根据网络直播企业的公开财报数据,陌陌直播自从 2015 年 9 月份上线后,不久就成为陌陌最主要的收入来源。在 2016 年第一季度,陌陌直播收入为 1560 万美元,占到其整体收入的 30.65%;在 2016 年第四季度,陌陌直播服务的付费用户就已达到 410 万人;在 2017 年第一季度,其收入增长势头强劲,直播收入高达 2.126 亿美元,已占到整体收入的 80.16%。陌陌已是当之无愧的网络直播企业。

(二)行业趋稳,两极分化现象凸显

网络直播行业经过 2016 年的迅猛发展之后,到 2017 年上半年,热潮逐渐退去,整体趋于平静。可以预见在今后一段时期,网络直播行业将会面临洗牌期,有很多规模较小的网络直播企业正在或将要退出网络直播市场。在网络直播市场趋稳的大环境之下,网络直播企业的红利正逐渐减弱且很难恢复到 2016 年迅猛发展的势头。以映客直播为例,根据 Talking Data 移动观象平台的数据,映客直播在 2016 年 1 月份覆盖率和活跃率均为 2% 左右,之后开始呈快速增长态势。到 6 月份映客直播的覆盖率超过 4.5%,活跃率接近 4.5%,之后开始大幅下降。到 2017 年 4 月份时,映客直播覆盖率不到 1%,活跃度不到 0.5%,远远低于 2016 年 1 月份时的数据。根据易观推出的《2017 年第一季度中国移动直播市场季度盘点》报告,在 2017 年第一季度移动全网用户渗透率前十的排名中,一直播以 26.7% 的移动全网用户渗透率排名第一,映客直播以 22.9% 的移动全网用户渗透率排名第二,花椒直播、YY 直播分别以 18.3%、17.8% 的全网用户渗透率列第三、四位。而排名第八、九、十位的 NOW 直播、秀色直播、小米直播全网用户渗透率仅为 5.4%、5.1% 和 3.2%。从网络直播移动全网用户渗透率来看,网络直播企业两极分化现象严重。

（三）形式多样，内容丰富

在互联网广泛的渗透下，直播和多种应用相结合，呈现出多种多样的形式。最早 PC(Personal Computer)时代依托于 PC 端的传统直播平台，有以 YY 直播为代表的游戏类直播平台，以六间房、9158 等为代表的秀场类直播平台。进入移动互联网时代之后，移动端的网络直播企业开始兴起并迅猛成长起来，有以斗鱼 TV 直播、虎牙直播、龙猫直播等为代表的游戏类直播平台；以映客直播、易直播、陌陌直播等为代表的泛娱乐直播平台。进入 VR(Virtual Reality)时代以来，VR 类直播企业开始出现，主要有以微鲸科技为代表的 VR 直播。

按照网络直播企业直播内容划分，当前网络直播企业主要可分为四类，如图 8-2 所示：一是秀场类直播平台，是 PC 端时代最早出现的，竞争门槛较低，可复制性高，同质化现象较为严重；二是游戏类直播平台，对直播技术要求较高，竞争门槛高，发展迅速，未来前景广阔；三是泛娱乐类直播平台，主要包括演唱会、户外等，对主播要求高，可复制性低，有着较为成熟的商业模式；四是垂直领域直播平台，主打各类细分市场，包括财经类、美妆、旅游等细分领域的深度直播，用户定位清晰，细分市场明确，在单一领域深耕细作。在各类网络直播的使用上，游戏类直播的用户使用率增幅最大，真人聊天秀直播、演唱会直播、体育直播的使用率相对稳定。

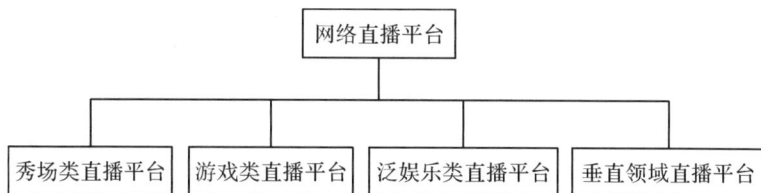

图 8-2　网络直播平台主要类型

（四）巨额资本加持网络直播平台

虽然相关部门对网络直播平台的监管力度不断增强，但网络直播业务的强大营收能力使得资本对于其发展前景依旧保持乐观态度。2016 年网络直

播平台延续 2015 年网络融资的良好势头,继续受到资本市场的青睐,如表 8-1
所示,巨额资本纷纷加持网络直播平台。网络直播平台背后的投资者主要分
为四类:一是专业的投资机构;二是互联网巨头企业;三是天使投资人;四是
上市公司。随着资本持续涌入,在 2016 年,手机 QQ、微博、盛大、PPTV 等平
台也积极跟进,相继开通或投资了网络直播业务。除此之外,互联网巨头
BAT 也纷纷布局网络直播行业,如表 8-2 所示,以腾讯为最,其目前布局了 9
家直播平台,在未来的一段时期内网络直播平台间的竞争将更加激烈。

斗鱼 TV、熊猫 TV、花椒直播等已经具有一定规模的网络直播平台也在
2016 年获得了大量融资。以斗鱼 TV 为例,其以游戏直播类为主,于 2014 年
1 月成立,在成立的两年多时间里,就已迅速成为国内直播行业的龙头企业和
"独角兽"公司。斗鱼 TV 在 2014 年 9 月获得了奥飞动漫和红杉资本中国数
百万美元 A 轮融资之后,在 2016 年又获得了两轮巨额融资,包括 2016 年 3
月份的 B 轮 1 亿美元融资和 2016 年 8 月份的 15 亿元 C 轮融资。仅 2016 年,
斗鱼 TV 融资额就超过 21 亿元人民币。

表 8-1　2016 年中国网络直播企业融资情况

时间	融资平台	融资金额	投资机构
2016 年 1 月	映客直播	A＋轮 8000 万元	昆仑万维领投
2016 年 3 月	易直播	A 轮约 6000 万元	不详
2016 年 3 月	三好网	Pre-A 轮 7500 万元	亦庄互联基金领投,沃衍资本、金百朋和天使投资方磐谷资本跟投
2016 年 3 月	斗鱼 TV	B 轮 1 亿美元	腾讯领投,红杉资本、南山资本追投,天神娱乐跟投
2016 年 4 月	早道网校	A 轮 1500 万元	YY 领投,华创跟投
2016 年 8 月	斗鱼 TV	C 轮 15 亿元	凤凰资本、腾讯领投,红杉资本、南山资本跟投
2016 年 8 月	目睹直播	A 轮数千万元	不详
2016 年 9 月	花椒直播	A 轮融资 3 亿元	首建投、奇虎 360
2016 年 9 月	熊猫 TV	A 轮融资 6.5 亿元	乐视领投
2016 年 9 月	全民 TV	A 轮融资 5 亿元	不详
2016 年 12 月	梦想直播	Pre-A 轮数亿美元	不详

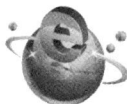

表 8-2　BAT 的直播布局情况[1]

公司	APP 名称	直播形式	具体情况
腾讯	QQ 空间	内嵌式	自家产品
	腾讯新闻	内嵌式	自家产品
	企鹅直播	纯直播	自家产品
	花样直播	纯直播	自家产品
	腾讯直播	纯直播	自家产品
	NOW 直播	纯直播	自家产品
	斗鱼 TV	纯直播	投资
	哔哩哔哩动画	纯直播	投资
	龙珠 TV	纯直播	投资
阿里巴巴	淘宝	内嵌式	自家产品
	天猫	内嵌式	自家产品
	优酷	内嵌式	收购
	来疯视频直播秀	纯直播	优土
	陌陌	内嵌式	投资
	一直播	纯直播	投资的微博
	AcFun	内嵌式	投资的合一集团
百度	百秀直播	纯直播	自家产品
	Ala 直播	纯直播	自家产品
	爱奇艺	内嵌式	收购

三、网络直播营销特点

与传统的营销相比,网络直播中呈现的是一种真实的场景和环境,而且主播和消费者处于实时互动的状态,品牌通过网络直播能够将产品扩散到各

---

[1]　郭全中.我国互联网直播业发展综述[J].传媒,2017(4):11.

个角落,更为真实和客观地将产品的诸多信息呈现在消费者面前。作为一种全新的品牌营销方式,与其他网络营销相比,网络直播营销具有无可替代的优势和价值,未来在品牌营销方面将会有强大的生命力和发展潜力。网络直播为品牌营销提供了一个新的渠道和途径,相较于传统的营销方式,当前众多企业和品牌越来越倾向于使用网络直播营销,这得益于网络直播巨大的优势。所以,对于企业、品牌商来说,当前应抓住网络直播营销的风口,通过网络直播营销扩大企业影响力,提升品牌价值,从而实现更高的经济效益。

(一)移动便捷的方式

由于互联网尤其是移动互联网的快速发展,智能手机得到快速普及,智能手机作为网络直播的载体,其移动性和便捷性成为网络直播的一个非常重要的优势。通过智能手机,主播可以随时随地地进行直播,用户也可以随时随地观看直播,主播和用户之间具备实时互动的特点。网络直播营销打破了传统营销单一的自上而下的线性传播方式,用户能够和主播实现即时互动、沟通和交流,主播在直播营销的过程中能带给消费者真实的现场感。如在农产品的网络直播营销中,在田间地头和果园中,农户利用一部手机就可以近距离地展示农产品的生长态势和状况,消费者可以全面真实地看到农产品的实际状况。消费者可以指定购买农产品,观看农户采摘和打包装箱的过程。这种移动便捷化的营销过程,不仅极大地提升了品牌营销效果,而且增强了用户对产品的质量认可。

(二)降低营销成本

作为一种新型的传播媒介,网络直播在很短的时间内聚集了大量用户,具有独特的魅力和强大的生命力。网络直播营销是一种线上的营销方式。与线下营销需要宣传策划、场地、物资、人员等费用和消耗大量时间相比,网络直播只需要一部智能手机,大大降低了营销成本,而且符合现今用户的娱乐习惯。品牌在进行网络直播营销的同时,能够实现商品的销售,用户边看直播边购买产品,能提高商品的销量。相比于传统营销中品牌和交易相分离的模式,如消费者只能在电视或报纸上看到广告后再去购买产品,网络直播能够实现品牌从营销直接到交易的一线式销售,不仅避免了消费者的流失,而且线上交易更加方便快捷,同时还能实现商家与消费者的互动交流,及时了解消费者的喜好,降低了与消费者沟通的时间和成本。在原始的线下销售中,原产品中间商和中间交易环节大大增加了产品的成本,利用快捷和方便的快递服务,网络直播能将原产品从车间或田间地头直接送到消费者手中,使得营销成本大大降低。

(三)用户信任度高

传统媒体的营销通常依靠文字、图片、音频和视频的形式进行,是一种较为扁平化的营销模式。网络直播营销是一种实时性的场景化营销:一方面能够极大地满足消费者沉浸式的体验需求;另一方面,企业在直播的过程中将产品生产全过程及其真实的状态呈现给用户,能够塑造品牌形象,提高消费者对企业和品牌的信任度。如山山商城是经营农产品的新型电商平台,定位为自媒体视频直播购物平台。山山商城对农产品的生产地、生产环境、产品加工、包装的过程进行网络监控直播,将农产品通过网络直播的方式全方位地呈现给消费者,增强了消费者对农产品品牌的信任感,增强了对产品的购买欲望。

四、网络直播营销模式

经过网络直播平台企业、品牌商和广告主的探索,当前网络直播营销已经形成两大类营销模式:一类是传统的广告营销模式;另一类是网络直播行业创新性的"直播＋"营销模式。

(一)广告模式

网络直播营销的广告模式是指将广告运用到直播内容当中,通过直播内容将广告信息传递给消费者。如图 8-3 所示,这种广告模式主要有三种类型:

第一种是产品曝光;第二种是广告植入;第三种是贴片广告。

产品曝光是指在网络直播的过程中,将产品的条幅、标语、样品等放在直播场景当中或者品牌冠名直播活动当中,将产品简单化和直接化地曝光。如在 2018 年初风靡一时的网络直播答题热潮中,很多企业和品牌商采取冠名的方式进行广告投放。

贴片广告是指在网络直播的过程中插入已经制作好的视频广告片,可以在直播前,也可以在直播中场休息时。

广告植入是指在直播的过程中引导消费者的兴趣和注意力,在直播间隙自然而然地推介产品或品牌。广告植入模式不同于产品曝光和贴片广告的直接与简单化,是一种比较高级的广告模式,如在直播答题当中,将广告内容和题目内容相融合。从整体来看,广告植入模式在网络直播营销当中易于操作。然而,模式虽然很简单,但是要求却很高,在直播的过程中,方法和形式要运用得当,让消费者不会产生厌烦感。如果形式运用不好则会影响到营销直播的效果和企业、品牌商、广告主的形象,结果适得其反。

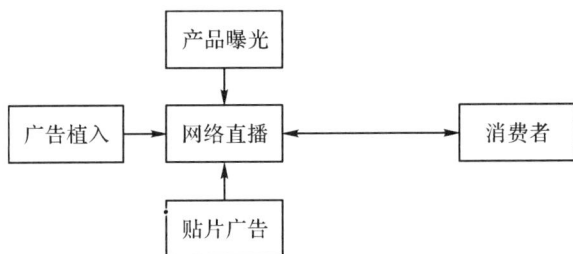

图 8-3　网络直播营销广告模式

(二)"直播＋"营销模式

作为新一代的娱乐社交平台,网络直播平台以其独特的传播特点,处于飞速发展中。网络直播平台呈现吸粉快、吸睛快的特点和优势,能够极大地满足用户的窥探欲和好奇心,其正在从一个秀场模式、网红爆发的平台,逐渐发展成一个聚集大量明星、电商、快销品、大众商品、3C 等产品的品牌营销平台。[1]

---

[1]　马春娜.基于网络直播的品牌营销传播研究[D].锦州:渤海大学,2017:9.

企业、品牌商和广告主注意到网络直播强大的用户和流量红利，大规模入驻网络直播平台，进行网络直播营销。当前"网络直播＋"营销模式主要有以下几种。

1. 网络直播＋电商

网络直播影响人们的娱乐、社交和生活方式后，近两年来已经成为电商营销的新载体。"网络直播＋电商"是当前网络直播中最广泛的营销方式，为了让消费者更为全面、直观、立体化地了解商品，增加商品的销售量，电商平台商家或者品牌商选择了对商品进行现场直播。

在传统的电商营销中，最主要的问题是如何吸引消费者进入店铺，继而如何留住消费者进行消费，在消费者第一次消费之后如何吸引其进行再次购买等。因此从根本上来说，电商平台面临的主要问题是如何引入流量，如何保存流量并将其转化为消费，并且长久地留存下来。所以流量对电商来说至关重要，而在传统的营销模式中，流量获取成本十分高而且十分困难，如何使用高性价比的方式引入流量成为电商需要思考的问题。传统的电商购物集中在网页或者手机上，产品展示基本上都是静态的图片和文字说明，产品展示的信息量有限，而且有些是虚假或过度宣传的，可信度不高。无论是消费者与电商之间，还是消费者与消费者之间，其即时互动性都很差。

利用网络直播的方式进行营销可以解决当前电商营销中存在的这些问题。电商直播营销利用明星效应和网红效应，再加上充满趣味性的直播内容，能够实现快速引流，而且这些流量都是高质量的流量。在利用明星效应的电商直播营销中，消费者可以与明星或商家进行实时互动，现场实时真人展示、互动使消费者更为直观和真实地了解产品的信息和性能，提升转化率。有很多用户聚集在一起即时沟通交流，实现消费者与商家、消费者与消费者之间交互的在线场景，强大的群体效应能够激发消费者的购买欲望。此外，现场直播时有充足的货源，不用担心产品不足的问题。消费者可以看直播内容，边娱乐边购物，让商品离用户更近，营造出一种现场购物的氛围。从整体上来说，"网络直播＋电商"营销模式极大地提升了消费者的体验价值。对于电商平台来说，其本身就有强大的消费者基础，消费者流量集中，而且消费者的购买目的性强，通过网络直播能够实现实时反馈。总的来说，这种营销模式极大地提升了电商商家和品牌商的售卖数量和效率。

自从"网络直播＋电商"广泛流行之后，一些电商平台如淘宝、京东、唯品会等探索出创新的模式和功能。从整体上来看，当前"直播＋电商"营销模式主要分为品牌方和电商平台内的商家两种类型。品牌方因为具有经济实力，也是为了宣传品牌的需要，通常会邀请明星、网络红人或关键意见领袖担任直播主播进行产品的推介。这种营销虽然成本很高，但是消费者关注度、流量导入和产品转化率都很高，营销效果和收益十分可观。如 2016 年 5 月，吴尊通过淘宝直播推介"惠氏启赋"奶粉，有超过 7 万名消费者观看直播，商品成交额超过 120 万元，单品转化率达到 36％。淘宝内的店铺和商家因为经济实力不足，请不起明星和网红进行营销，就会在直播平台上进行产品展示直播，成本很低，有些也取得了不错的营销效果。

2. 网络直播＋发布会

"网络直播＋发布会"是指企业、品牌商为了新产品宣传或品牌推广，使用网络直播对发布会进行实时直播，以增加网络营销渠道。利用网络直播对企业进行新产品发布或品牌推广，已经成为产品或品牌进入市场的重要渠道。

"网络直播＋发布会"营销模式具有很多优势。第一，发布会不再局限于固定的空间和有限的时间，而线下发布会受到场地限制，很多品牌爱好者或产品追求者不能到现场参加。网络直播的真实性、场景化特点，可以让消费者在网络上体验到现场发布会的氛围，以弥补不能到现场参加的缺憾。而且消费者如果不能在第一时间观看网络直播，可以在空闲时间回放观看。第二，消费者在观看发布会网络直播时，可以利用网络直播的互动性，通过弹幕、评论等方式与现场进行实时互动并得到反馈，现场根据消费者的反馈可以做出调整，能极大地提升消费者参与的满足感。第三，一些产品的发布者本人具有庞大的名人效应，如小米 CEO 雷军本身具有庞大的粉丝群体，雷军参与小米的发布会时每次都能吸引众多的关注，集聚大批的消费者。此外，一些发布会会邀请明星或网红参与推介，利用明星效应和网红效应，吸引更多消费者的关注，从而扩大品牌或产品的影响力。而且名人、明星和网红的参与本身就能产生热点话题和热点事件，无形中增加了发布会和产品曝光度，增强了产品的宣传力度。第四，网络直播发布会，省去了大规模的场地、人员、物力等成本，能够帮助品牌减少支出，降低营销成本，最终让利于消费者，获得更好的口碑和传播效果。第五，企业和品牌商利用网络直播，能增强其营销盈利和收益能力。一方面,消费者在观看直播的过程中,对于自己喜爱的产品或品牌会进行打赏、送礼物等,品牌方会获得一定的收益;另一方面,发布会产品如果在网络直播上接入电商平台,消费者就可以边看边买,流量可直接变现。当前"网络直播+发布会"模式,已经成为互联网领域常见的一种营销模式。在手机行业中我们经常可以看到网络名人如雷军、罗永浩等通过网络直播自己的手机新产品发布会。

虽然网络直播发布会有很多优势,但是也有很多高要求,是一个高门槛的营销模式。首先,利用网络对发布会进行现场直播,对于品牌来说,首先得有一定的消费群体。品牌知名度要高,这样才有消费者去观看。其次,品牌产品要能够吸引人,让消费者有购买的欲望。再次,品牌商需要提前在其他媒体上进行宣传,要有强大的人气作为支撑。又次,发布者要有一定的知名度,无论是邀请明星、网红还是邀请企业家,只有知名度高,才能获得粉丝的支持并吸引更多的人关注。最后,因为是现场实时直播,有很多的不可控性,对现场演讲者和工作人员来说,是一个很大的挑战,因此,需要演讲者有较强的现场把控能力。

3. 网络直播+明星

"网络直播+明星"是指明星参与到品牌网络直播中,利用明星的知名度和影响力进行营销。网络直播利用明星进行营销具有多方面的优势,能产生良好的营销效果。

第一,明星本身自带光环和流量,具有强大的粉丝基础和社会关注度。当明星在直播使用某种产品时,粉丝基于对明星的信任和崇拜也会信任明星使用的同款产品,激发购买欲。第二,在互联网时代,明星几乎完全曝光在公众视野之下,明星参与网络直播营销本身就自带热度,话题曝光度高,能迅速吸引消费者的注意力,形成轰动的话题效应,无形之中带动品牌和产品知名度的提升。第三,明星会带来巨大的流量,品牌商能够实现快速的流量收割,提升产品的销量。在"网络直播+明星"的营销模式中,有两点需要注意:一是选择何种方式进行网络直播营销,二是在选择明星时一定要考虑明星自身的风格、号召力和品牌的调性。明星的风格和品牌的契合度越高,营销的效果就会越好。选择与品牌属性和风格相关的明星加入网络直播营销活动是保障营销活动不会偏差太多的最稳妥的手段。如在2016年戛纳电影节上,品牌商欧莱雅对其代言人巩俐、李宇春、井柏然等明星的化妆进行现场网络直播,欧莱雅很多化妆产品随明星一起出镜。明星的影响力和号召力使流量转化效率大大提升,也提升了其同款化妆产品的销售数量,如直播4小时后,李宇春同款唇膏在欧莱雅天猫旗舰店就卖光了。

此外,网络直播自2016年爆发以来极大地改变了互联网娱乐的面貌,尤其是对大众的娱乐方式和社交方式产生了重要影响。网络直播不仅仅局限于互联网,而是已经深入体育、旅游、教育等多个领域。当前不仅互联网行业认识到网络直播营销的重要性,很多传统行业也认识到网络直播的重要性,如传统的房地产业、农产品业和旅游业等行业也纷纷使用网络直播作为其产品营销的重要手段,如"网络直播＋旅游""网络直播＋户外活动""网络直播＋产品体验"等。

(三)案例:YY 直播

初期以 YY 语音为主力产品发展起来的欢聚时代,已经由简单的通信工具进化为一家以社交关系为主要纽带的平台公司。作为全球最大的娱乐资讯互动平台,其同时在线人数接近 6000 万。除游戏领域外,在娱乐、音乐、教育等领域,欢聚时代也成为改变产业格局的重要平台,目前拥有约 600 家教育机构,25 万个签约音乐歌手。欢聚时代集团是全球性的直播和社交业务服务商,旗下业务覆盖直播、资讯、教育、社交、游戏、金融等领域,核心产品包括 YY 语音、虎牙直播、欢聚游戏等。其中虎牙直播于 2018 年 5 月 11 日在美国纽交所正式上市,成为集团内部孵化的首家上市公司。

YY 直播,是我国成立较早的网络直播平台,甚至目前仍长盛不衰,引领我国网络直播平台发展,这与其多元化的商业模式有关。如图 8-4 所示,YY 直播构建了集合作伙伴、核心业务、核心要素、客户关系、价值主张等要素为一体的多元化商业模式版图。能像 YY 直播这样营销模式多元化的网络直播平台少之又少,未来会有更多的网络直播平台向营销模式多元化方向发展。

YY 直播自 2017 年 11 月正式更名为虎牙直播以来,更加注重采取精品化内容战略。作为国内以游戏内容为核心的资深直播平台,虎牙直播在游戏方面有丰富的独家资源,汇聚了目前最为火爆的游戏,如英雄联盟、王者荣

耀、炉石传说、绝地求生、绝地求生手游——刺激战场、全民突击等主题的直播内容。在电竞方面,虎牙直播汇聚了众多世界冠军级战队和主播,持续为用户提供独家的直播内容,又引入国内外赛事的直播版权,深耕独家 IP 赛事。此外,虎牙直播还通过明星主播化等方式展开泛娱乐直播,启动全明星主播战略,许多娱乐明星的直播首秀均是在虎牙直播平台上完成的。

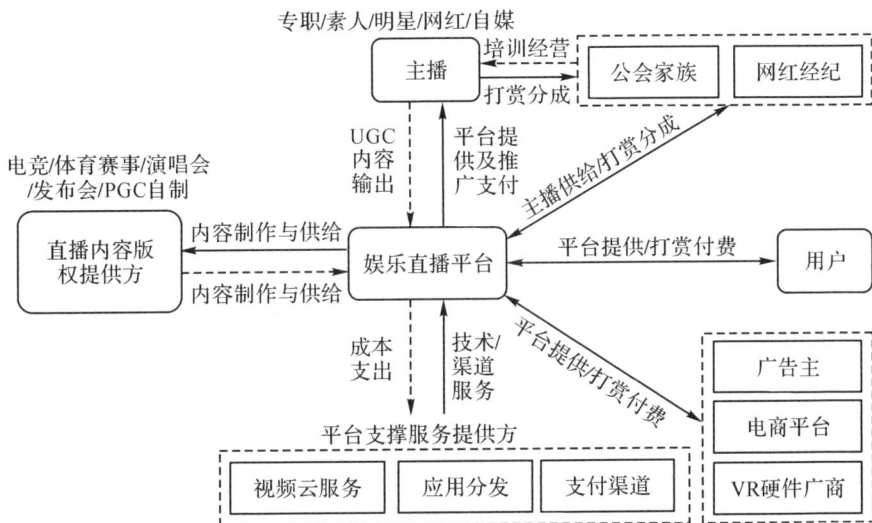

图 8-4　YY 直播营销模式①

整体而言,YY 直播是在 YY 娱乐社区基础上发展起来的。一个成熟的娱乐社区,其用户关系一定拥有三种形态,即单向关注、双向好友和主题聚集。YY 语音通过早期游戏用户的积累,成功将魔兽世界里的公会首先移植到 YY 语音的平台,促成了第一批以主题聚集的用户群体,而后持续引入其他游戏的用户,使 YY 官方和游戏中的核心人物合作共建 YY 平台。同时 YY 还大力发展线上娱乐,在 YY 平台上的大量歌手、主持人和表演者都得到了 YY 官方的支持,逐渐拥有了自己的粉丝,YY 语音平台因此得以壮大。YY 官方和他们利益共享,形成了一个良性的生态系统。而这种围观和以主题聚集的情形,必然会催生出许多双向的好友。至此,一个成熟的娱乐生态系统得以形成。

---

① 卢紫馨.网络直播平台发展分析——以 YY 直播的发展及受到新兴直播平台冲击为例[J].湖北经济学院学报(人文社会科学版),2017,14(2):53.

五、网络直播营销的问题及对策

网络直播是一种新型的营销方式,为互联网娱乐营销提供了一个新的路径,也为网络直播行业的发展提供了新的方向。当前很多品牌和行业在营销时使用网络直播模式。

(一)主要问题

由于网络直播行业是新生事物,网络直播营销仍处于发展初级阶段,随着网络直播营销模式的普遍化,其存在的问题也在逐渐浮现。

1. 直播现场可控性差

网络直播营销最大的优势是其实时互动性和真实的现场感,可以让消费者身临其境。与传统的电视广告、网络广告、微电影等营销方式相比,网络直播是现场实时直播,不能后期剪辑、重新制作等,因此在营销的过程中会出现很多意想不到和不可控制的事情。如小米曾在无人机发布的网络直播上出现过坠落的情况,因为是实时直播,这一过程被众多消费者看到,引发了对产品的质疑,导致消费者对品牌不信任,对小米无人机产品销售造成了很大的影响。

2. 内容同质化现象严重

网络直播营销在发展初期是一片蓝海,经过长时间的探索,目前已是一片红海。网络直播营销模式除了传统的广告模式和"网络直播＋营销"之外,并没有新的营销模式创新。因此综观各大直播平台,其营销模式同质化现象越来越严重。如农产品直播在初期能吸引消费者的注意力和好奇心,但现在全国各地的农产品商都进行网络直播营销,消费者的兴趣和好奇心也就消磨殆尽。在"网络直播＋电商"营销模式中,网络直播行业发展初期,网络主播主要依靠才艺表演和颜值来吸引消费者,当电商借助网络直播进行营销时,也普遍采用主播推介产品的方式。主播代言品牌,主播成为品牌标签,营销模式采用"眼球经济",依靠主播的颜值来吸引消费者。同质化的形式和内容,久而久之会让消费者产生审美疲劳。而且普遍集中于服装、化妆品等类别的产品营销,一成不变,很难打破格局,缺乏优质内容吸引用户留住流量。

3. 监管相对困难

网络直播的传播流程,是由主播、品牌所有者和消费者三部分构成的。品牌所有者是可控的,然而在网络直播当中,主播和消费者这两方是不可控的。监管部门如果把关不及时或把关不严格就会影响到营销效果,更不利于网络直播的健康发展。当才艺表演和颜值已经让消费者产生审美疲劳,已有的娱乐方式不足以支撑消费者观看的欲望时,为了吸引消费者的眼球、扩大直播流量、增加商品的销售量,一些主播在直播营销时采用低俗化的方式,如色情类的表演。如果平台对其监管不力,这些低俗、违法的直播内容就会出现在公众视野当中。消费者在网络直播当中不仅和主播互动,消费者之间也会形成互动。通过弹幕和评论的方式,消费者和主播、消费者与消费者之间可以即时交流。这种方式虽然增强了营销的互动性,扩展了营销的体验性,是营销方式的革新,但是网民素质良莠不齐,如果有一个素质低下的消费者对主播进行谩骂和语言暴力,消费者容易跟风,带动群体的情绪,引发群体对主播和品牌的不满,从而造成不良的影响。由于消费者在网络直播中是以匿名的方式参与的,所以监管起来有一定的困难。

(二)发展对策

1. 增强内容核心竞争力

网络直播营销是互联网内容营销新的表现方式,内容营销始终贯穿网络直播营销的全流程。当前网络直播在各行各业的营销中无处不在,虽然依靠外在的热点话题、明星、网络红人等能够带来消费者和流量,并可在短时间内将流量变现,但这种短期内主打"眼球经济"的策略只是暂时性的。网络营销要想吸引观众长期关注,必须打造出除吸引眼球之外的内容。如果没有优质的内容作为基础的话,那么现阶段的直播营销早晚会产生泡沫。因此网络直播营销最核心的就是生产优质的内容,进行价值分享。如果营销是打开金库的钥匙,那么内容则是金库中的财富,一切娱乐,皆始于内容。是否拥有消费者想看、想读、必须听的营销内容,关乎该产品的成败。[①] 主播在直播过程中要把握好品牌的价值和宣传点,建立用户与品牌之间的信任感和价值认同感,提高"凝聚注意力"的能力。移动互联网时代,内容渗透消费者生活方方面面的同时,也让消费场景细分成为可能。这就意味着"内容为王"开始有了新的时间和空间维度。以优质内容唤起营销新模式,以精准营销焕发新消费方式,用故事唤起用户新体验,迎来内容营销"真"时代。[②]

2. 加强监管体系建设

网络直播的监管问题是个难题,这两年来有很多平台和主播遭查处。虽然整体上取得了一些成效,整个网络直播行业市场环境得到一定的提升,但是监管难等问题还很突出。为此,需要政策、市场、行业、平台和社会形成合力,多方合作加强监管,为网络直播营销创造良好的环境。

在政府层面。首先,要建立完善的监管体系和规章制度,完善网络直播行业的法律法规,做到监管有法可依。对网络直播内容进行规范,包括对具体的穿着和言行举止等都要做具体化的规范要求。其次,将先进的技术识别体系运用到网络直播当中,提升监管管理和人工审核的效率。然后在设定相关的监管体系和规章制度的同时,建立专门的检查督导工作组,实时监督管理,定期检查和随机抽查相结合对网络直播内容进行监管。最后,直播平台众多,政府无法做到一一监管,因此需要建立举报机制,发挥网友的监督作用。用户在观看直播时遇到违法违规的内容,可进行举报,相关部门经核实给予用户一定的奖励,从而扩大监管的覆盖面。

在市场层面。要积极进行市场引导,抵制恶意的营销竞争,形成网络直播营销良性竞争的市场生态系统。提高网络直播营销的市场进入门槛,通过提供优惠政策,鼓励直播营销模式创新,形成市场良性发展格局。

在行业层面。成立行业协会,以行业自律对行业进行监管,制订行业自律规范化措施和政策,约束和净化行业内环境。对于恶意营销,行业组织要坚决抵制,促进营销公平竞争。对营销同质化内容越来越突出的网络直播平台和品牌商,要鼓励形成差异化的竞争格局,从而推动网络直播行业的健康发展。

---

① 埃尔·利伯曼,帕特丽夏·埃斯盖特.娱乐营销完全指南[M].王芳,译.2版.上海:格致出版社,2017:15.

② 陈卓.移动视频直播热潮中的直播营销模式探析[J].今传媒,2017,25(11):95.

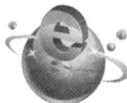

3. 提升用户体验

网络直播营销随着技术的进步而不断取得突破,如在流量变现方面,技术支撑是网络直播营销流量变现的根本保障。新技术手段的运用将使品牌商和网络直播平台的利益得到最大化。未来智能科技和虚拟科技的不断提升将为营销模式带来更多可能性。如网络直播中边看边买的模式,新技术的运用将下单购买和产品推介有机融合在一起,消费者在观看时只需要很简单的操作即可完成购物。语音技术在网络直播营销中也有运用,如在直播中当主播说出优惠口令之后,消费者在购物 APP 中说出口令,就会获得优惠券。未来,随着图像识别技术和语音识别技术的不断进步,在网络直播营销中,图像识别技术和语音识别技术的运用将会更加广泛。在图像识别方面,当主播展示某件商品时,图像技术可自动识别商品并将购物页面弹出;在旅游直播营销中,主播的场景背景可以实时切换,展示宣传旅游风景。随着科技的不断发展,信息的展现和传播方式已经由"二维"向"三维"转变,内容展现形式也更加丰富化和立体化。VR 和 AR 技术运用到网络直播中将成为可能。如运用 VR 技术,消费者戴上头盔观看直播可以身临其境,生动、全面和多元化地了解商品,就像走进了现实购物场景中,能获得真实美妙的购物体验。总之,新技术的运用大大丰富了互动体验方式,增强了消费者的体验感,能够快速提升商品转化率。

第九章　BAT 的娱乐营销转型

作为互联网行业的巨头,BAT 通过内部培育和外部并购,几乎渗透到每一个新兴领域,文化产业也不例外。对于 BAT 的社交娱乐等业务的发展,我们前几章结合具体领域的分析已经多有涉及。本章则在前面纵向分析的基础上,再从横向对其娱乐营销变革做一些延展性探讨,以便通过案例更全面地把握互联网娱乐营销的发展脉络。

一、向娱乐营销板块扩展

近些年,以 BAT 为代表的互联网公司不断加大对文化产业领域的投资布局,加大了互联网与文化两者间的融合力度。与其他两家企业相比,百度在文化产业领域的布局较为谨慎。作为一个以搜索引擎为基础的公司,百度的最大优势在于流量,百度是 PC 互联网最大的流量入口,其最优质和最核心的文化产业资产就是爱奇艺网站及其旗下的影视视频制作公司。爱奇艺主要通过投入巨资购买版权的方式获得可观的收益。

阿里巴巴主要致力于娱乐和健康两个方向,在文化业务的布局上,阿里的投入力度更大,且紧跟潮流。通过不断并购和新业务整合,阿里逐渐探索出以内容分发和衍生品销售为依托的泛娱乐模式。在网络视频领域中,优酷土豆拥有 5 亿月活跃用户,从版权和内容上来说,拥有制片业务的阿里集团是优酷土豆重要的版权库;在数字音乐领域中,阿里数字娱乐事业部将天天动听和虾米音乐进行资源重组,组建成阿里音乐,为的是能够充分结合两款产品的异化路线,打造一个从音乐制作到消费全方位覆盖的泛娱乐交易平台,涵盖了

明星入驻、音乐视听、粉丝圈子、娱乐消费、音乐幕后交易、娱乐营销等诸多领域。

对于腾讯来说,最重要的内容变现手段是游戏。腾讯对于游戏产业的关注可以追溯到2003年,QQ游戏平台的出现翻开了腾讯游戏产业的篇章。基于腾讯公司在社交领域中的强大优势,QQ和微信为所有可盈利业务源源不断地导入流量。腾讯于2015年3月,将自己旗下的腾讯文学与原盛大文学整合起来,创立了新的网文平台——阅文集团。集团旗下拥有中文数字阅读强大的内容品牌矩阵,其为腾讯产业链的延伸提供了优质的IP资源。拥有多条成熟产品线的腾讯音乐,在三个平台中最先打开了音乐消费的多样维度,甚至已经搭建起泛音乐娱乐生态。而腾讯音乐作为腾讯泛娱乐、大内容的其中一环,本身又可以源源不断地从外部泛娱乐生态中汲取养分。腾讯音乐以音乐内容为基础,通过QQ音乐、酷狗音乐、酷我音乐三大核心数字音乐平台,用演艺直播平台、音乐社区业务等增加社交和娱乐元素,构建起泛娱乐化生态模型,让音乐能够辐射到影视、游戏、智能终端等更多娱乐周边行业,使"听、看、唱、玩"的音乐体验更加立体。在数字音乐领域中,腾讯注重商业模式的创新,以此提升产品的盈利能力。

根据IT桔子的相关数据分析,2016年,71家互联网独角兽公司中,有"65%的公司均与BAT有直接或间接的股权关系,这些公司的整体总估值达到2917亿美元"[①],占到全部独角兽公司估值的83%,尤其是独角兽公司top10公司中除大疆科技以外,其他9家公司都与BAT关联;而独角兽公司top20中,则有80%的公司与BAT挂钩。这与BAT的战略布局有密切关系,也是互联网泛娱乐营销的重要表现之一。

以互联网游戏行业为例,随着移动游戏成为网络游戏行业的营收支柱,政策推动行业进入健康发展状态,行业马太效应也逐渐显现。《关于移动游戏出版服务管理的通知》的实施,为改善长期以来困扰行业发展的粗制滥造和盗版侵权问题奠定了基础,但同时也对游戏出版方的注册资金与相关资质提出要求,在客观上提高了行业门槛。在国内资本市场转冷的大背景下,互联网游戏行业流量红利消失,营销成本增长,行业门槛提升,小型厂商在行业内的竞争力将逐渐丧失,而拥有强劲资金实力与研发能力的大型网络游戏厂

---

① IT桔子.71家公司被BAT收编[EB/OL].http://36kr.com/p/5062462.html.

商,尤其是以腾讯和网易为代表的生态圈企业,拥有产业链上、下游相关生产环境,占据重要的内容 IP 或创意生产链条,将在竞争中占据更多优势。以网易云音乐等为代表的中小型互联网文化企业,面对马太效应越发明显的市场大环境,在 BAT 等巨头企业大流量入口和大资本投入的双面挤压中,要想占据市场就需要通过独特的竞争策略,着力打造专一性、社交性和个性化的文化产品和服务。互联网音乐产业领域的竞争从音乐曲库数量转移到了"推荐和发现音乐上"[①],网易云音乐正是基于此核心竞争力,增强用户体验,以保证用户黏性,并通过细分市场实现垂直化的突围。

随着互联网文化产业市场模式的不断发展成熟,以 BAT 为代表的互联网平台构建了包括阅读、动漫、音乐、影视等多领域的文化内容产业新生态,互联网平台与传统文化内容的深度融合,正在构建市场价值日益增长的文化生态系统。产业市场不再由单一的平台或内容企业主导,而是平台与内容平衡发展、深度融合。包括 BAT 等企业在内的诸多市场主体,纷纷对自身生态圈进行业务布局,在这一布局过程中,注重对平台和内容的平衡把握是其最为重要的原则之一。以腾讯为例,其战略核心可以被分为几个大的方面,首先是成为"用户连接器"。"'互联网+文化产业'的新商业模式是连接"[②],腾讯以微信和 QQ 等社交平台为核心建立通信核心平台,以此发散,连接用户和用户之间、用户和产品之间、产品和产品之间等多维度的信息和服务,这一平台是腾讯最大的市场竞争力优势和创新资本。其次就是开发支持平台。在部分垂直细分领域,通过合并收购或协议合作等方式快速进入市场,将平台为自身所用,包括滴滴出行、大众点评、京东等,在基础设施领域,则集中开发自己的支付系统等必不可少的产业环节平台。最后,也是最为重要的一点,就是基于通信核心平台和支持平台,强化内容核心竞争力,增强业务变现能力。具体来看,包括影业部分、文学部分、音乐部分等在内的文化内容行业领域,共同构成了腾讯内容核心平台,通过鼓励内容 IP 创造生产,对其进行进一步产业化开发,通过通信核心平台实现用户导入,以支持平台作为业务基础,实现平台和内容的生态循环。

---

① 孟兆平,周辉.网络音乐产业发展现状与趋势研究[J].学术探索,2016(5):111.
② 傅琳雅."互联网+文化产业"的新业态及发展趋势[J].沈阳工业大学学报(社会科学版),2016,9(4):307.

二、AR/VR 布局

随着 AR/VR 业态的火爆,各行各业都在布局 AR/VR。作为中国互联网排头兵的 BAT 当然也不甘示弱,百度希望打造内容与爱好者交流平台,线上内容聚合线下体验活动;阿里巴巴 AR/VR 布局更偏向底层技术,AR/VR 化提升购物体验,建立 AR/VR 内容输出标准,培育 AR/VR 内容产业;腾讯投资软件多于硬件,主要进行产品的交互设计和应用体系建设,整合资源,搭建全方位的 AR/VR 服务平台。

(一)百度:"内容＋交流"平台,线上内容聚合线下体验

1. 布局概况

AR 其实是百度较早布局的产品线。资料显示,百度在 2012 年及 2014 年分别注册了 2 个 AR 专利,且连续申请了 4 个"头戴式显示设备"的专利。在 2015 年百度世界大会上,百度试水 AR 营销,与伊利等企业合作,尝试基于以 3D 视觉为核心的移动端增强现实技术,在技术试水的同时直接变现,优化用户消费体验。在产品上,百度地图及浏览器均有分布 AR 功能。据了解,目前手机百度已经集成百度自己研发的 AR 引擎,可通过照相机拍照和相应的 web 页面调起 VR 应用。百度还召集媒体展开了一次 AR 复原北京老城门的活动,成立 AR Lab,要打造 AR 平台。而 2017 年 3 月,百度又宣布将 AR 重心从在线广告转到建筑、旅游和医疗上。

在 VR 方面,2015 年百度视频开始试水 VR 影视内容,提供优质内容链接,举办多次 VR 线下体验活动,为 VR 由小众人群自娱自乐到大众娱乐提供了强劲的动力。2016 年 7 月中旬,百度推出国内首款 VR 浏览器,其集全景、视频、导航、下载等功能于一体,并且可以将普通网页转化成 VR 版本,但目前浏览器只支持安卓版本。还有一个重磅产品则是百度 VR 助手,里面聚合了最新、最热门的咨询内容和最全面、最好玩的游戏体验,由旗下爱奇艺打造内容生产,"发布'iVR＋虚拟现实'产品套件。百度还启动 VR 生态激励计划,

将在 10 个热门 IP 上全面实现 VR 化,同时开放 100 个 IP 进行游戏合作开发,联合 300 家合作伙伴共同打造 VR 生态"。此外,百度推出百度 VR 开发者平台及百度 VR 社区,其中百度 VR 社区定位为中国第一 VR 媒体社区,通过内容服务聚合用户。

百度的 AR、VR 布局如图 9-1 所示。

2017 年 4 月 13 日,百度全资收购美国科技公司 xPerception。这是一家专注于机器视觉软硬件解决方案的科技公司,面向机器人、AR/VR、智能导盲等行业客户,提供以立体惯性相机为核心的机器视觉软硬件产品。

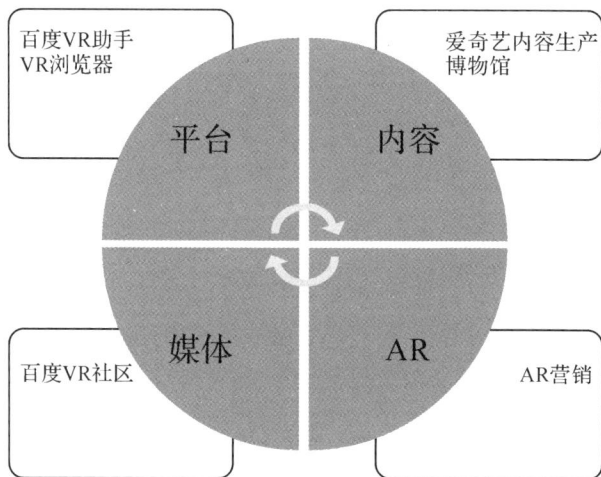

图 9-1　百度 AR/VR 布局

2. 简要分析

作为中国最大的互联网公司之一,由于面临巨大的转型压力,百度布局 AR/VR 是合理的。但作为一家以搜索引擎起家,积累了大量用户数据的互联网企业,百度最大的优势是在 AI 领域,例如图像与语音识别、无人驾驶。从 2017 年 4 月百度全资收购汇聚中美视觉感知领域的技术人才公司 xPerception,可以看出百度在 AI 上的布局正变得十分灵活,具备顶级人才及技术的硅谷企业成为百度 AI 技术生态和业务矩阵的重要补充。

百度在 AR/VR 上的布局相比其他两家而言,较为低调,出手慢却效率高。除了在硬件上没有什么大动作外,百度在内容和平台上均有布局。百度旗下爱奇艺在 VR 内容上全面布局,推出的百度 VR 开发者平台也已经向开

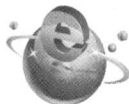

发者开放,利于技术开源及积累。百度的"VR助手＋VR浏览器＋VR社区"形成组合拳,聚合VR平台内容线上体验与线下活动。百度社区是百度VR内容分发渠道的重要环节,与VR核心团队共同促进VR生态发展。对于硬件厂商,"百度VR＋"提供产品曝光、评测、导购、直播、沙龙、推广等媒体平台服务体系;对于用户,"百度VR＋"提供内容资讯、游戏应用、视频、直播、评测、活动、社区等内容服务及平台;对于VR游戏/应用/内容提供商,"百度VR＋"提供游戏/内容上架、发布、推荐、活动推广等媒体平台服务体系;对于开发者,"百度VR＋"提供完善的开发平台;对于全产业链布局商家,"百度VR＋"凭借流量数据优势提供更为深入的服务。

百度是基于自身优势及对未来的理解进行AR/VR布局的;前期通过线上线下活动进行VR推广;伴随着VR概念的普及,后期拉动大众消费者群体通过AR/VR加速其核心业务矩阵产业化,提供智能化服务。

(二)阿里巴巴:内容培育＋硬件孵化＋购物场景

1.布局情况

2016年1月19日,阿里百川和合一集团联合发布创业加速计划,投入10亿元资金支持创业,AR/VR是此次创业加速计划的三个方向之一。同月,优酷土豆上线360度全景视频,在两会期间推出了VR版两会节目点播。2016年3月17日,阿里巴巴宣布成立VR实验室,开启"造物神"计划,意在建立全球最大的3D商品库,为商家开发标准化工具,实现3D快速化建模。2016年7月,上海世博展览馆展示完整版"Buy＋",用户戴上头盔即可进入相应购物情景。阿里不仅在VR上,也在AR上进行布局,如图9-2所示。2016年2月,阿里以7.94亿美元领投了AR技术创业公司Magic Leap的C轮融资,"AR＋电商"的商业模式正在悄悄发展。与百度搭建的VR内容平台不同的是,阿里在2016年3月31日,对外发布了"蚂上"这一生活服务平台,糅合AR和面部识别技术,让弹幕内容随时随地出现在你身旁,提供个性化服务。在硬件上,阿里通过淘宝众筹如暴风魔镜3代、灵境小白等加快VR设备的销售和普及。

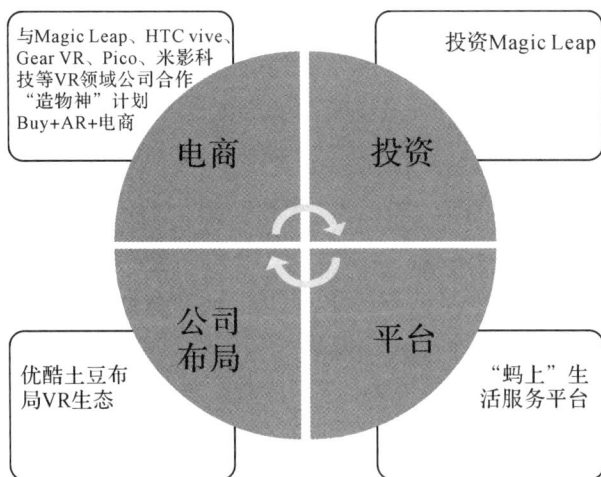

图 9-2　阿里巴巴 AR/VR 布局

2. 简要分析

阿里在硬件、内容及应用场景上的 AR/VR 布局,主要集中在购物上。阿里的 VR 实验室将专注于打磨未来购物体验,利用 VR 技术,彻底颠覆传统的"平面式、单维度、限制性"网购模式。但由于其商品建模工程量巨大且标准不易确立,商家要想真正实现自己商品 VR 化展示也是困难重重,"Buy+"的实现路途遥远,所以现在谈 VR 颠覆淘宝现有购物消费模式还为时尚早。AR 购物比 VR 购物更加实际可行,"蚂上"可能要比"Buy+"前进得更快一些。前段时间流行的 AR 游戏正说明 AR 具有社交娱乐一体化的潜力。"蚂上"结合面部识别再配合商圈影响力,阿里打造出一个集社交、娱乐、消费为一体的 AR 平台也是极有可能的。

(三)腾讯:整合资源,构建全方位 VR 服务平台

1. 布局情况

腾讯是 BAT 中最早公布 VR 计划的。2015 年,腾讯公布了 Tecent VR SDK 及开发者计划,首次阐明对 VR 的规划。规划主要涉及两部分,即平台和硬件。在硬件领域,腾讯称,2016—2017 年分三步推出不同产品。在平台上,腾讯想要借助自己游戏、社交、影视、直播、地图等方面的资源,为用户提

供内容和硬件,为开发者提供服务及发行渠道。2015年12月22日,腾讯领投赞那度,赞那度在2015年12月15日发布虚拟现实APP"旅行VR"。用户观看VR旅行短片,会激起出门旅游的欲望。2016年7月4日,腾讯游戏频道上线VR频道,实现产业链联动,与合作伙伴共享生态资源。此外,腾讯还成立微信公众号"VR次元",全面推广自身业务。2016年7月18日,腾讯联合创维数字发布miniStation微游戏机第二代,并计划推出miniStation的mobile VR计划,加快布局VR及AR游戏。

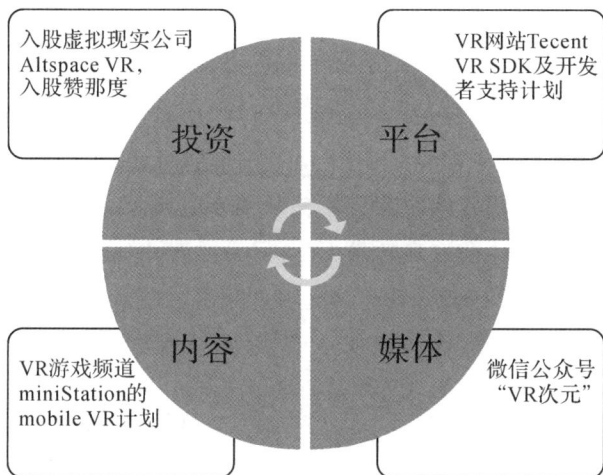

图9-3 腾讯AR/VR布局

2. 简要分析

2014年腾讯领投将社交媒体加入虚拟现实体验的AltspaceVR公司。2015年腾讯公布VR游戏生态战略、成立VR网站、开发SDK计划、投资赞那度等。2016年腾讯上线VR频道,在这波VR浪潮中逐步实现VR战略布局——前期入局,后期在自身业务重点上发力。在硬件方面,腾讯不亲自生产,而较多采取与行业巨头合作的方式,绕开技术平台卡位,更加注重内容开发。抓住内容开发商,腾讯可以整合资源进行优质游戏开发,或通过代理、推广,形成商业价值。

以BAT为代表的VR企业对VR的关注还处在卡位阶段,在各自核心业务及流量优势上嫁接AR/VR。阿里在电商方面进行无限畅想,百度和腾讯在战略布局上"等风来"。同时,BAT的内容及服务都嫁接在硬件上,就像智能手机时代一样,当 VR 硬件不能普及时,内容及服务变现道路就会遥遥无期。

作为 VR 文化企业,内容是核心,如何将 VR 内容化而不是内容 VR 化,将是未来的取胜之道。对比 BAT 企业,其他类型 VR 文化企业的产生和发展所涉及的主要是前期的设计创新。由于硬件平台的不完善,缺乏统一的开发平台及内容分发渠道,虚拟现实娱乐内容制作还十分不成熟。但机遇与挑战并存,由于平台的不确定,内容制作商无法预测哪一款硬件设备将在未来占据主流地位,就如早期手机应用商无法预知谁是"苹果"一样,这就意味着内容制作存在无限可能,借鉴文化创意"一意多用""一干多枝""一枝多花"①,VR 文化企业前期应找准自己内容的独特定位,坚持原创精品内容,与高度相关的产品企业进行合作,形成内容生态。创业企业要善于发现机会,发起创新,积极谋取与文化巨头企业的合作,实现共赢。如华谊投资圣威特打造主题公园:一方面,华谊可以实现实景娱乐从光影到现实的转化,丰富实景娱乐产品线,使 IP 价值最大化和流转最大化;另一方面,圣威特利用华谊丰富的娱乐资源平台,有机会成长为该领域最具实力的供应商。

三、LBS＋O2O＋SNS 业务发展

"LBS＋O2O＋SNS"战略组合是新兴产业业态极具创新力的领域。在这个领域内,商业模式极具创新力,同样旧有商业模式被淘汰也是最快的。目前中国已经形成了百度、微信、新浪微博等具有特色核心竞争力的企业,这些企业的本质属性均是开放平台下的传媒企业,当然这也是内容营销的主要传播平台。

早在 2012 年,百度就对外宣布,百度地图部门近期拆分出的 LBS(基于地理位置的服务)事业部,将全面负责百度地图 PC 端、移动互联网端的技术研发、产品升级、商业拓展等相关业务。事业部相当于一个独立的公司。这意味着 LBS 业务在百度内部已经提升到一定的战略高度。这个看似移动互联网领域的简单业务调整,其实已经在向外界宣告传媒与平台企业未来的市场

---

① 陈少峰,张立波.文化产业商业模式[M].北京:北京大学出版社,2011:179.

蓝海非 LBS 莫属了。据权威机构预测，未来相关 LBS 的市场规模可达千亿级。与 LBS 紧密相关的是 O2O 与 SNS，这三者的结合与融合发展正是文化传媒与平台企业未来的主要着力点所在。

LBS 的载体与平台是地图，占领了地图的入口就占领了 LBS 的入口。百度的战略是构建一个以地图为核心的移动互联网生态圈，利用地图所带来的入口效应带动相关部门的业务发展。在百度的规划中，百度 LBS 事业部将搭建线上线下的桥梁，为传统企业与商家提供数字营销的快捷通道。相对于微信等需要使用二维码才能使用优惠，百度用户在使用地图查询本地餐饮服务过程中就可以查询到附近位置的优惠信息。百度地图需要解决的是如何智能推送问题，避免用户觉得被骚扰。在李开复看来，百度是从"地图＋身边信息＋LBS 商务广告"来实现"基于地理位置 O2O 广告"的愿景。百度首席产品架构师孙云丰曾勾画出百度 O2O 蓝图：依托地图服务将消费深度信息覆盖到餐饮、电影院、KTV、商场、酒店、公交、超市、公园景点等全门类服务，专门开发独立的 APP 满足用户需求，并利用 UGC 和 BGC 方式共建 LBS 生态圈。有了 LBS 和 SNS 作为基础，O2O 就顺理成章地成了变现的方式。受制于商业化的进程，基于陌生人社交的陌陌推出了基于地理位置的群组功能，让用户可以深度参与，从而把产品形态转向"基于地点的社区"。此外，主题公园与游戏结合的线上线下互动也是 O2O 的具体应用。

从 SNS 角度来看，腾讯业务调整的核心是确定了微信与 QQ 同等重要的战略定位。从微信的发展进程来看，微信"附近的人"和"向附近的人打招呼"两个功能，成功进行了基于 LBS 的推送。不到 2 年的时间已经有超过 3 亿的用户基础，这足以让腾讯笑傲整个移动互联网。腾讯也有理由相信以微信 SNS 作为入口进而拓展 LBS 和 O2O 相关业务是正确的。不难看出腾讯正在打造一个"微信＋SOSO 地图＋财付通＋QQ 美食＋QQ 团购"的产业链条。腾讯公开承认：基于手机 QQ 和微信，我们做了大量跟 LBS 有关的服务，目前接口数字增长到每天对 LBS 调用 7 亿次，二维码是腾讯整合线上和线下业务的关键入口。

在这里不得不提及两类公司。一类是以高德地图为代表的传统地图厂商。高德地图目前主要的盈利已经开始向 LBS 转移。高德地图的市场份额牢牢占据了第一的位置，这点可以从谷歌、微软和苹果地图的发展中得到印证。在 iOS 6 系统中,苹果剔除了内置多年的谷歌地图而和高德合作,而谷歌仍推出适用于 iOS 6 的第三方地图应用供用户下载。可以预见不远的未来,图商将成为传媒与平台企业的重要部门。在地图领域颇有研究和建树的 PPTV 掌舵人陶闯,未来将可能成为掌舵娱乐视频行业和 LBS 业务的明星级人物。

另一类是以阿里巴巴为代表的电子商务企业。电商已经开始进行娱乐化发展,阿里借鉴腾讯架构重组在所难免,SNS 成为主要入口是大势所趋,京东开始卖数字音乐,融媒体营销成为常态。根据阿里巴巴的战略定位,阿里未来的业务将向 SNS 方向侧重,阿里更是联合花旗银行投资生活信息服务平台丁丁网,并称看好其 O2O 业务的发展前景。未来的阿里集群将成为"口碑＋支付宝＋地图＋丁丁网"模式的社交化的电子商务平台,像拍拍和淘宝本质上只是一个商品信息组织的平台,而类似微信这样的平台能让服务者和被服务者之间建立直接联系,这或许会成为最大的信息中心。同理,这或许就是未来 10 年电子商务发展的主题。

近几年来,阿里的外网入口曾经一度被 360、腾讯、新浪微博、蘑菇街、美丽说等占据,阿里从别的地方拿不到更好的流量,只能花钱去买。随着微信、新浪微博在 O2O 领域的布局,阿里也将受到来自微信和微博的挑战。以前主要还是微信、微博、大众点评的用户圈地竞争,而当今,是微信、微博、今日头条三者对整个 O2O 产业生态资源获取的竞争。微信借助在腾讯母体下的渠道优势,通过公众账号的形式,让商户主动在微信平台上建立信息库,并通过腾讯擅长的社交,来完成用户对商户的口碑影响力。

四、BAT 娱乐营销转型的启示

(一)平台＋内容的交互性提升

平台和内容的融合发展并不意味着对"平台为王"或"内容为王"逻辑的否定。相反,在互联网文化产业各企业平台和内容平衡发展的大环境下,这种逻辑更具市场效能,因为"平台为王"和"内容为王"成立的前提是在其内容

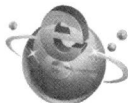

或平台条件势均力敌的情况下,谁的平台或内容更胜一筹,谁就更容易占据市场。在关注平台和内容的平衡发展趋势时,就不得不着重关注内容版权的保护问题,这对产业市场的良性生态具有至关重要的作用。随着一系列政策法规的发布,市场内容领域的秩序性不断增强,这给产业创新提供了坚实的环境基础。如网络文学行业:一方面,长期阻碍行业发展的盗版侵权行为受到严厉打击,版权环境得到显著改善,在这基础上,其商业模式也就逐渐由一次性售卖转向对内容的深度、长线开发;另一方面,引进了越来越多的跨界融合开发,充分实现了内容的产业链开发,达到了市场效益的最大化。

(二)娱乐作为营销的重心

传统营销容易引起消费者的视觉疲劳和思维迟钝,任何强加的信息传递都无法成为有效的传播方式。现在的消费趋势是"跟着感觉走",靠娱乐的体验潜移默化地与消费者融为一体,在购买时才能达成默契与习惯。娱乐营销是全民参与的,它调动了不同阶层、不同目标消费群体的参与积极性,最终实现消费者对品牌的情感增值。娱乐营销传播遵循兴趣、影响、个性、互动性、整合性和创新性的原则,把握消费者的心理认知,通过娱乐活动来解读态度,并将其最终转化成消费者的实际消费行为。

品牌娱乐化是一种品牌通过多彩的娱乐平台,与消费者实现最契合的情感沟通和多元互动,在整个"营销生态圈"内相互影响、融合的生动化营销方式。与传统的品牌营销相比,品牌娱乐化具有天然的独特性,品牌、受众契合度高,形式灵活多样,与消费者互动更具实际可操作性;品牌渗透性更强,影响力更持久,同时将品牌价值和品牌特征阐释得更加彻底、更加完美,真正实现了品牌投入产出最大化,娱乐营销价值最大化。

(三)商业模式和营销模式并行

在文化产业的生态布局中,IP常常是一条产业链的核心所在,拥有优质的IP资源就可以在此基础上延长产业链,在多个领域中取得竞争资本;在产业链中生产出的优质内容可以反哺产业链上的每一个环节,促使内容与价值生生不息地循环流动,实现内容与价值双赢。

　　IP产业链延伸可以推动"电商＋视频"的营销模式。互联网和电子商务冲击与改造诸多传统行业的同时,给娱乐产业也带来了很大改变。阿里巴巴和优酷土豆结成战略联盟,提出以"电商＋视频"的创新模式重塑视频营销,将娱乐内容与消费行为打通。比如,消费者看到《舌尖上的中国》播出的美食之后,视频会告诉你在哪里可以买到这种食品,这会在一定程度上刺激观众的购买欲,增加产品的营销有效性。"电商＋视频"的营销模式又可细分为"网红＋直播＋电商"和"微视频＋社交＋电商"的具体营销策略。网红产业下的"网红＋直播＋电商"的视频营销模式,可为电商平台吸引巨大流量,利用粉丝经济进行视频内容扩散,达到销售转化。"微视频＋社交＋电商"以网络技术为支撑,根据平台用户的特征属性和消费行为,将其划分为不同的虚拟受众群,加之微视频的广泛传播,使媒介情境和受众群体不断扩大与重叠。

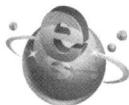

第十章　版权交易与艺术授权

　　"娱乐业以创意为基础,通过版权保护将行业结合在一起;同时,版权又使得内容拥有者可以行使授权、接受赞助等权利,从中获得巨大的经济收益。"①知识产权(IP)尤其是版权,既是文化企业核心竞争力的基本源泉,又是互联网娱乐营销的基本依托。当今,互联网背景下电视节目的版权交易已成为国内外电视节目在传统的"出售受众"换取广告投入、出售节目内容、以节目为载体成立相关的观众俱乐部等营销方式之外的一种崭新的节目交易方式。艺术授权也改变了传统意义上的娱乐,行业对创意和艺术的利用方式,成倍地提高了版权的经济效益,成为文化产业的最大增长点。保护知识产权是艺术授权链条得以顺利运行的保障,只有尊重知识产权,建立完备的法律保护体系,才能促进艺术授权的全面开启。

一、版权交易与艺术授权发展

　　知识产权是整个娱乐营销行业顺利运作的关键。"知识产权可细分为两大类:一类是工业产权,包括发明(专利)、商标、工业设计、产品的地理出处;另一类是版权,其范围涵盖文学艺术家所创作的作品,包括小说、诗歌、戏剧、电影、音乐、图画、摄影、雕塑,以及建筑方面的设计等。与版权相关的知识产权还包括文娱人员的演出、音乐创作人员所制作的唱片、广播电视界人士的

---

　　① 埃尔·李伯曼,帕特丽夏·埃斯盖特.娱乐营销革命[M].谢新洲,等译.北京:中国人民大学出版社,2003:15.

广播电视节目。"①一般而言,知识产权(IP)包括版权、专利、商标、设计、商业秘密等,而版权是文化产业知识产权的核心。国内版权交易与艺术授权,以电视节目、艺术品、影视、图书为主。另外,版权交易中心作为文化产业融资平台,也在快速发展中。

(一)版权交易领域

版权交易是由著作权人将其对作品拥有的部分或全部经济权利通过许可、转让等方式授权给使用者的经济行为,是一种无形资产交易。概言之,凡是通过作品的版权许可或转让行为获利的交易行为都是版权交易(包含艺术授权)。

1.电视节目模式版权交易持续旺盛

近几年,《中国好声音》凭借其独特的转椅、大牌的评委、高质量的声音、煽情的故事,依然活跃在电视荧屏和社交网络上。是什么让它成为最火的选秀节目?《中国好声音》的模式是否受著作权法保护? 如果受著作权法保护,其著作权属于谁? 如果不受著作权法保护,为何又有浙江卫视花重金购买版权的说法?

《中国好声音》的节目版权来源于荷兰 Talpa 公司的 *The Voice of Holland*,后来 IPCN 公司取得 *The Voice of Holland* 节目模式的版权代理商资格,国内灿星制作公司从 IPCN 公司取得《中国好声音》在中国大陆的制作播映权。得益于《中国好声音》的热播,浙江卫视周五黄金时段广告的价格直线上升,该节目冠名费跃升至 8000 万—9000 万元。不过对中国电视业来说,商业价值固然重要,节目本身的工业化流程更是一桶金。《中国好声音》原版节目 *The Voice of Holland* 在制作过程中,创意实现的所有步骤都被事无巨细且规范地记录下来并形成文本,甚至连他们录制第一期时的时间表,每天的工作计划,选手招募的经验、教训等,都被整理成文。在每一个作为商品售卖的节目模式里,都会配上被称为"节目模式宝典"的文本。

---

① 埃尔·李伯曼,帕特丽夏·埃斯盖特.娱乐营销革命[M].谢新洲,等译.北京:中国人民大学出版社,2003:270.

《中国好声音》属于节目模式版权交易。节目模式版权和普通版权不同，节目模式引进合同是综合性的合同体系，包括商标许可使用，美术作品授权，技术，劳务甚至货物买卖，等等。国内节目模式版权的缺失，或许与电视节目没有既定的操作流程规定，无法形成固定模式也无法输出有直接关系。然而，随着《中国好声音》的走红，越来越多的电视台跟风，形成引进国外优秀电视节目模式版权的热潮。"各卫视引进综艺节目模式"的盘点表[1]就涉及 20 档引自英美等国电视版权的节目。在国内，电视行业与国际电视模式的首次接触始于中央电视台购买英国具有 30 多年历史的博彩电视节目《Go Bing》。中央电视台在对其进行改编后打造出风靡一时的《幸运 52》，在收视率和影响力方面获得双丰收。后来，湖南卫视推出了以《美国偶像》为原型制作的《超级女声》，带动了国内电视平民选秀的风潮。

电视节目模式交易，与其说是版权交易，还不如说是商业战略安排。首先，很多在国外成功的综艺节目，并不是从表面上模仿就能达到预期的效果的，大量的操作细节和技术技巧隐藏在幕后。既然别人的商业模式很成功，我们模仿就要模仿到位，否则，东施效颦，画虎不成反类犬。这显然是电视台最不愿意看到的。其次，电视台的形象和声誉也是一个很重要的因素。一个正在热播的电视节目如果突然被版权方告上法庭，这势必会让该节目的观众对其的印象大打折扣，也会影响该节目甚至该电视台的形象和声誉，这对电视台来说显然是得不偿失的。

《中国好声音》《中国梦想秀》《中国达人秀》《中国好歌曲》……一个个冠以"中国"之名的火爆综艺节目，实际上却是各种海外成功综艺节目的"中国版"。然而，"中国版"节目的火爆甚至超越原版，继而引发了许多利益博弈。"节目模式版权交易"的提出，源于其背后所蕴含的巨大市场。由于对海外节目版权购买的火爆，此类版权公司如雨后春笋般快速生长。但在出现《中国好声音》等海外节目模式引进的成功案例后，越来越多的版权代理公司开始将业务从"节目版权交易"转型为"节目模式交易"。荷兰授权方眼红《中国好声音》在我国本土的成功，已经不满足于出售节目模式。《中国好声音》在进驻中国之后，浙江卫视对《中国好声音》节目也进行了二次创新，使其本

---

① 陈少峰.中国文化企业报告 2013[M].北京:华文出版社,2013:158.

土化元素更为丰富,也更适合中国市场。因此,节目方应尽早注册国内相关商标,以防未来国外版权方要求反购"中国版"节目,掌握"分蛋糕"的主动权。

2. 版权交易中心趋于多样化

伴随着知识产权越来越受重视,国内各种版权代理商或中介机构如雨后春笋般纷纷建立。比如,2013 年 5 月青岛国际版权交易中心正式成立。它是由国家版权局下属中国版权保护中心在山东设置的唯一的国家级权威分站和中心,总投资 6 亿元人民币。青岛国际版权交易中心是山东唯一可以为计算机软件制证、发证的国家权威机构,也是山东省最权威的著作权登记和发证机构,可以为全国、全省的旅游、软件、音乐、图片、摄影、漫画、动漫、电影、工业设计、电子线路板设计、艺术设计、艺术作品、油画和书画、数码作品、网站、创意模式等所有创意产业和版权要素提供版权登记、代理、发布、制证、交易和版权投融资服务。

为拓展壮大全国版权要素市场,进一步提高版权规模化、集约化、专业化运营水平,推动全国版权要素市场建设,扩大版权交易规模,规范版权交易市场,促进版权要素资源跨界开发,全国版权交易市场各成员单位共同发起建立"方向一致、互助协作"的联动机制,推进服务平台专业化、交易模式标准化、认证体系权威化和信用体系社会化的进程,提高版权流通集约化水平,创新版权服务机制、信用机制和运营机制。由此,覆盖全国的版权产业要素市场布局形成,中国版权保护中心、北京东方雍和国际版权交易中心、北京产权交易所、广东省南方文化产权交易所、浙江文化艺术品交易所、江苏省文化产权交易所、广西文化艺术品产权交易所、天津文化产权交易所、陕西文化产权交易所、吉林省文化产权交易所、青岛国际版权交易中心、昆明元盛文化产权交易所、南昌文化产权交易中心等会员单位曾出席版权年会,新华社金融信息交易所、山东文化产权交易所、宁夏产权交易所、西安电视剧版权交易中心、深圳市中外版权交易中心等相关机构也有参与。它们共同推动"版权云"建设,建立版权资源公示平台和版权签约认证平台,推动建立企业版权管理联盟和版权托管处置联盟,这将有效推动全国版权交易共同市场的发展壮大,做大全国版权产业规模。

当前国内版权交易中心已经涉及图书、影视、音乐、动漫、艺术品等文化

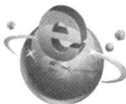

产业所有领域,开启无形资产质押融资的通道,为众多小微艺术企业提供无抵押、无担保、低成本融资服务,为文化企业的交易、衍生品开发、出版、展览、宣传等项目提供资金支持,同时艺术品评估体系及版权交易中心的版权评估体系可进行项目评估,以降低融资的信用成本和风险,为文化企业和艺术家的业务发展提供新的助力。

3.版权成为并购的核心

文化产业领域的项目或企业,主要看中的是内容、版权和品牌(以版权为核心)。例如,2013年5月奥飞收购喜羊羊品牌,并与美国孩之宝合作,加上本身拥有的嘉佳卡通、澳贝玩具,以及儿童服饰等衍生品,公司已成为动漫产业的领头羊。内容和版权成为该次收购的关键词。无论是通过收购内容、向社交网站提供经费支持还是在世界各地建立新的伙伴关系,版权市场呈现强者愈强的趋势。

4.图书版权交易平稳发展

图书版权交易以出口贸易为主,集中在北京及沿海地区。北京、上海,以及其他沿海地区的版权交易占据了全国版权交易量的大部分。根据国家版权局的统计,近几年引进版权最多的地区为北京、上海、湖南,版权输出最多的地区为北京、上海、吉林。总体而言,东北、华北和东南沿海地区经济比较发达,文化资源丰富,版权交易比较活跃,而广大中西部地区版权交易量较小。从领域看,数字出版交易势头强劲。例如,截至2012年清华同方技术有限公司开发的"中国知网"已收录了中国内地公开出版的90%以上的学术期刊资源,形成了源数据库、行业知识仓库等4个系列40多个品种。其中,面向海外出版的产品有20多种,拥有中文简体、中文繁体、英文等多种语言版本。

但是,我国图书版权交易存在一些问题:第一,图书版权交易起步晚,版权输出数量少,质量不高。总体上我国图书版权输出还是以传统文化、传统医学、美术典籍居多,而高科技类以及能够反映中国当代风貌的作品不多。第二,贸易形式单一。目前,图书版权交易主要通过书市、书展等活动进行,没有形成常态化的模式。90%以上版权交易合同是在北京国际图书博览会、上海版权交易洽谈会、伦敦书展、法兰克福书展等展会上订立的。然而,图书博览会的举办时间有限且是定期举办,仅能为出版商提供沟通、展示产品的机会,并不能作为版权输出的主要渠道。因此,缺乏版权交易平台成为制约我国版权交易发展的极大障碍。第三,缺乏优秀的版权交易人才。优秀的版权交易人才不仅要精通版权法律知识,熟悉我国的著作权法等相关的法律法规,了解有关的国际公约内容、成员国情况,能迅速了解谈判对手所属国家和地区的版权法,而且制订合同要严密合理,保证版权交易过程中既不侵犯他人版权也能保护自身版权,还要能够准确地把握出版市场以及其他版权市场动向,并迅速做出判断,将版权作品成功引进或输出后,能及时有效地运用营销手段将其转换成市场的畅销产品。

(二)艺术授权领域

艺术授权是创意及知识产权的延伸,也是拓展文化产业链的重要形式之一。例如,近几年国际艺术授权博览交易会产品种类涉及原创授权、馆藏授权、国际动漫授权、传统艺术授权及当代艺术授权等领域,提供一对一的交易洽谈服务,让授权品牌真正与市场需求对接。通过艺术授权形式,"生活美术馆"的新理念不再是幻想,而是可以实现的。新开发产品在保证原有功能性的同时增添了很多文化韵味和家居美感。

互联网文化企业也越来越重视艺术授权。比如,腾讯游戏的娱乐战略,是以知识产权授权为核心、以游戏运营和网络平台为基础进行的跨领域、多平台的商业开发与运营模式。娱乐战略布局的基础是腾讯游戏海量用户、旗下丰富平台资源,具体布局包含知识产权运营、跨界营销、娱乐平台3个方向。腾讯旗下阅文集团通过与中移动合作、下载收入给作者分成等形式,大大拓展了文学作品的产业价值。腾讯作为国内最大的互联网内容提供商,从网络游戏切入互联网其他产业,先后布局网络文学、视频、影视和移动终端等环节,拥有了包括版权、专利、商标等在内的大量知识产权。以游戏业务为例,除联合运营的游戏外,腾讯游戏独立开发或收购了包括单机游戏、传统网络游戏和网页游戏在内的多款游戏,并为大型多人同时在线游戏做了版权登记;文学业务方面,作为中国最大的在线中文写作平台的阅文集团,拥有百万以上作者的原创作品版权。

二、比较借鉴与趋势分析

由国内反观国际,版权交易与艺术授权也是方兴未艾,已经成为全球文化产业发展的重要支撑。

(一)电视节目版权交易的趋势

电视节目具有知识产权属性。在互联网背景下电视节目的版权交易已成为国内外电视节目在传统的"出售受众"换取广告投入、出售节目内容、以节目为载体成立相关的观众俱乐部等营销方式之外的一种崭新的节目交易方式。

1. 全球节目模式交易持续活跃

电视节目属于国际贸易中的服务贸易范畴,与之相关的国际性协议主要是《服务贸易总协定》和《与贸易有关的知识产权协定》。在世界贸易组织的有关条例中,电视节目属于受保护的商品范畴,其版权交易有广阔的市场前景。各国电视业为了降低制作成本,并获取较高收视率,都希望购买有智慧含量和创新品质的先进而有效的电视节目,并经过本土化的改造,形成本土化的电视节目。这较自行研发全新的电视节目,要经济、快捷得多。因此,对电视节目的引进,已经成为各国电视业以低成本制作电视节目,以及直接购买成品电视节目之外的一种有益和有效的补充。

近年来,全球电视节目模式市场发生了剧烈变化,行业内部快速整合对业务产生了较大影响,节目制作公司的并购扩张和节目模式的国际交易空前活跃。当前全球节目模式交易类型集中于娱乐类节目和纪实类节目,两者共占60%的市场份额。此外,虚拟类节目占40%的份额。

其中,英国是节目模式出口第一大国。英国非常重视电视节目的开发,通过向同行出售电视节目的版权,获利不菲。英国广播公司(BBC)有一系列围绕电视节目的改革措施,其中包括:节目制作人应该成为公司的核心;公司85%而不是76%的资金应该花在节目上。英国的电视节目屡屡成为全球的标志性节目,使英国电视业界看到了开发新的电视节目的前景。出售电视节目版权已成为英国电视界的一大财源。

德国、荷兰等国家的节目模式交易市场也比较活跃。德国排名第一的商业广播商 ProSiebenSat.1 集团成立了新的控股公司红箭娱乐集团,以扩大其国际制作、节目发行和开发业务。红箭旗下已经拥有一系列的本土节目制作公司,后又投资美国,进军北欧,在美国和瑞典分别合资成立了节目制作公司。荷兰跨国媒体公司翰·德·莫尔与美国华纳地平线电视达成协议,联手为美国各大有线网和电视网制作各类真人秀和游戏类节目,将约翰·德·莫尔所拥有的节目模式在美国进行本土化生产。目前翰·德·莫尔联合华纳兄弟国际电视制作公司进军英国市场,与索尼达成协议,进军中东和北非市场。欧洲最大的广播公司和内容生产商 RTL 集团旗下子公司弗里曼特尔媒体公司与日本富士电视台达成合作协议,为全球市场合作生产和发展新的电视节目模式。

2. 竞争推动节目模式不断创新

全球节目模式交易市场空前活跃,无论是签订节目创意交易合约,还是兼并和收购,创新都将是内容制作发行公司成功的关键。各独立制作公司更是需要保持高度创新才能生存,传媒巨头和独立公司都在努力应对未来电视节目模式将要面临的挑战。

近年来,众多美国影视制作公司开始进入节目模式市场,或投资外国节目的本地制作,或从事节目模式的销售。华纳兄弟公司获得了英国影视公司赛德(Shed)媒体的大部分股权,其中包括赛德制作公司、二十有限公司、赛德苏格兰公司和赛德美国公司。索尼影视也开始专注于扩大公司势力,在巴西成立一家合资公司——森林公司(Floresta)。这家位于圣保罗的公司负责索尼影视在巴西有脚本和无脚本节目模式的生产制作。此外,索尼影视还增加了对荷兰独立制作公司图瓦卢(Tuvalu)的投资力度,支持其模式创意,获得其模式版权。

节目模式市场也面临来自独立制作公司的竞争。火花网正是由来自世界不同国家的公司成立的一个电视节目销售和发展网络。2011 年,火花网吸收了来自芬兰的新成员 Susamuru 公司,并将扩张的目标瞄准拉丁美洲和美国的西班牙裔市场。其后又跟一个莫斯发行公司签署新的合作协议。美国电视节目制作公司史密斯公司(A. Smith Co.)与日本太阳铁工(Taiyo Kikaku)制作公司签订合约,面向美国和日本市场,共同为电视、互联网,以及其他媒体开发、生产和销售内容。史密斯公司将在美国和其他地方引入太阳铁工的电视节目模式,而太阳铁工也将进一步改进史密斯公司的节目模式,使其更加符合日本和亚洲其他地区观众的口味。

许多新兴国家已经越来越重视节目模式的出口,下一波全球性电视节目模式潮流将有可能从亚洲、拉丁美洲或其他地区产生。电视节目模式市场日趋激烈的竞争带动了拉丁美洲的电视市场,节目分销商纷纷加入娱乐类和有脚本类节目模式的本土化生产,大大增强了当地节目的多样化,从而拉动了全球节目制作产业的发展。

3. 版权保护机制逐渐形成

在欧美地区,尤其是在欧洲,节目模式的生产与销售已经成为电视市场竞争中一个新的经济增长点和盈利领域。然而,在相当长时间内,节目模式并未作为知识产权受到应有的法律保护。但在实践中,电视节目模式的交易需求越来越大,而交易的前提是承认版权的存在,并且以在一定范围内的版权许可方式进行交易。

当前,国际贸易协会FRAPA是保护电视节目模式的一个重要组织。协会的主要职责是促进电视播出机构、节目制作公司和节目销售公司对节目模式的认可,保护其知识产权。FRAPA由来自世界各国的100多名会员组成,这些会员主要是节目模式的创立者、制作者、经销商和播出商。如果会员不履行其加入协会时承诺的义务,那么其有可能会被成员会议开除。FRAPA在建立之初就设立了节目模式注册机制。节目模式的创作者提交能够说明模式细节的方案、脚本、故事大纲或者视频文件,通过这个系统进行注册就能获得该协会的保护。一旦发生剽窃节目模式的争议,经过注册的节目就可以利用FRAPA提供的调解机制保护自己的权益。尽管这种调解仅仅促成争议双方达成一致意见,不具法律效力,但目前调解已经成为FRAPA保护节目模式最有力的手段,提交到FRAPA的争端80%已经能够通过协商签署解决方案。[①]

---

① 黄威.电视节目模式的版权交易与保护[N].知识产权报,2013-07-23.

（二）艺术授权的发展趋势

狭义的艺术授权是授权者将自己所拥有或代理的作品或艺术品等以合同的形式授予被授权者使用,被授权者按合同规定从事经营活动,并向授权者支付相应的费用。

1.艺术授权的综合效益日益突出

艺术授权使得艺术品的价值得以附加到不同领域的产品、企业形象之上,提升其市场竞争力,促进其经济实力的增长;同时,这样的经营开发使得艺术品的经济价值得到了更好的发挥,在同一艺术品上,衍生出更多的可供授权选取之处,将市场与艺术相联结,给艺术品开发、创造主体带来了动力。

从艺术传播上看,艺术的接受包括艺术的消费、鉴赏和批评,是艺术活动的终点,也是艺术家及艺术作品内在价值获得最终实现的根本途径。艺术授权,将知识产权从静态引入了动态领域,使得更多的人能欣赏到其艺术作品,不再受原作所有权的限制,这更利于艺术的传播。不管是传统文化艺术遗产还是新兴的文化艺术成果,都有潜在的价值,都拥有市场的需求。从社会效应上看,艺术授权具有显著的综合效益:一方面,艺术授权使一个国家或城市的艺术得到宣传,提升其创意形象,吸引更多人关注;另一方面,艺术授权运作中需要各领域人才共同努力,一定程度上刺激了行业的发展与合作,也利于创意人才的培养、就业压力的缓冲等。

2.知识产权保护成为艺术授权的核心

美国学者佛罗里达在其著作《创意阶层的崛起》一书中提出"创意阶层"的概念,认为在社会上,阶层结构已经发生变化,除了传统的劳动者阶层、服务业阶层之外,一个新的阶层已经兴起,即创意阶层。与劳动者阶层、服务业阶层相比,创意阶层工作方式更加灵活、更具有创造力,时常有新的想法、新的尝试、新的技术,成为各行业的知识密集型人士。对创意阶层而言,其智力劳动成果占据了该阶层产出的重要部分甚至全部,这些劳动成果是凝结在商品中的无形资产,使普通商品获得巨大的附加值,在市场中形成良好的经济效益。艺术授权的本质是以创意来激活艺术品利用中的巨大利益回报,即通过创造力的投入,来增大商品附加值,提升竞争力。因此,在艺术授权的链条之中,创意阶层逐渐成为主力军。

知识产权保护是艺术授权中最核心的问题。发展文化产业,以"创意"为代表的文化创造力成为比资金更重要的资源,而对创造力的吸引与培养离不开知识产权。艺术授权具有创意研发设计投入高、被拷贝成本低的特点,如果知识产权得不到保护的话,那么创意人员在创作过程中所耗费的大量投资(包括研究、开发、设计、制作等各个环节过程中所花费的人力、物力及财力)便难以收回,甚至会被白费掉或被别人抢先窃取。倘若如此长期下去必将严重影响到文化产业和产品的持续发展,并且难以进一步激发创意阶层的创作积极性,反而会严重挫伤他们的创作热情。因此,知识产权保护是艺术授权全面开启和得到进一步发展的关键。加强知识产权保护,能为艺术授权提供良好的外部环境,也是吸引创意阶层加入城市发展的一个重要前提。

总之,艺术授权改变了传统意义上对创意和艺术的利用方式,成倍地提高了著作权的经济效益,是文化产业的最大增长点。中国文化产业起步比较晚,创意阶层在这一进程中将至关重要,正是这一阶层的创造力,艺术授权才得以运行。在这样的形势下,保护知识产权成为创意阶层保护创意设计的需要。这保证了创意的热情,鼓励了创意阶层的产出。同时,保护知识产权也是艺术授权链条得以顺利运行的保障,不管是创造设计环节还是其后的开发销售等环节,无不涉及方方面面的知识产权问题。只有尊重知识产权,加强对相关问题的调整,建立完备的法律保护体系,才能促进艺术授权的全面开启。

三、相关对策思考

结合对版权交易和艺术授权的发展现状、发展趋势的分析,我认为要促进其健康发展,需要重点从如下几个领域进行相应的改进或转型。

（一）电视节目模式版权交易

1. 从模仿到借鉴到创新

我国的电视综艺类娱乐节目在经历了快速的发展后遇到了瓶颈。基于这一现实，电视节目模式创新，是电视业自身发展的必然趋势。研究世界电视发达地区的电视节目制作规律，借鉴电视发达国家的电视节目模式，并由借鉴逐渐步入自主创新，应成为各电视节目制作机构的共识。

海外电视节目模式提供了完整的节目框架和制作流程，具有很强的可操作性。从它们那里，可以在节目形式、内容及创作思路等方面得到许多有益的借鉴和启示，这有助于我国电视节目的改革和质量的提高，对国内的观众确实也有一定的吸引力。正式引进版权，可以学习和了解国外电视业的最新"王牌"。比如国外关于真人秀节目的纪实性拍摄方式和注重细节、通过海量素材来剪辑节目的方法，都颠覆了此前国内电视综艺节目的常规制作手段。对电视台而言，在引进国外版权的过程中，还可以学习国外节目的制作方式，让自己的团队得到更快的成长。

从简单模仿到正式引进版权的进步过程，其实也是国内电视台逐渐认识到节目模式真正价值的过程。节目模式版权商不仅能带来已经过海外市场检验的节目设计，而且会派出制片人提供指导，让制作过程少走很多弯路。而他们提供的原节目中的素材，如音乐、视觉设计、电脑特效等，本土制作方也能直接使用，节省制作成本。更重要的是，在全球化的背景下，一档成功的电视节目也往往是一个具有全球知名度的品牌。在获得模式授权的情况下，制作方可使用节目品牌作为营销手段，在寻找节目赞助商和广告商、提升节目知名度等方面都能如虎添翼。

电视台疯狂购买国外版权现象的背后，隐藏着一个问题，那就是我国电视节目体系亟须创新模式。如果一味跟风引进国外节目的版权，将会导致很多电视节目出现同样的模式而趋于同质化。引进海外电视节目模式可以作为我国电视业学习国外先进科学的节目生产机制、创新节目形态的一种过渡性选择，但通过引进实现节目创意研发的升级再造，建立起原创节目的开发机制，才应是我们真正的目标。从山寨抄袭到版权引进，从自主创新到开放

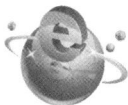

型创新,从普遍撒网到量身定制,从引进精英到引进团队,从自产自销到公司合作,从节目竞争到管理变革,电视节目正在经历着嬗变。

从发展趋势看,未来三四年,节目模式引进会成为电视台吸引观众的一大招数。同时,引进国外节目会让国内电视人得到成长,再过五六年,原创节目会成为主力。其实,电视节目模式仅是一系列电视节目的制作框架,成功的电视节目模式要紧跟时代潮流,反映社会文化的发展趋势和时代变迁。

2. 从制播合一到制播分离

《中国好声音》的制作使用的是中国电视史上真正意义上的制播分离模式。其播出平台为浙江卫视,引进版权及制作团队则是灿星文化传媒股份有限公司。以制作方和电视台共同投入、共担风险、共享利润,导师当股东、享受分红等,更加适应市场环境。此前多数节目中,广告收益始终属于电视台,而制作公司只能赚取一定的节目制作费用,这就导致制作公司在制作上"节流"。资金不充足,节目质量也就难以得到保证。《中国好声音》和浙江卫视的合作则是国内首个投资分成的合作模式,所有的节目投入、版权和制作费都由灿星文化传媒股份有限公司制作承担,双方实现"风险共担,利益共享"。基于制作成本、节目品质、收视率及双方最终收益等要素间的正相关性,合作最终以高昂的制作费用保证了节目质量。事实证明,这样的合作模式大获成功,《中国好声音》播出3期就已收回前期耗费的巨额制作成本,这无疑开辟了中国电视制作合作模式的一个先河。

制播分离的前提必须是制作和播出方都是平等的市场交易主体。电视的核心业务是节目的制作和播出,电视业的发展关键在于竞争机制,制播分离模式带动了市场竞争的运转,市场成为最公平的主体,电视真人秀等综艺类节目市场无疑成为最具说服力的评判。事实上,《中国好声音》之类的电视节目,其制作成本的确不亚于一般制作的电影作品。制作方从外方获得授权书的同时会获得节目说明书。说明书详细介绍了节目情节设计、台词脚本、灯光、音乐、流程等信息,且授权方有专人进行现场指导、参与节目的制作等环节,确保节目的道具、舞台、声光等效果。节目中,有故事、有人物、有情节、有高潮,反映了创作人员独特的艺术视角和表现手法。

从长远来看,制播分离只是一种手段,内容创新才是目的。随着经济全球化的发展,真人秀之类的电视节目在国内一度发展迅速。但是真人秀来源于西方,在西方文化和市场的双重背景下,节目中渗透的是西方的意识形态。中国国情不同,若缺乏创新能力,移植复制势必会产生与中国传统文化和审美习惯之间的矛盾。在国外参与者中,对于"真"的演绎似乎更加自然,西方电视制作者巧妙地通过电视过程处理,淡化了真实与虚拟的界限。在中国,由于文化和人口素质的差异,真人秀电视节目的尺度还比较难掌握。消费文化是一种快感文化,消费者的口味在不断发生着变化。作为文化传播的载体,大众传媒必须制作出常变常新的节目,竭力吸纳一切有消费价值和娱乐潜能的资源,以满足受众的需求,使节目获得生存与发展的空间。因此,中国的真人秀节目在借鉴国外节目模式时,需要不断结合自身的文化传统、创新思维,推出属于本国的新模式。真人秀这类节目带动了全国文化产业的发展,构建起庞大的价值链系统,对中国的娱乐经济和娱乐工业模式有着重大意义。同时,真人秀节目给观众带来了娱乐,给电视台带来了收视率,给商家带来了商业机会,这就需要电视从业者合理把握每一环节的尺度,在本土化改造的过程中把握道德底线。作为日渐广泛的娱乐节目形式,真人秀节目对大众传播的影响是有目共睹的。如何让一档节目在竞争中经久不衰,拥有自己独特的品牌价值,对国内各大电视机构来说,都会是个新挑战。[①]

3.细化著作权保护规则

中国作为发展中国家,在知识产权的立法与管理方面,在法规的执行和监督方面,与其他发达国家和地区相比,尚有一定距离。同样,由于立法的相对滞后,中国电视节目在申请专利和版权保护方面明显受到一些客观条件的制约。

创意属于思想的范畴,著作权法只保护表达方式,不保护思想。电视节目的这些有形的、可见的节目元素、节目流程、结构方式、主持方式和包装方式等很容易被模仿甚至复制。虽然从法律上讲,抄袭思想并不属于版权侵害行为,版权侵害行为只有在节目形态中的所有或大部分元素均以一种很明显的方式被抄袭时才成立,但到底有多少元素被抄袭才构成侵权又很难界定,只能视具体情况来分析。而每一个行业还存在自己的行业规范和游戏规则,

---

① 王琴.我国电视节目模式版权交易现状思考[J].长江大学学报,2013,36(3):189-190.

从业者只有遵守这些规范和规则，才能保证全行业生态的有序、良性、健康、稳定。

电视节目模式版权侵权难以查证。一方面，我国没有对电视节目模式版权进行规定；另一方面，在我国，在著作权法领域奉行思想、表达二分法，著作权法并不保护抽象的思想、观念、创意等元素，而只保护以文字、音乐、美术等各种有形的方式对思想的具体表达。《中国好声音》之类的电视节目模式仅仅是一个创意，比如转椅、盲选、大牌评委、背后故事渲染等，其充其量只能是一个或者数个思想，是不受著作权法保护的，也就容易出现盗用或侵权的现象。但思想与表达是一个从抽象到具体的过程，两者之间的界限也并非完全清晰，具体到怎样的程度才能构成表达都需要具体分析。

中国加入世界贸易组织后，文化产业对外开放的广度和深度得到拓展，影视节目的版权交易在传媒产业不断升级的态势下将成为常态。为了使电视节目版权交易正常而有序地进行，电视节目知识产权保护仍会成为其中的焦点。因此，政府要根据现有的知识产权保护法规，针对电视节目创意、节目形态的特点，研究制定保护节目产权的专门法规和细则，加强对电视创新节目知识产权的保护。一方面要努力增加电视内容产品专利数量，提高专利质量，积极促进节目创意技术标准的制定；另一方面要着手构建统一高效、覆盖全国的电视内容监测网络，打造全国电视节目市场监控平台。

（二）图书版权交易

1. 加大对版权交易的政策支持

政府出台更加有效的激励措施，进一步扩大对版权输出的资助范围和资助金额。我国图书版权交易发展面临的首要任务是推动创新，激励广大作者创作出更多好的作品。应重点多输出一些反映当代中国人生活的文学作品和学术著作。虽然目前我国输出的图书版权数量显著增长，但还缺少在国际市场上比较畅销和有影响力的出版物，应在提高输出数量的同时，更加注重扩大出版物的影响力，争取打造世界级的畅销出版物。其次，政府应在推动作品便捷交易和传播方面加强调研，推出新的举措。如为作者和使用者搭建规模更大的交易平台，使作者创作的作品可以直接进入数据库，让更多的使用者更便捷地与作者进行交易,或在使用者和作者之间建立第三方评价机构,推动作品的交易和传播。此外,相关部门应通过设立专业补偿基金、基于免税等的优惠政策,鼓励企业输出精品。建立并完善相关行业协会的各项职能,在版权交易的具体细节、信息提供和数据统计上提高服务水平并为企业提供培训、咨询等各类服务。

2. 健全版权中介机构

版权中介机构在版权交易中起着重要的桥梁和纽带作用,也是国内出版企业获取海外版权信息,以及走向国际市场的重要窗口。在版权交易中,专业的版权中介机构可以协调各方关系,平衡各方利益,促成贸易合作。通过版权中介机构进行版权输出可以降低出版企业版权输出成本,扩大版权输出的渠道范围,提高输出效率。

应完善相关规范及版权代理体系,如健全版权交易中心、版权代理人资格准入制度等,并对现有版权代理公司进行撤销、改造、重组或联合,建立起大型的版权代理公司或者版权代理产业集团。另外,还应培养一批具有相关理论修养和市场营销能力的专业版权代理人才,并进一步拓展版权代理的对象、类型和方式,以应对国外版权代理商抢滩我国市场的挑战。

3. 畅通版权输出渠道

目前,出版企业出口图书要通过图书进出口总公司,出版企业自身无权输出,这就造成了环节的增加、成本的增加和效率的降低,限制了输出的总量。国家版权局应根据新《著作权法》的规定,尽快颁布著作权转让合同的标准样式,规范著作权转让条款,并与国际对接,这样可以使出版企业尽可能得到更多的授权。

各类国际图书博览会是版权信息交流的绝佳平台。出版企业应积极参加,并在展会上向国外同行充分展示国内的优秀出版物。在博览会上,出版界不仅可以零距离地感受国际出版业的变化,探寻其未来的发展趋势,更可以全方位地展示最新的出版成果,捕捉更多的版权输出商机。要积极参与海外大型的图书博览会,选择有代表性的优秀作品参展。了解行业动态和市场需要,加强与世界出版业的横向交流与深层次合作,促进版权交易的发展。

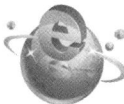

4.培养高素质的版权交易人才

由于版权交易具有复杂性、跨行业等特点,对从事版权交易的工作人员素质的要求也比较高,因此应当高度重视从业人员培训工作,并将培训计划纳入出版专业人员的在职培训规划中。此外,应加大高校相关人才培养力度。高等院校应设置版权交易专业,积极培养能够胜任国际版权交易工作的复合型人才。此外,还应建立有效的人才激励机制,激发版权工作人员的工作积极性和创造性。

(三)艺术授权

艺术授权领域的关键是建立政府—企业—版权授权交易平台联动的体系,确保企业获得的艺术作品版权资源可以进行产品开发和服务推广,确保授权艺术家获得公开透明的第三方服务和相应的经济回报。

1. 充分尊重著作权

艺术品著作权人的确定是授权经营链条中的第一环节,在艺术授权规模下,艺术品的产生不再仅依赖于个别艺术家的创作灵感,而强调打造出一种创作机制,利用复合的创意、投入、合作,使艺术品的产生更加产业化。当然,传统的艺术家创作模式也有必要保留,要让其成为授权经营的源泉之一。因此在这样的环境下,尊重著作权人的权利,确定著作权权属成为首要问题。艺术授权中通常会用展览等方式对作品及衍生品加以宣传,或将其结合到产品中以增加附加值,此时应注意展览权与其他权利的不同之处,对美术作品著作权人来讲,售出原件即转让了原件展览权,对取得美术作品原件的人来说意味着同时享有了其展览权。

2. 健全艺术授权组织

艺术授权组织即处于艺术品作者与销售市场之间的组织,其通过取得艺术品著作权人的许可,面向市场对其进行深度开发,提供给需求者,使授权范围变得更广,实现跨产业、跨区域授权经营,使艺术的价值附加到相应产品上或服务中,实现艺术品经济价值的最大化。

艺术授权组织属于艺术授权的中介,扮演着极其重要的角色,它将艺术品资源引入市场中,并关注市场的需求,同时向艺术品源头反馈市场信息,增加艺术品及衍生产品的供应,形成较大的产业规模,在经济利益的创造链中起着举足轻重的作用。艺术授权组织对艺术品进行加工设计的过程实质涉及对原作品的演绎,由此产生衍生产品。在这样的演绎过程中,应注意依法取得原著作权人的许可,并在此基础上进行独创性的加工,这样才能产生著作权法意义上的新的衍生产品,并得到法律的保护。

3. 保障交易安全

艺术授权中,著作权交易的安全至关重要。若著作权登记制度能日趋完善,发挥出积极的作用,一方面能对艺术作品权属的认定提供重要的参考、证明,另一方面对交易的相关合同进行登记,便捷交易相关人的查询,则可为艺术授权保驾护航,使整个文化产业的发展更加安全有序。通过登记制度提供的信息,政府相关部门可以掌握著作权交易领域的动态,还便于扶持一些重点行业或企业,制定出更为科学有效的政策,促进文化产业的发展。

第十一章　文化企业品牌营销战略

　　品牌是企业市场价值和文化追求的表征,也是企业形象和企业无形资产的荟萃和凝聚,同时更是互联网娱乐营销的核心要素。对于文化企业来说,只有达到产品的美誉度要求,才能真正体现品牌的文化价值;只有具有前瞻性战略眼光、具备追求基业长青的文化自觉,才能塑造出具有消费者忠诚度的品牌。文化企业品牌具有以内容为依托、更突出的外显性、强大的扩展性等特质。文化企业品牌需要知名度、美誉度和忠诚度的完美结合,这种结合必须有意识地加以体现。从内在逻辑看,重视品牌本身是一种文化价值的追求,也体现出该企业的文化创造力。在互联网时代,文化企业品牌在某种程度上是文化产业化和产业文化化的结果,它意味着文化产品或服务的高质量和高附加价值,同时也意味着企业经营管理理念及模式的根本变革。

一、文化企业品牌营销现状及特点

　　品牌是支撑娱乐营销的筋骨。对企业而言,有品牌走遍天下,无品牌寸步难行。品牌是由消费者和市场所认可才得以形成的,拥有品牌就拥有消费者,就拥有文化市场。因此,文化产品的竞争、文化市场的竞争集中体现为文化品牌的竞争。

(一)相关领域的基本状况

　　从整体情况来看,近年来我国文化产品的品牌化程度不断提升,企业的品牌意识显著增强,特别是文化艺术与文化会展活动项目越来越大型化、持续化、品牌化,有效地提升了文化企业的整体价值。

其一,文化产业品牌化正在为我国文化企业的发展集结力量。比如,在出版企业中,上海世纪出版股份有限公司是中国出版业改革中"敢于吃螃蟹"的第一家企业。广州日报报业集团的经营范围涉及图书报刊发行、印刷、连锁店、电子商务、广告等,是中国内地最大的报业集团。南方报业传媒集团作为一个区域性的报企,在中国民众中的影响力和信赖度却大大超过绝大多数全国性的报纸。而在电视企业中,凤凰卫视率先打破了全球信息对西方电视传播的依赖,代表华语媒体名正言顺地跻身国际传媒行列。而湖南卫视作为一个永远让人感到年轻、快乐的卫星频道,成为中国最具影响力的电视娱乐品牌。在动画漫画游戏企业中,蓝猫是三辰卡通集团第一个中国驰名商标,虹猫是中国唯一一个在一年之内一举获得原创动画节目年产量第一、优秀动画片数量第一、节目播出规模第一、产品效益第一的卡通品牌。上海盛大网络公司则在娱乐产业中做着"网络迪士尼"之梦。

其二,值得关注的是,一些传统企业正契合百姓的文化娱乐精神需求,钟情某些文化领域打造产业大品牌。

其三,企业在并购时,品牌往往是最重要的内容,也是企业文化整合需要重视的核心问题之一。

(二)微视频品牌营销

以快手、抖音为代表的微视频正在成为微视频营销新趋势的助推器,快手、抖音给品牌营销带来的新气象,也在一定程度上助推了微视频营销新趋势的到来。

1. 扩大品牌覆盖面

对于任何一个品牌而言,平台用户量的多与少是决定它们是否在该平台投放广告的第一要素,也是它们认为这个平台是否具备广告营销价值的第一衡量标准。那么,对于广大的品牌广告主来说,快手、抖音等微视频最大的营销价值主要体现在平台庞大的用户量上。而且,快手、抖音等微视频的用户增长速度也是非常迅速的。

2.提升品牌转化率

与此同时,用户转化路径的长短也是品牌营销时需要考虑的重要因素,能否覆盖主流优质消费群体是微视频营销价值的体现。快手、抖音的用户质量和微视频呈现形式,大幅缩短了品牌到用户的转化路径,提高了品牌营销效率。

从购买力和转化率来分析,快手、抖音的用户质量也相对较高。快手、抖音的用户画像显示,其用户群体年轻化,女性用户与男性用户的性别比为6∶4,以一、二线城市为主辐射三、四线城市,覆盖了主流优质消费群体。

3.增加品牌互动

快手、抖音上的玩法非常多,能够帮助品牌与用户更好地进行互动,具有深度沉浸感的竖屏视频模式更易于传递品牌信息。快手、抖音提供 15 秒和 60 秒的微视频,加上竖屏视频模式,能有效提升用户的视觉注意力,相比横屏视频模式,点击效果能提升 1.44 倍,互动效果能提升 41%。

同时,快手、抖音还为创意营销提供了更多思路和全新的解决办法,包括品牌主页、创意互动、达人内容定制、主题挑战等。由高质量热门作品向外辐射,能形成场景式营销,让用户从围观到参与其中,自发成为品牌传播的一环,帮品牌打造口碑。比如抖音与 QQ 炫舞合作的主题挑战"跟着箭头即刻炫舞"吸引了 4.3 万用户参与,产生了 681 万次互动;抖音与 Nike X 天猫超级品牌日合作的线上互动"可爱木偶舞挑战"主题活动则吸引了超过 9 万人参与……快手、抖音多元化的内容营销方案正在给品牌营销带来更多创意,以及持续增值的流量。

4.助力品牌精准锁定受众

快手、抖音去中心化的分发机制定位于普通用户,通过技术和算法洞察用户行为路径,建立起高效的 UGC 内容分发系统,持续为用户推荐高质量的微视频,激发更多用户参与到创作中。这正是快手、抖音等微视频如此受用户喜爱的原因。

也正因为如此,借助高效的微视频分发系统,快手、抖音可以帮助品牌定位到更多互相契合的用户,通过兴趣圈层实现二次传播,扩大品牌影响力。比如 adidas neo 入驻快手、抖音不到 2 个月就已经积累了 121.5 万粉丝,视频播放量 1.5 亿次,有 280 万互动(关注+点赞+评论)。微视频通过圈层互动形成社交并向外辐射,吸引更多用户围观、参与,使品牌能够实现更大范围的传播,品牌粉丝的客单价也高于非粉丝人群。

由此看来,微视频凭借代入感、传播力更强的特性,以及庞大且持续增多的年轻用户,正逐渐取代图文成为品牌营销最重要的战场。而快手、抖音在流量价值、用户价值、产品价值、技术价值等方面的实力也正在被越来越多的品牌广告主所认可,未来它们在微视频营销上的价值将进一步凸显,这也必然推动微视频营销时代的全面到来。

(三)文化企业品牌的特点

文化企业品牌与普通商业品牌同属品牌的大范畴,都是用以区分产品和服务的重要标志和符号。但是,文化企业品牌也具有某些不同于普通商业品牌的特质。

其一,以内容为依托。文化产业是"内容为王"的新兴产业,其文化产品的特殊性在于没有固定的、明确的功能实用价值,而是追求丰富独特的精神文化内涵。打造文化企业品牌,不仅要有丰富的文化信息含量,还要提高产品的精神功能,满足人们的审美偏向,符合人们的认知心理。

其二,更突出的外显性。个性是文化品牌的外在表现,也是企业形象的内在体现。品牌是文化企业特征的综合反映,是企业个性的表现。如同人的个性区分一样,文化品牌是企业形象最具体和最形象的表现与区分方式。因而在一般情况下,文化企业品牌一经确立,就不会再出现同样或者类似的品牌。品牌是属于企业独一无二的资源,是一种区别于其他竞争对手的无形竞争优势。不同的企业可能会有相同的价值取向,但绝对不会有共同的品牌价值传递和衍变过程。

其三,强大的扩展性。文化企业品牌可以进一步细分为企业品牌、产品品牌和项目品牌等,它具有更强的向外渗透力,能将目标消费者的价值认同逐渐引导到企业的价值取向上,并逐渐与企业的价值理念融合。在这方面,广州日报报业集团就做了一些成功的尝试。广州日报社在广州及珠江三角洲设立了 300 多家报刊经营门店,对所有的门店进行专业管理。门店统一使

用"广州日报"的名称和标识。门店的经营范围主要为《广州日报》及其所属
子报刊和出版社的出版物零售、征订及分类广告承揽业务。

（四）文化企业品牌营销主要问题

当前,我国的文化产业发展还处于初级阶段,文化企业品牌建设也必然
存在诸多问题,其突出表现在如下方面。

其一是缺乏品牌战略。由于政策导向、营运机制、融资模式及价值链脱
节等,我国绝大多数文化企业规模较小,其经营活动往往因涉及意识形态、教
育等方面而受到限制,导致文化企业品牌难以成形和发展。在品牌效应和品
牌战略的认识和成果方面,其较国内其他行业也处于绝对落后的尴尬境地。
近年来国际上各大文化产业集团开始抢滩投资中国文化产业市场,因此有必
要加强国内企业品牌战略以与之抗衡。同时,品牌传播缺乏持续性。如果广
告宣传、活动推广没有长期的规划,三心二意,其营销效果当然也会大打折扣。

其二是品牌意识不到位。品牌属于企业,也就是说,所有品牌都有所有
者,这个所有者不是国家或政府,而是企业本身。资产是可以买卖、流动的,
品牌所有权是可以变换的。外国企业可以买卖中国企业品牌,中国本土企业
也可以买卖外国企业的品牌。这种所有权流动变化并不是国籍的变化,而是
企业所有权的变化。对此,多数企业的品牌意识还没有提升到应有的高度,
大部分企业对文化企业品牌的价值规律、建设规律、运作规律缺乏系统认识
和思考,对品牌发展战略缺乏超前规划,品牌开发带有盲目性和随意性。有
些企业有自己的优势资源,但缺乏资源整合,不善于通过优势互补来提升资
源的利用效率。

其三是文化企业品牌结构不合理。我国文化产业发展过分依赖历史文
化资源,这导致全国各地属于历史传统文化的品牌较多,文化资源性品牌较
多,而现代文化企业品牌较少,尤其是以高科技为基础的新型文化企业品牌
更少,创意性文化企业品牌较少,具有国际影响力的文化企业品牌更少。

其四是文化企业品牌建设缺乏相应的带头人。由于缺乏具有全球影响
力的文化领军人物,缺乏创新性专业技术人才、懂经营会管理的复合型人才,
文化企业品牌建设缺少相应的智力和创意支持。

二、文化企业品牌营销要素

企业所拥有的企业品牌和产品品牌是企业及其产品的无形资产和企业文化积淀的标志,是消费者认可企业和产品并且愿意支付附加价值的某种表征。作为企业经营管理者,应当掌握品牌的一般要素。

(一)品牌的三度

品牌是一种对有特殊价值的事物的评价和指称,其作用是借以辨认某个销售者或某部分销售者的产品或服务,并使之与竞争对手的产品和服务区分开来。从本质上看,品牌代表着卖方对交付给买方的产品或服务的特征、利益等一贯性的深深承诺。文化产品的品牌价值是由消费者对品牌的认知、好的评价和忠诚等要素构成的。或者说,好的品牌是知名度、美誉度和忠诚度。

对确立品牌来说,首先需要建立品牌知名度。知名度使产品或者企业与众不同,使其在众多企业和产品中易于被辨识出来。当然,对于不少产品品牌来说,知名度也初步赋予产品附加价值。为了保障品牌知名度,一般需要持续地传播品牌。一些企业只会做有形的产品,而不愿意把钱花在无形的东西上,因此往往不愿意对规划品牌和传播品牌进行投入。

当然,仅有品牌知名度也是不够的,因为不是所有的知名度都能带来附加价值和竞争力。企业也可能会这阵子拥有知名度,过一阵子就没有了。或者,企业虽然有知名度,但是,假如消费者对产品和服务不满意,企业就难以持续地吸引消费者。因此,企业在重视知名度的同时,应当重视质量和服务的文化,重视为消费者提供附加价值。假如人们对企业的产品或服务有了很高的评价,即企业有了美誉度,那么品牌就有了稳定的附加价值。因此,有了知名度,企业只是东西卖得多;而有了美誉度,企业就能够拥有更高的附加价值。要提升美誉度,不仅要提升产品的质量,还需要有品牌的文化内涵;不仅要注重质量文化,还要重视技术创新和时尚等元素。

对优秀品牌而言,拥有知名度、美誉度也是不够的,因为顾客看到别的厂家有了好的东西,或者知名度更高的产品,就又会被吸引走了。所以,企业的品牌还需要拥有顾客对它的忠诚度。也就是说,留住人心,需要更高的要求。或者通过企业的形象,或者通过企业品牌的塑造,或者通过有关的推广活动,或者通过企业产品的品质,总之,要通过各种可能的途径让企业的新客户都变成老客户,使老客户始终忠诚于企业及其产品。在顾客具有忠诚度的状态下,消费者不仅一次性购买了企业的产品,还持续地购买该企业的产品,甚至把企业的产品从实用转变为鉴赏和收藏。企业有了新产品问世,顾客还是继续相信这个企业产品的品质,想拥有新产品并体验其提供的服务。以华为为例,在中国,许多年轻人都喜欢这个品牌,已经购买了该企业品牌的许多产品,他们对该企业是情有独钟的,这就是一种对品牌的忠诚度。可以设想,假如华为需要等上两三年才能生产出新的产品,这些消费者可能就会攒钱等着买它的新产品。这就是一种忠诚度。忠诚就是坚定不移地追随,矢志不渝地坚持。忠诚不只是口头上的表白,不是表面的,而是发自内心的热爱,是有根基的喜爱。所以,品牌的最大价值就来自消费者的忠诚度。

消费者之所以对品牌具有坚定不移的忠诚度,主要是因为品牌具有的文化积淀和引起荣耀地位的想象力的结合,这种结合带来了实用之外的超值享受。好的品牌产品会增强消费者的品位感和自豪感,会吸引他追求这种感受的持续性。

品牌需要知名度、美誉度和忠诚度的完美结合,这种结合必须有意识地加以体现。一方面,企业在推广品牌知名度时,要考虑到品牌的美誉度和忠诚度。例如,当某一家企业宣称自己要开发出世界上最便宜的文化产品时,它实际上已经为自己今后进一步开发高端娱乐产品进行了不利的宣传。因为假如该企业被消费者定位为以成本制胜的品牌,并且具有品牌知名度,人们今后就自然地不信任该企业其他高档的差异化的创新产品。另一方面,品牌建设必须与好的企业文化一脉相承。消费者对企业及其品牌产品的美誉度和忠诚度,不是消费者天然的倾向,而是企业自身的作为;不是一般广告所能达到的程度,而是企业经营管理的深度文化积淀。

（二）品牌的文化基础

从内在逻辑来看,重视品牌本身体现一种对文化价值的追求,也体现出该企业的文化创造力。结合追求百年老店来思考,品牌的文化包含着荣誉感、质量文化、审美文化和顾客文化的自我意识或者企业的文化人格。它注重企业持续的自我评价、自我反思和自我丰富,特别是通过满足消费者的需求来建立自信心和荣誉感。就此而言,它的员工是高度关心消费者的,始终重视维护老顾客对它的信任。因此,品牌是一种承诺和追求卓越的信念。只有好的企业文化才能塑造优秀的品牌。

品牌代表一种积极进取的品格力量和对审美文化的重视。作为企业文化的重要部分,品牌是企业伦理精神和美学意识的具体内涵;而在企业对品牌的维护意识上,品牌代表企业永久的追求和承诺。也就是说,一个企业如果只追求品牌的知名度,实际上只是在追求纯粹的商业价值;如果追求美誉度,那么就是在追求荣誉感、职业自豪感、产品美学效果等;如果追求忠诚度,那是对一种很高的综合文化境界和魅力的追求。品牌是企业文化内涵的折射,正是因为这一点,塑造品牌形象或设计广告传播品牌的人一定要有很高的文化品位和文化修养,要能够理解企业文化的内涵。就此而言,企业品牌建设的从业人员也需要不断提升,否则就难以达到企业文化所需要的高度。

品牌文化与企业面向未来可持续发展的追求相对应。因此,任何急功近利的文化,都与品牌建设格格不入。为了经营和维护品牌,企业管理者需要杜绝一次性的买卖,杜绝所有短期化的行为。企业打造品牌需要把急功近利转化为务实,培养具体而微的作风,同时需要具有一定的理想信念。只有具备前瞻性能力、高瞻远瞩的领导者才能引领品牌发展。

重视企业形象与重视品牌是一种对应的关系,两者都是文化积淀和文化展示。好的品牌给予人们联想和力量,给予人们心理满足的享受。因此,好的品牌也可以满足消费者的文化诉求。在品牌文化中,有时明星起到重要的引导作用。此外,一些娱乐明星的幽默感也融入品牌的文化内涵中。差异化和个性化也是品牌的独特文化内涵。对于注重高品质而独具个性的企业文

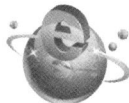

化来说,品牌是与个性化、差异化结合的文化载体。

为了塑造优秀的品牌,企业需要培养文化创造力。文化创造力不仅要求表现能力提升,也要求与时俱进。一方面,要培养企业对产品文化的细化和丰富性、美学设计、个性化和时尚文化的把握等。例如,在索尼和苹果电脑的竞争中,后者胜出,因为它更善于把握体验价值和创意设计等要素。另一方面,在塑造品牌方面,文化创新起到了十分重要的作用。三星公司的品牌提升与其设计方面、时尚方面的创新密切相关,它在文化上的敏感性使其品牌具有了坚实的基础,使品牌价值位居世界前列。

(三)品牌建设的主要内容

当今社会是一个知识经济社会,从强调人力资源的体力到强调其技能再到强调其智力及想象力,从物质权利到资本权利再到信息权利或符号价值,无形资产价值日益凸显。作为一种无形资产积累,文化企业品牌建设包括品牌意识、品牌定位、品牌延伸和品牌传播等方面。

1. 品牌意识

品牌意识是一个企业对品牌及品牌建设的基本认知。一个企业家应非常清楚地知道他的企业、他的产品和其所提供的服务在市场上、在消费者中的影响力,以及这种影响力所具有的知名度、美誉度和忠诚度,并能够采取适当的战略将品牌融入消费者和潜在消费者的生活中。对文化企业而言,品牌是战略性资产和核心竞争力的源泉,而品牌意识为企业制订品牌战略铸就强势品牌提供了坚实的基础,成为在市场竞争中引领企业制胜的法宝。

品牌属于企业,品牌是企业的无形资产。既然品牌属于企业,那么品牌必然是在市场竞争中形成和发展起来的,是得到市场认可的。品牌知名度是变化的。企业在市场中经营良好,品牌含金量就会提高;企业走向衰落,品牌含金量也会下降。培育和发展知名品牌不是靠意识形态的鼓噪,也不是靠政府机构的行政干预,更不是靠评选机构的投票,而是靠在国内外市场竞争中的搏杀。品牌是商标的基础,但它不是品牌价值本身。也就是说,商标是品牌或品牌的一部分注册后,受法律保护的品牌。品牌本质上属于市场,要按照市场竞争规律发展品牌,不要离开市场竞争侈谈知名品牌的培育和提升。

2. 品牌定位

在企业品牌打造过程中,品牌定位具有重要的战略意义。品牌定位是企业品牌创建的前提,也是品牌营销成败的关键。品牌定位是企业在市场定位和产品定位的基础上,对特定的品牌在文化取向及个性差异上的商业决策,它是建立一个与目标市场有关的品牌形象的过程和结果。换言之,即为某个特定品牌确定一个适当的市场位置,使商品在消费者的心中占领一个特殊的位置。品牌定位是市场定位的核心和集中表现。企业一旦选定了目标市场,就要设计并塑造与之相应的产品及企业形象,以争取目标消费者的认同。由于市场定位的最终目标是实现产品销售,而品牌是企业传播产品相关信息的基础,还是消费者选购产品的主要依据,因此品牌成为产品与消费者连接的桥梁,品牌定位也就成为市场定位的核心和集中表现。

在文化企业品牌建设中,企业要对自身的基本理念做出一个恰当的定位。如在娱乐传媒行业,迪士尼提出"制造快乐",《南方日报》提出"高度决定影响力",《广州日报》提出"办中国最好的报纸",《罗辑思维》提出"有种、有趣、有料",等等。美国的 CNN 是世界上第一个 24 小时新闻电视台,它已经超过英国路透社,跃升为世界上最大的新闻收集、播出机构,CNN 的定位已经从"世界新闻领袖"转变成"新闻中最值得信赖的品牌"。

值得关注的是,现代的文化消费者不再满足千篇一律的文化产品,他们开始需要特别的产品。他们的选择是对产品个性的选择,因此文化市场中的竞争更多地弥漫在众多不同品牌产品之间。比如,有些电视台具有专业性特色,如湖南卫视。同时,有些已经形成了精品栏目,在选题、价值、风格、形式等方面都具有一定的规律性,有着独特鲜明的不可替代的内蕴和个性。因此,品牌能让受众产生强大的亲和力,是具有庞大效益的无形资产。但是目前更多的传媒缺乏自身的个性,没拥有自己的品牌。以电视市场为例,只要稍加留意就会发现节目、栏目模仿和雷同的现象愈演愈烈。电视资源的重复和浪费现象日益严重。这样的"仿品牌"留不住受众。因此,采用独特定位来重新整合电视频道资源迫在眉睫,如美国现有 99 个电视频道,但是一个频道包揽新闻、娱乐、体育、电视剧、电影的综合台只有 6 个,其余都是专业频道,有

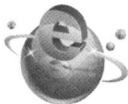

专门的气象频道、历史频道,电影中有科幻电影频道,音乐台中有古典音乐频道,甚至还有孕妇频道和婴儿频道。

3. 品牌延伸

品牌延伸是企业将某一知名品牌或某一具有市场影响力的成功品牌扩展到与成名产品或原产品不尽相同的产品上,以凭借现有成功品牌推出新产品的过程。

以相关性分析,品牌延伸的路径有三种:其一是向上、向下或同时向上、向下纵向延伸。这适用于创意来源、产品销路的拓展。其二是产业平行延伸。这一般适用于具有相同(或相近)的目标市场和销售渠道、相同的储运方式、相近的形象特征的产品领域。这样一方面有利于新产品的营销,另一方面有利于品牌形象的巩固。其三是全品牌互动。比如,音乐企业结合产业基地的音乐资源基础和创新要求,确立和形成全品牌联动的模式,即通过开发并打造若干个自有品牌的音乐产品或项目品牌,实现所有品牌之间的联动,形成以品牌为核心的音乐文化和音乐产业的聚集;通过活动和合作延伸产业链,形成基地产业链、基地与活动产业链、基地活动与新媒体产业链等产业链的组合。

在品牌目标的实施中,应采取价值联动策略,通过符号来营销,通过产品来增值,通过文化的意义推销来创造一个价值递进的市场品牌。例如,迪士尼公司由卡通形象标签的特许经营发展到按照卡通形象制造玩偶的特许经营,并以"迪士尼专卖店"向市场直接推出与迪士尼有关的产品。此外,它们还进行网上销售,提供 24 小时服务。早在 2010 年,迪士尼品牌的产品种类已达 2400 种,并且每年都有新发展。比如,过去迪士尼的品牌产品主要是孩子的玩具、卧具、文具、服装和儿童出版物,现在不仅以迪士尼卡通片故事情节和人物、动物为基础,发展了各种迪士尼电子玩具、电脑软件,还以迪士尼的品牌与厂商合作,发展了手机等各种高科技产品。厂商用迪士尼品牌生产手机,每销售一部都要付一定的费用给迪士尼。现在迪士尼已经从经营日用品发展到经营儿童食品和饮料。迪士尼与可口可乐公司合作,以迪士尼品牌生产一种专门供孩子喝的、纯果汁的健康饮料,还与其他公司合作,开发了迪士尼牌儿童健康早餐。

4. 品牌传播

品牌传播依靠顾客的口碑和宣传。尽管广告是品牌宣传的主要方式,但是广告塑造的品牌主要是知名度,品牌的深度依靠口碑而不是广告。就此而言,产品和服务本身是"会说话的",会随着顾客的评价而产生影响力。

从技术上说,广告是品牌传播的一般方法,好的广告能够给人们留下深刻的印象。在中国,广告媒体变化多端,平台不断拓展,企业需要深入了解不同媒体广告的读者定位和传播力度。国内和国外的许多厂商注重在中央电视台等媒体上做广告,有其合理性。当然,广告的效果有时不如通过活动的渗透来得深入,特别是许多厂家选择赞助各类活动尤其是有影响力的体育赛事。也有广告策划机构专门策划针对厂商的个性化活动来寻求广告赞助。奥运会一直是跨国企业的大舞台,在面向全球电视和网络受众方面,奥运会是个大型广告活动和品牌传播的平台。当然,活动赞助主要是作为直接的广告的补充,而不是主体。

品牌传播已经进入整合传播的时代,对于产品和企业形象宣传来说,也可以借助影视内容节目和娱乐活动来进行。例如,日本著名的游戏厂商任天堂在推广它的 Wii 游戏机时,就与电视节目合作。电视剧《南方公园》(*South Park*)刻画了一位疯狂爱好 Wii 游戏机的卡车司机,这就使这一品牌的名声在各个年龄层里传播。此外,企业也可以借助已有的虚拟形象来推广品牌。如日本的一些汽车制造商就让 Kitty 猫作为形象大使,取得了良好的效果。

品牌传播需要很好的创意,好的创意能给消费者留下深刻的印象。当然,创意不是任意而为的,而是需要与消费者进行实实在在的对接,或者说要有针对性。因此,对消费者的性别、年龄、个性、学识等各个层面进行细分,是保障创意接受有效性的前提。

品牌传播时的创意可以聘请专业公司负责,但是,也不能仅仅依赖专业公司,因为许多国外乃至国内的专业公司不一定十分熟悉中国市场环境、行业特点和文化氛围,容易脱离实际,而且企业也需要培养自身传播品牌的能力。因此,即使聘请专业公司,企业自身也要深度参与,最终让自己的员工掌握传播技巧。在传播中要重视企业领导的理念。不过,有些企业的领导有许多主观性的想法,一意孤行,缺乏对专业设计的尊重意识,这也是错误的。因此,除非领导的理念得到专业人士的认可,否则对领导也不能盲从。

三、文化企业品牌营销战略及实施路径

文化企业品牌是企业软实力的重要标志,体现了企业的核心竞争力。文化企业品牌建设对文化产业有着巨大的提升和带动作用,打造具有强大竞争力的品牌是文化企业赢得市场、在国际国内竞争中立于不败之地的必然选择。

(一)确立企业品牌战略

文化企业品牌首先是一种面向未来的战略,是一种追求卓越的精神,而不是一种简单的广告传播形态。品牌战略与企业组织战略、人才战略、投资战略、产品战略、跨国经营战略等等量齐观,是企业诸多战略选择的一种。而品牌是文化产业旗帜,实施品牌战略是文化企业发展的突破口。

1. 坚持"内容为王"取向

坚持"内容为王"是文化企业品牌战略中最关键的因素。这要求企业努力提升软件品质,软件越吸引人越好,而硬件越小越可以避免浪费。企业家要把无形资产做出来,就要把自己的核心能力积累和凝结到品牌上,这是做大做强文化企业最关键的一环。

例如,迪士尼两位企业领袖沃尔特和埃斯纳在产品战略上不约而同地把视野定位在内容上,并在培训的过程中把这种产品理念传达给员工,从而建立起"精益求精"的迪士尼团队。无论是早期创下票房奇迹的《狮子王》,还是获得多项大奖的《超人总动员》《玩具总动员》,迪士尼公司都能做到让观众一接触到电影院的座椅就彻底放松,直到离开。在"内容至上"思想的指导下,迪士尼公司的每一种创作、每一次创新都堪称经典。

2. 促进企业可持续发展

品牌代表着对未来的重视,重视未来的人必然会关心品牌等无形资产的积累。但是,未来是不确定的,创立并经营品牌是有风险的,也需要增加新的成本。品牌培养起来不仅很辛苦,而且并不一定能够成功。虽然品牌的附加价值很高,但是它很容易出现瑕疵,甚至有在辛苦经营之后某一天就轰然倒塌的可能。品牌的风险还在于,即使企业初步确立起品牌知名度,人们也不知道或者不能确信其在后续的时间里还能不能管理好、维护好这个品牌。至于推广品牌需要增加成本,更是不言而喻的事实。这就是有些企业宁愿做代工也不愿自己树立品牌的原因。此外,对于一些发展中国家而言,品牌形象还容易受到其他不良产品的拖累。总之,维护品牌就是企业可持续发展战略的一个重要组成部分。

要创立和培育品牌,需要站在企业可持续发展战略的高度。不仅需要重视企业发展的可持续性,而且需要在文化上、价值上很细心地加以呵护,保持它的完满性。为此,企业要有一种品牌可持续发展战略的具体规划。如果企业没有创建百年老店这样一种思想准备,那就不要去创立品牌了。因为如果在又辛苦又有风险的冒险之后不能保障对未来的信心和执着,创建品牌就变成一种投机,而投机与品牌的本质是背道而驰的。

品牌与可持续发展的战略之间是互动的。一方面,企业有远景、有战略,它引导人们关注未来;另一方面,对品牌的爱护也是对企业战略的支持。品牌应作为一种战略来经营,或者说,企业的品牌战略应与它的可持续发展战略相呼应。一个企业如果目光比较长远,那么最好能够创立自己的品牌,这样才能够激励和引导员工向着这个长远的方向努力。

当然,有些企业希望通过收购或者兼并来拥有自己的品牌。不过,在进行企业或者品牌项目的并购时,不仅要重视企业文化之间的兼容性,还要考虑所收购的品牌是否处于健康状态和上升趋势。换而言之,并购时要并购优秀的企业或者品牌,而不是处于衰落之中的;后者看起来很便宜,但是风险很大,有时会变成陷阱。特别是当企业的经营水平还不高的时候,更要重视品牌并购的规律,一定要收购最好的。好品牌不仅符合企业发展战略,而且即使在经营失败时也容易转手,不会带来很大的损失。试想,如果企业收购的是走下坡路的企业或者品牌产品,经营水平很高的企业都做不好的东西,经营水平相对较低的企业能有多大把握做好?假如业务在异国他乡,就更增加了难度。而如果所收购的企业业务很优秀,在管理上所花费的心思就会很少。有许多企业收购案例都是违背了这个规律而最终失败的。

从企业可持续发展战略的角度来说,品牌的经营者必须着眼于培育具有竞争力的品牌,而不是三心二意、浅尝辄止。因此,品牌的经营者需要制订长期战略,促进品牌文化的培育。品牌价值的形成需要一个积累的过程,它是企业持续的文化价值追求的结果。一个企业在塑造品牌时,特别是对可持续化的战略愿景的描述,必须获得员工的广泛支持。品牌价值的要求须转化为企业所有员工的自觉行为;如果没有所有员工的自觉,品牌难免会出现瑕疵。所以,可持续化的品牌战略也是追求卓越的文化,特别是追求产品或服务持续达到完美程度的企业文化的表征。

3. 提升品牌的附加价值

品牌是企业无形资产的重要组成部分,品牌的经营也就是对无形资产的经营。在品牌运营过程中,要做好对品牌无形资产的经营,提升品牌的附加价值,需要考虑以下一些重要因素。

其一,品牌作为一种无形资产,它是经过日积月累形成的,而不是一蹴而就的。人为的努力,包括对品牌的形象塑造如广告设计、品牌推广活动等,可以增强品牌的吸引力和竞争力,以求在短时间内提高品牌的无形资产的价值。也就是说,人为的努力可以加快无形资产的积累。但是,不能因为短期内的成功而忽视长期苦心经营的必要性和艰巨性。

其二,品牌虽然是无形资产,但它是靠有形资产来推动的;如果没有好的产品,或者没有足够的投入,最终是不能形成具有竞争力的品牌的。所以,一定要把产品质量设计等各个方面的工作做好、做到位。例如,索尼产品的电池爆炸事件给人们留下了很深的印象,以后顾客再买索尼产品时就会犹豫不决,那些需要外购电池来生产自己产品的企业也会三思而行。国内某个奶制品企业的"回笼奶"风波也使消费者转向其他厂家。总之,一个品牌的产品品质会造成很大的影响。这就要求企业在管理上非常细心。企业要有一套战略规划,还要有一套可靠的监督方法,并要重视与顾客之间的互动关系,经常了解顾客对自己产品或服务的反应。同时,企业还要投入足够的资金来推广品牌,努力传递品牌文化,与消费者进行持续沟通。也就是说,对品牌的经营是通过有形资产的投入来促进无形资产的增值过程。如果在这一点上做得好,那么其无形资产的回报就会比当初有形资产的投入大得多。例如,蒙牛由于赞助《超级女声》,一下子就从一个小公司变成了一个大公司,并且利用品牌知名度而获得更强的市场竞争力。像脑白金这样的一般性品牌,做了很多的投入,当然也取得了很好的效果。

其三,不同的无形资产之间是有关联的。无形资产有很多种,如注册商标权、特许经营、研发能力等。企业的特殊能力等很多东西也都是无形资产。无形资产的经营需要一定的管理水平,否则就会削弱品牌的价值。一些品牌的管理难度很大,如果没有能力进行有效管理,就一定会减损品牌的价值。

其四,品牌的扩张需要优先考虑如何保障品牌的品质,而不能因为较多的加盟费而损害品牌形象。为了保证某个品牌的无形资产能够增值,在连锁经营中应该找到那些爱护品牌的人来参与连锁经营。这些未来的加盟者未必是最懂该行业市场的,或者营销经验最丰富的,但必须是对品牌的品质最能负责的人,哪怕他是跨行业的人,如果他比同行业的人负责任,就可以请他来加盟。总部认为加盟者在管理上不能按照要求去做,则不能保证品牌的品质。加盟店的增多当然是一种资产增值,但这种资产的增加是不是让品牌增值了,还需要慎重判断。如果加盟店很多,而品质都跟着下降,就说明这些加盟品牌经营的人或者企业可能存在价值观或者经营能力上的问题。品牌作为一种无形资产是需要管理的。一个品牌的品质可以从顾客的满意度、忠诚度的反馈中得到衡量,因此,顾客反馈就是品牌管理中一个很重要的环节。即使企业的自我感觉已经很不错了,也是远远不够的。从销售量指标上来衡量,也许你现在的销售量还不错,大家都买回家去了,但是他们心里已经开始对你不满了,下次就不买了。所以,现在的销售额并不能完全真实反映顾客内心对一个品牌的忠诚度。

其五,不同的品牌类别需要不同的技术维护能力。例如,明星也是一种品牌,但现在很多明星基本上没有什么品牌号召力。有些明星的名气非常大,却没有品牌号召力,也就是说,没有观众对他(或她)的忠诚度,甚至连美誉度也不够,有些人甚至是"票房毒药"。这里存在两个技术性的问题:一是对这些明星的包装需要专业化程度很高的经纪技术和专业知识;二是明星在选择影视项目和自己擅长的角色时要慎重,特别是要选择具有市场影响力的作品,而不是所有项目都上。总之,专业能力包括专业化的服务能力等,是维护品牌和培育品牌的重要因素。

其六,品牌的经营具有相当程度的复杂性,需要各个方面的努力和能力的结合。除上述提到的诸多因素外,同行业的人对某品牌的专业化水平或能力的评价或认可也是很重要的,它也关系到该品牌或无形资产价值的传播力度。此外,要做好一个品牌,需要企业家有综合的眼光。也正因为如此,目前

国内真正懂得做品牌的企业和企业家实际上还是比较少的。品牌经营不能靠直觉、随机和随意,而要靠信念、眼光和能力。

4. 落实于品牌管理

品牌管理是品牌战略的一般事项。随着品牌竞争越来越激烈,企业也需要不断提升品牌管理的水平。产品质量管理、审美设计、品牌塑造、服务及可持续性等是品牌管理的基本要求。对于品牌塑造而言,要结合消费文化的变化对产品进行改进和改良,这是该行业塑造品牌内涵的关键步骤。

品牌管理的难度,主要体现在支持品牌的内在员工素质和企业文化上。因此,企业要重视企业文化、美学感受、伦理精神与经营管理的一致性,使品牌文化不断丰富。对于高端的品牌,要注重审美品位和传统文化元素的提炼与融合,注重艺术设计的内外合一。

在品牌管理中,需要制订品牌发展战略和具体的传播策略,要建立专业化的品牌管理部门,要把维护品牌的各项任务落实到部门和具体的责任人上。要制订品牌分阶段的经营和传播方案,根据时间阶段落实到位。同时,要有合理的监管机制和赏罚机制。

品牌经营中要重视危机管理。在品牌经营中可能发生的危机,主要包括产品质量不佳、员工不良行为、谣言、行政人员的刁难和媒体不当的报道等,需要做到未雨绸缪,制订防止危机的预案,不能临时抱佛脚。在品牌战略计划中,应当包含应对危机的详细管理方案。当危机发生时,要及时处理,但是不能立即反应,也就是不能立即谴责相关人士或者宣布自己"没有问题",而应立即成立危机处理小组,及时调查和解决问题。例如,某家航空公司的飞行员擅自返航,给顾客带来重大损失,但是该公司一直对外宣称是天气原因。等到调查结果公布之后,该航空公司的品牌形象受到极大的冲击。

品牌是企业员工共同的作品。因此,企业要调动员工的积极性,使全员参与品牌维护和品牌管理。维护品牌的要求要细致全面,不能仅仅依靠少数人,而要依靠所有员工的共同努力。企业应当重视内在精神层面的引导,让员工把品牌视为自己参与企业管理和做出贡献的重要途径。

5. 立体化运营

品牌立体化运营主要指企业能够把内部资源和外部资源进行充分整合,按照市场营销行为的前、中、后期计划,合理有效地调动内外资源并实现有机配合的过程。立体化运营一方面要考虑内容的立体化,凭借年轻化、生活化、娱乐化、产品化的多元发展,使内容变得有趣、有料、有温度,以吸引更多的消费者;另一方面就是事件立体化运营,在利用某一热点或事件制订具体营销策略时,不应只考虑单次的收益,而应与企业长远的运营策略相适应,从而促进企业的长远发展。

(二)品牌战略的实施路径

文化企业品牌是文化产业化和产业文化化的结果,它意味着文化产品或服务的高质量和高附加价值,同时也意味着企业经营管理理念及模式的根本变革。

1.具有明晰的品牌意识

首先,企业创建和塑造品牌的主要目的,是提高经济中的附加价值。就一般而言,注重品牌的企业就会创建自主性的品牌,不注重品牌的企业则主要考虑为其他企业的自主品牌提供相关服务。企业如果仅仅是为别的厂商代工,那么往往没有精力建设自主品牌。自主品牌拥有者不一定要自己生产产品。总的来说,大多数企业都是有品牌的,但是其品牌价值可能不高,真正具有高附加价值的品牌并不多。这主要是因为品牌建设代表了企业的经营水平。品牌价值主要通过品牌的号召力或者品牌的竞争力来实现。品牌的商业价值是根据品牌所带来的溢价来计算的。一般来说,通过单个产品的溢价乘以年销售额,再乘以一定的年数这样的公式,就可以测算出一个品牌的基本商业价值。在信息技术对生活与产业发生更深刻影响的时期,一些高新技术型企业的品牌价值在不断快速提升。不过,品牌价值中的某些无形资产也可能无法以有形的效益来衡量。例如,好品牌的企业可能在经营上更具有稳定性;好品牌的企业员工会有自豪感,工作更有积极性,该企业在招聘人才的时候会更容易一些,招聘优秀的人才时也具有一定的优势。所以好的品牌给企业带来的好处是比较综合的。

其次,品牌一定要成为知识产权的一部分。企业一般都应通过注册商标,得到商标法保护。企业不仅要在国内注册商标,假如今后要把产品卖到国外,或者可能要到国外发展,更要提前分别在不同的国家或地区注册商标。

品牌所依托的商标注册后,企业就对其有了知识产权。品牌的另一个重要作用是在传播中便于识别和指认。因此,品牌的名字要起得比较好,以便于传播。取名字有一些基本要求。首先,名字要简洁,而不要太复杂,其用字应是公众容易认识的。其次,用字要有规律,最好取两个字,如果是三个字的名字,就要有规律。再次,在国际化时代,品牌的名称最好能够让外国人也容易记忆。SONY是个比较标准的名称,不仅符合以上要求,而且特别适合国际化的环境。在国际化的环境中,SONY公司和任何产品都没有重复,SONY这个名字对外国人来说是简洁易于记忆的,并且很有韵律感。最后,在中国人的语境中,好的名称还要表示吉利或者与企业的其他文化内涵有对应。也就是说,品牌一定要有内涵。

再次,品牌是企业形象的组成部分,因此,一旦确立品牌规划,就要注重维护品牌。一般来说,人们对某个企业的认知是与对其品牌的认知对应的,因此,企业形象常常浓缩或聚焦在品牌上。由于品牌代表着企业形象,所以有些重视品牌的企业就更负责任一些,其吸引力就更大一些,也更能得到顾客的喜欢。不过,如果企业不能持续维护品牌,就会出现损害企业形象的负面作用。另外,品牌也与文化自信相联系,品牌是一种复杂的文化心理因素综合的结果。要维护品牌,就需要通过传播去渗透文化与心理。

此外,企业是否确立自主品牌,要考虑相关的风险和成本因素等。品牌的风险在于,建立一个好的品牌所需要的时间很长,而毁掉品牌则很容易。因此,在确立品牌之后必须始终谨慎,否则品牌就容易出现瑕疵甚至导致形象的损毁。另外,培育和传播品牌,也需要花费许多成本。特别是在竞争激烈的市场中,一个品牌要脱颖而出,需要有较大的投入,需要持续培育,其难度可想而知。假如企业的经营效益不佳,就难以承受其中的风险和成本负担。如果一个企业的品牌影响力不大,投入又不小,那么它的风险更大。因为在竞价竞争和规模风险不断提高的市场环境中,中等竞争力的品牌不仅缺乏深度的影响力,而且也会造成经营者对品牌价值和品牌地位的误判。① 因此,不是所有的企业都应当在创办初期就高度注重自主品牌建设和品牌传播的,特别是某些原材料供应的企业,应当优先重视在该行业中的信誉。不过,

---

① 假如品牌达不到具有竞争力的程度,而经营者又舍不得放弃品牌投入或者接受并购,那么品牌就有可能成为潜在的负担。

假如一个企业想做强做大,或者追求成为卓越企业的目标,一定要注重自主品牌的建设。

2.进行品牌定位与品牌内涵塑造

塑造品牌,需要有准确的品牌定位。首先,要对市场做出细分,包括对消费者的消费水平、年龄、性别等做出细分,并打造相应的品牌文化内涵,选择相应的媒体进行推广。例如,对于年轻的白领而言,产品的知名度和时尚性都很重要。塑造年轻的针对女性消费者的高端品牌,需要在女性时尚杂志等女性喜爱的媒介上推广,在产品推广时要有她们喜爱的明星代言。其次,要对价格进行定位,可分为高端和中低端等不同价格层次的品牌。有些品牌是大众化的,如电影等;有些品牌则可以区分出不同的价格等次,如艺术授权产品、工艺品等。一般来说,高端品牌如奢侈品的市场较小,但是附加价值较高。企业的产品究竟选择哪个等次的价格,应当根据产品的竞争力和品牌影响力来评估,不可一概而论。再次,针对不同消费者和不同价格等次的产品,要有不同的文化内涵相匹配,也包括选择不同的传播媒介和明星代言。

对于中国人来说,高端品牌的市场营销难度很大。定位高端品牌意味着企业管理水平要很高,而很多企业缺乏塑造优秀品牌的经验和能力,企业员工的品牌意识和品牌管理能力较差。即使企业能够生产出较高等次的产品,由于消费者不信任心理的存在,其往往难以和真正具有美誉度和忠诚度的企业竞争。就此而言,很多企业目前打造优秀高端品牌的成本和风险很大,不是所有企业都适合打造高端品牌的。此外,需要注意的是,虽然高端品牌的附加价值较高,但是中低端产品的市场规模较大,企业也不一定要追求高端品牌。当然,在一些领域如时尚领域,是否能够打造高端品牌是企业是否优秀的基本标志。

企业在塑造品牌时应有很好的价格等次定位,一般要避免先做低端,然后再向高端转移。因为由低端向高端转移,成功者较少。三星是一个成功转型和提升的典范。不过,三星是在拥有了一定的实力以后,特别是掌握了产品的核心技术以后再转向高端的。企业如果希望同时保存中低端和高端市场,最好采取多品牌发展的方式,一般不要由中低端直接转向高端,否则就可能两头都没有做好,最后失去市场份额。

品牌经营中不仅要有比较深厚的文化积淀,也要避免品牌老化。一些百

年老店虽然文化积淀较深,但它们的管理者往往忽视了消费者文化的变化和消费人群特点的变化,缺乏对老品牌的时尚化设计和内涵补充。例如,《广州日报》是老品牌,而现在它的大部分消费者是年轻人,这些消费者喜欢体育文化和网络文化。那么,《广州日报》就应当针对这些文化特点和行为特点,开辟新的传播渠道,塑造品位与时尚结合的新的文化内涵。当然,老品牌在转换新内涵时,必须从建设企业文化的角度来处理,避免造成新旧文化的冲突。

例如,少林文化旅游集团根据企业所在地的资源、文化特色、受众对少林功夫的认知状况,在原有区域品牌形象的基础上,总结出项目的两个属性关键词——功夫、禅宗。"禅为武之主,武为禅之相",传播功夫文化应强化武术的附属身份,提高禅武对人的精神价值与和平融合的思想。由于影片《少林寺》的影响,少林功夫蜚声海外,成为博大精深的中国文化的代表,它通过精巧的技术和玄妙的思想完美地实现了身体与内心的统一、天与人的统一。经过多年的发展,功夫与少林寺的情感连接已经在现有的资源中获得了空前完整的体现,但如果要达到国际闻名的程度,则需注入大量具备国际属性的内容和活力,否则,这只是过度开发现有资源,反倒会使其失去"功夫祖宗"这个金字招牌的神圣魅力。依据提取出来的关键词和企业的比较优势,企业着力表现"以禅为核心的智慧圣地,以功夫为表现的时尚之都"的特色,突出所在园区国际化、高端性、城市化、可持续的个性气质和特征,合力打造"少林禅武文化"核心品牌,塑造强势"少林功夫"品牌和"嵩山·少林"联动品牌。

3. 注重品牌延伸

在世界上,一些文化产业相关品牌具有极高的市场价值。例如,迪士尼把动画片所运用的色彩、刺激、魔幻等表现手法与游乐园的功能相结合。迪士尼拥有米老鼠、唐老鸭、黛丝、高飞狗、布鲁托、小熊维尼、跳跳虎、瑞比、101斑点狗等几十种卡通形象。早在2010年,光顾迪士尼专卖店的孩子与家长就多达2.5亿人。迪士尼品牌的产品种类现在已达2400种,衍生产品的收入约占迪士尼集团总营业收入的14%,已成为迪士尼价值链当中不可忽视的一个组成部分。迪士尼公司开创了属于迪士尼公司自己的品牌价值链,其运作方式为将动画艺术进行彻头彻尾的商业化。每一部影片推出后的票房收入是第一轮收入;发行录像带是第二轮收入;第三轮收入来自主题公园中新添角色所吸引的游客;第四轮收入来自特许经营和品牌产品。随着公司的发展壮大,特许经营产品越来越多,迪士尼品牌的影响力和商业价值越来越大。无论是产品开发、业务拓展,还是国际扩张,迪士尼都走出了一条令同行敬佩不已的探索和创新之路。

企业在进行品牌延伸时,可以选择单一品牌,也可以选择系列品牌。选择单一品牌还是系列品牌,一是要考虑产品的特点,二是要考虑利益和风险,三是要考虑管理难度。显然,凡是产品需要个性化、系列化的企业,一般要采取系列品牌的方式,以便形成单一产品各自的竞争力。当然,有些文化公司是属于并购成长型的,可通过并购品牌而形成多个品牌。企业品牌和产品品牌一致或者产品采用单一品牌的好处就在于,在宣传其产品和企业形象时两者可以互相拉动,推广产品也就等于在宣传企业本身,反之亦然。不过,这种一致性也是有风险的,一旦企业诸多产品中的一种出了问题,就会把负效应转嫁到该企业的其他产品或者企业品牌形象上。因此,多个品牌的管理难度比单一品牌大一些,企业品牌与多个产品一致的品牌的管理难度却比不一致的品牌要大一些,不容易保障品牌的一致性水平。对于管理水平高的企业,其品牌与企业名称一致是好的;反之,还是不一致为好。一般来说,世界上比较优秀的企业,都比较重视单一品牌;除非其产品线过宽,必须开发多个品牌。不过,随着个性化文化的发展,多个品牌也会变得普遍起来。

4.进行品牌形象传播

在文化产业的价值链中,创意是灵魂,而品牌则直接体现为核心竞争力。美国的各种娱乐经济产业与其他产业一样,十分注重品牌形成、营销与附加价值,从而形成名副其实的产业价值互动与张力。诸如迪士尼、梦工厂、环球等一系列国际文化娱乐名牌企业,其品牌在识别定位、广告策略、个性产品包装等多方面都具有跨越国界的高度,所走过的就是这样一个轨迹。由此可见,品牌战略可以提高文化产品的竞争力,扩大利润空间。品牌资产是一系列与品牌、品牌名称、标识物相联系的资产,它能增加或提高产品或服务的价值。比如,乔家大院于乾隆二十年始建,整个大院呈双"喜"布局,"院中有院、院中套院",成为民居中的艺术品,其因张艺谋电影名作《大红灯笼高高挂》而闻名,后被大众所津津乐道的央视热播剧《乔家大院》,即以乔家第三代子孙乔致庸为原型而创作的,这些都助推其成为具有影响力的品牌。

品牌的形象传播策略尤为重要,其中主要策略是目前在组织传播学理论

与实践中被广泛采用的企业形象战略(CIS)。它主要包括理念识别(MI)、行为识别(BI)、视觉识别(VI)三个层面,三者形成了 CIS 的理念识别系统、行为识别系统和视觉识别系统。通过这个过程,大众会形成一个描述性的、评价性的和倾向性的心理印象。换句话说,它是将企业、机构的经营理念与精神文化,通过整体的识别系统,传达给社会公众,促使其对组织体产生一致的认同感和价值观。作为一个符号传播与意义构建的过程,CIS 的形象来自有计划的、较大规模的、持久有效的符号传播。

视觉符号不仅是一种简单的标识,更是一种可以创造价值的载体。在以语言为中心的文化形态中,占据主导地位的是语言符号的生产、流通和消费,而在以形象为中心的视觉文化形态中,占据重要地位的是视觉符号的生产、流通和消费。当维尼熊在电视上出现的时候,其实它也是一种视觉广告。于是,人们就开始购买印有它形象的明信片、玩具、糖果、汽车内饰、图书等。但这一切,源于我们对这个可爱而又独特形象的喜爱。迪士尼公司上映《玩具总动员》这部新片之前,使用了一切它所能使用的途径对其进行宣传,如通过迪士尼频道、迪士尼商店、迪士尼的宣传画册、迪士尼的合作伙伴,使得《玩具总动员》路人皆知;而该片上映之后,其中的主角玩偶又立即出现在玩具商店中,图像也印在圆领衫、书包上。这样,动画片的上映又促进了迪士尼商品的销售。

优化传播效果不仅要让更多的受众群体接受,还要稳定和扩大已有的受众群体,力求达到传播的品牌效益。这就需要媒体自身不断努力,定好自身的市场位置,最终达到传播活动优化和良性发展。如湖南卫视为适应多元要求的受众群体,打破了原有的湖南有线台、湖南经视台的建制,相继推出卫星频道、经济频道、都市频道、生活频道、文体频道、影视频道、信息频道。按不同的划分类别,其还可分为娱乐频道、政法频道、女性频道、CHANEL SEVEN 等一系列专业化频道。其成功策划的《超级女声》具有很强大的品牌价值。

5.国际化与本土化并进

在全球经济一体化的进程中,文化企业必须站在世界舞台上参与竞争,以赢得市场和利润。企业之所以要成为国际化企业,最主要的是因为要将自己的产品打入国际市场,在更大的市场上来消化自己的产品。只有参与全球竞争,才能为企业发展赢得空间,才能进一步提高企业的整体素质与竞争能力。一个企业要想立足于世界舞台,必须参与国际化竞争,同时又要解决好本土化问题。也就是说,企业要以国际化为指导理念,以本土化为具体行动准则。

企业品牌化经营,强调的是经营策略、治理思路的变化。企业要在"思考国际化、行动本土化"的理念指导下,从企业形象、产品、人力资源、产品制造、营销治理等方面实施本土化的经营战略。本土化的实质是将适应环境与改变环境相结合。在新的环境中,企业要将自身特色与本土特色融合起来,在适应环境的变化中相应地调整经营策略,与此同时,也要让自己的特色为本土所接受。

因此,在本土化的过程中,企业要考虑到产品品牌本土化。企业跨国经营,需要将产品品牌打出去,不仅要创出国际品牌,还要使品牌在跨国经营中本土化。例如,亚洲市场的巨大吸引了迪士尼公司进入,增长迅速的亚洲市场将成为迪士尼未来业绩的希望所在。迪士尼一再强调,迪士尼是为全球的家庭提供服务的公司。开始"东征"的迪士尼主题公园,先后进入东京、香港、上海。自2008年伊始,迪士尼公司就推出了"米奇奇妙年"活动,意在借助中国传统鼠年进行营销。与此同时,香港迪士尼乐园里的米奇和米妮也都穿上中式服装来迎接游客,这些都是迪士尼公司迎合本地消费者推出的本土营销策略,奠定了其在未来世界娱乐市场上的地位。

韩国企业在品牌战略上的一些经验也值得我们借鉴,如电视剧《大长今》就紧紧抓住韩国传统文化中的一些民族要素和文化特色,形成了一个独特的不盲目模仿西方的东方文化价值链。

需要注意的是,文化产品的生产过程中,内容方面的本土化与国际化是一个双向互动的过程,只有保持这二者之间的张力,才能增强文化产品在国际市场上的竞争力。比如,1994年,以中国民间故事"木兰从军"为原型改编的动画长片《花木兰》在美国迪士尼乐园的"明日世界"主题公园正式上映。不过,经过迪士尼公司的艺术加工,木兰多了两个宠物:一是祖传的"木须龙",会魔法,可协助她作战;二是一只名为"克里蒂"的小蚱蜢,能为她带来幸运。动画片受到美国观众的认可,也吸引了中国观众的注意和消费。而我们企业如何在中国文化特色中找到西方文化可接受的元素,还有很多值得挖掘的东西。

6.利用社群增加用户黏性

品牌是娱乐营销的信任堡垒,树立自己的品牌不仅有利于增强用户黏性,也有利于加强广告主的信任感,增强受众的认同感、参与感、归属感,从而有利于建立一个价值观共同体。此外基于内容召集用户产生群体行动,让用户成为共同行动人,更易使其认同品牌及其倡导的东西。互联网背景下的营销进入产品即内容、内容即广告的时代,营销战略应基于个性化的消费者角度。高质量产品与优质的娱乐内容都是广告内容的基础,产品营销不与娱乐内容构建紧密联系,就无法打造"活"的品牌,无法实现品牌的价值。

随着移动互联网不断融入我们的生活,用户进行碎片化的社交,内容流在社群中以推荐的形式不断转变。电商平台借助社群的传播形式,可以实现精准的用户定位,以及实时互动。电商平台可以将社群作为流量的入口,依靠社群的影响力,以及社群的链接,完成信息流的传递,进而实现转化。企业在与消费者进行深层互动的同时,将产品与企业的核心价值传递给消费者,推动自身品牌的树立。对于娱乐营销而言,从娱乐内容到娱乐社群,品牌要构筑以娱乐为主线的社群,要提供娱乐消费者参与的机会,才能让娱乐营销深入人心并不断刷新内容。

第十二章　互联网娱乐营销的未来景象

　　未来5—10年,在产业融合大背景下,"文化＋"和"互联网＋",以及两者融合仍将是我国文化产业发展的主要方向,也将是互联网娱乐营销的主导力量。"文化＋"是以文化为中心的跨界融合,将现有文化产业成果与各种新兴市场要素相融合,形成以文化为驱动力的新模式,这表现在文化产业与互联网产业、制造业、旅游业、体育产业、农业等诸多领域的协同发展上。"互联网＋"不是简单地在互联网领域营销文化产品,也不是简单地把某些新元素组合成新文化产品,而是要实现内容、市场、资本和技术等关键要素在文化产业发展中的聚集、互动、融合和创新。因此,互联网娱乐营销需在根本上把握文化产业自身的发展规律,以及融合的新领域的产业特征,在此基础上寻找可以融合的切入点,形成适应新形势的营销模式。

一、宏观层面:互联网文化产业的格局

　　根据我们的持续追踪研究,今后5—10年,我国互联网文化产业的格局将发生翻天覆地的变化,企业生存、发展的空间也会有重大变化,企业需要把握趋势,顺势而为。

(一)基本格局

　　从总体看,互联网文化产业包括两大部分:一部分是互联网本身的文化产业,另一部分是传统文化产业搬到互联网上的业务,如电影票、艺术品工艺

品等的网上售卖等。由于互联网企业主导的文化产业并购与资源整合加速，互联网文化产业发展速度超乎人们的想象。互联网企业上市后，资本运作将会实现线上占领线下的局面。2015 年移动互联网的收入已经超过 PC 互联网。具体到文化产业领域，到 2015 年底，互联网文化产业（含网上为主并购整合线下的部分，以及卖票网站、观众网站等）已经占到文化产业整体市场价值的 70％，移动互联网已经占到互联网文化产业市场价值的 70％。2015 年末，中国文化产业结构主要分成四个部分：第一个部分是文化产业，其市场价值占 70％；第二部分是传统媒体，包括新闻出版和电视、广播（不包括印刷），大约占 10％；第三部分是艺术品和工艺美术品，大约占 10％；第四部分是演出和旅游等娱乐体验活动，大约占 10％。由此将形成 7∶1∶1∶1 的格局。[①]

2016—2020 年是互联网技术不断发展成熟的重要时期，包括虚拟现实、全息技术、人工智能、生物识别技术，以及区块链技术等在内，将深度影响产业形态和市场发展。通过对技术手段的利用融合，互联网文化产业不断涌现新的模式。新的产品既能带来资本的投入，也能带来新的市场盈利点。即使某种产品本身并未获得长久发展且并未走向成熟，但是其对某一行业领域创新空间的启发作用是不可否认的。随着产品和商业模式的迭代，新的产业蓝海将被开发。

以 AR、VR 为例，摆脱单纯的技术视角，虚拟现实更像是一个智能信息终端，当其能够实现与搭载内容的有机融合时，它就实现了工具向平台的转化。无论是影视、赛事、游戏，还是购物、教育、社交，虚拟现实技术都给这些行业领域带来了新的交互性。用户通过互联网和移动互联网获得体验，更具身临其境之感，也为内容产业市场创新提供了新的契机，如针对中小学教育的科普内容生产与 VR 技术的结合、视频游戏搭载 VR 技术的市场领域创新等。但是，值得注意的是，互联网文化产业各行业领域在利用技术手段创新商业模式时，尤其不能陷入只追求技术的困局中，互联网文化产业依然保留着文化产业本身的文化内容和创意本质属性，这是互联网文化产业进一步发展的重要核心理念。

未来移动游戏市场仍将保持爆发式的增长态势。随着移动游戏市场产

---

① 陈少峰，张立波.中国文化企业报告 2015［M］.北京：清华大学出版社,2015:10.

业链各环节的建设越来越成熟,移动游戏的开发与运营都将从粗放式转为精细化的方式,越来越多的精品游戏将会出现。而成熟的运营方式也使得移动游戏市场在二、三线城市的拓展更加宽广。

面对发展机遇,未来文化产业将呈现快速发展的态势。这并不意味着文化产业内部所有产业或行业都会以同样的速度增长。实际情况是,有的行业发展慢,有的行业发展快,内部分化不可避免。以图书出版、报纸、电影为代表的传统文化产业的比重将进一步下降;而以网络服务、数字出版为代表的新兴文化产业将取代传统文化产业占主体地位。[①]

相对应的另一面是,传统媒体以及传统文化产业持续受到较大冲击。互联网文化产业具有高技术性、高增值性、低能耗性、低污染性等特征,能够极大激发大众的消费意愿,满足多样化的消费需求。互联网文化产业的发展需要两个条件:第一要有足够的规模,即海量的内容;第二要专业化,即做得很细。互联网文化产业需要规模加上专业化,传统媒体平台规模效益日渐萎缩,互联网则可以无边界。从这个角度来说,传统媒体会受到互联网平台巨大的冲击。所以今后传统媒体主要的成长道路就是使内容品牌化,打造别人不可替代的内容。

(二)跨界融合升级

当前,互联网尤其是移动互联网与文化产业各领域的融合更加深入,文化产业的互联网化已成为不可阻挡的趋势。传统内容和媒体平台受到互联网平台的巨大冲击,其产业规模日益衰弱,市场空间日渐萎缩。互联网文化产业代表着一种新的经济形态,既包括跟互联网和移动互联网有关的文化产业,也包括数字影视和一些与数字化体验相关的线下部分。"互联网+"与影视、演艺、旅游等传统文化企业的融合加速,如影视领域将呈现出以平台、内容和软件推动硬件设备升级和转型的趋势。这些都要求紧紧把握时代脉搏和文化潮流,积极进行"互联网+"和"文化+"的模式探索。另外,现在人们的生活方式变化很大,如一般人用手机刷微信、上微博或者看视频,图书行业

---

① 魏大年."互联网+文化产业+"发展大趋势[J].商业文化,2015(35):36.

必然受到人们生活方式的影响。人们的生活方式一旦全面转向之后，企业就会面临严重的问题。善于利用市场的手段包括资本运作与并购，以及能够选择合理商业模式的公司会越来越具有竞争优势。

"互联网＋"文化产业跨界融合的步伐正在加快。"互联网＋"代表着一种新的经济形态。在这种经济形态下，互联网在生产要素资源配置中的优化和集成作用可以得到充分发挥，互联网的创新成果也将深度融入经济社会各领域之中，提升实体经济的创新力和生产力，形成更广泛的以互联网为基础设施和实现工具的经济发展新态势。互联网尤其是移动互联网与文化产业各领域的融合更加深入。一方面，传统文化企业积极向互联网迈进，纷纷向互联网转型，并与互联网公司合作；另一方面，互联网文化企业加速向传统行业进军，阿里巴巴、百度、腾讯等企业纷纷进入金融、教育、文化、医疗、汽车等行业，互联网教育、互联网娱乐、互联网医疗等正呈现快速发展之势。大数据强大的数据挖掘能力、移动互联网前所未有的传播速度、云计算的超强存储和计算能力不断强化，由技术创新引发文化产业变革的时代已经到来，一个全新的商业生态正在被重塑。互联网与传统经济、传统产业的融合更加深入。不仅如此，它们相互之间的融合也在加速。在"互联网＋"时代，行业的界限变得模糊，跨界、跨行业成为社会经济发展的新形态。跨界融合成为文化产业发展的新常态，未来，跨界融合的趋势将会进一步加强。

在互联网资本深度介入其他产业的过程中，互联网文化产业会在很长一段时间内呈现产业链跨界融合的趋势，这种跨界融合将表现在多个方面：从产业链角度来看，既包括横向跨界融合，也包括纵向一体化。就前者而言，大小规模不一的互联网文化企业，纷纷通过资本活动或协议合作实现舰队式融合，在体量和业务组合等方面实现对市场结构的主导，占领市场份额，达到共同获益的双赢局面；对于后者而言，以BAT为代表的市场巨头基于其强势的资本能力，对产业链上下游各环节进行业务占领。以腾讯为例，其通过微信、QQ等一系列社交环境打造了立体的口碑传播矩阵，利用企鹅影业、腾讯影业对腾讯文学、动漫、游戏等原生态IP进行内容运营，通过合作的万达院线和微影时代完成用户导流，打造全产业链。其中包括影业环节、内容IP生产环节在内，都有其或收购或合作的跨界融合手笔。从行业领域来看，这包括"传统文化产业＋互联网"，以及"互联网＋其他传统产业"。对于前者而言，主要是指传统文化产业利用互联网平台实现自身商业模式转型，包括文博行业、传统文化领域等均呈现这一发展态势，如故宫博物院、北京龙泉寺等；对于后者而言，则是以互联网为主体，充分利用长尾效应，基于互联网内核形成新的产业形态，如在线直播教育领域、互联网金融领域等。

（三）"内容为王"凸显

随着法治建设的推进和文化市场竞争的升级，知识产权保护环境将发生根本性的变化，文化产业将逐步进入"内容为王"的时代。互联网文化企业越来越重视媒体内容建设，从渠道到内容，产业生态链的布局成为下一个抢滩重点。另外，资本涌入推动行业洗牌加速后，资源会越来越向优质 IP 倾斜。比如，网络文学作为 IP 源头之一，在资本市场中越来越受到关注，其价值也水涨船高。近年来，游戏与影视剧公司争抢网络小说 IP，版权价飙升。优质 IP 非常紧缺，在市场上供不应求。在个别重要的文学网站中位于排行榜前列的小说，开价在 300 万元以上，部分小说甚至开价千万元以上。

互联网文化产业的业务模式包括内容为主、平台提供为主、承载终端为主、"内容＋平台"、"内容＋终端"、"平台＋终端"、"内容＋平台＋终端"等多种形态。但是不管形态如何，从根本上说，形式各异的数字产品因其多样的文化内容而有价值。在欧美，人们普遍认为内容为王，因而注重文化内容的地位。但是在当前的国内，无论是中央电视台、中国移动音乐平台，还是腾讯、百度等，都是以平台为主吸纳内容创新。我们以数字音乐为例，可以看出，平台的地位胜于内容的地位，而最好的方法是内容产业与平台传播的资源整合。因此，从当前来看，内容和平台服务相结合是最好的商业模式。无论是技术性的互联网网站平台还是手机内容下载平台，无论是专业化的视频网站平台，还是移动互联网终端平台（如 iPod、iPad、电子阅读器等），都通过内容和平台服务相结合的方式来获取产业利润。

信息技术促进内容产业的发展，特别是网络视频和移动视频技术的加快成熟，将开辟一个新的收费服务战场。据报道，在 P2P 技术诞生之后，许多新媒体公司已经在该领域稳步推进。对掘金者而言，企业所面对的是机遇与风险共存的局面，企业需要确立自己的战略定位和商业模式，才能避免盲目跟

风所造成的巨大风险。面对互联网文化产业的快速发展,多个社会热点都预示着娱乐行业的一个大势所趋——事件、话题、明星会层出不穷,他们能够占据潮流的时间也会越来越短。在互联网娱乐营销时代,竞争的不是某个产品,不是某条业务线,而是模式,是一个让各种形式的娱乐内容顺利找到它的目标受众、实现消费的模式。毫无疑问,互联网和移动互联网将成为内容产品平台,通过专业化频道实现商业价值的实践已经逐步成熟,文化内容正在成为信息技术及信息产业发展的根本驱动力。以文化内容为驱动力的信息产业体现了根本性的转变,主要表现在:(1)内容驱动产业增长,产业的规模取决于内容的吸引力和丰富性;(2)内容服务驱动硬件革新,如电子阅读器、存储器、手机、iPad、iPod以及其他可穿戴设备等;(3)内容服务成为驱动信息产业发展的实质性引擎。传统的电信企业演变成传媒企业,其主要收入来自媒介传播和广告等,特别是目前的网络上市企业如腾讯、百度等,其主要收入来源是广告、娱乐和游戏等,已经成为比较典型的文化企业。

因此,如何满足对文化内容的不断需求,逐渐成为企业一个最重要的竞争手段。网络阅读的新闻信息内容、自我表现的内容、娱乐内容,以及其他各种互动性、体验性内容等形成了互联网文化产业的驱动力。由此,"内容为王"的特点也从传统媒体延伸到所有数字内容领域。例如,一段时间以来,以《黑客帝国》《阿凡达》《哈利·波特》《星球大战》等为代表的数字特效电影,以《天堂》《传奇》《仙剑奇侠传》《魔兽世界》等为代表的游戏,引领着全球互联网文化产业发展的潮流。

内容的竞争,不是单个项目内容的竞争,而是内容提供模式的竞争。无论是互联网还是移动互联网,内容提供将逐步成为可行的商业模式。当然,即使有好的内容,也还要思考如何形成合理的专业化内容提供及运营的模式。例如,提供体育信息内容的体育门户网站,其收入估计不会超过NBA专业频道,因为后者的消费者具有很高的忠诚度。内容提供也并非完全依靠自己制作内容,而是可以采取定制内容的方式。反过来说,如果公司拥有好的内容,完全可以自主自营。

从"内容为王"的角度来说,互联网文化产业领域存在基本的创新性要求。只有不断促进内容制作提供与媒体运营方式的创新,促进具有竞争力的企业成为创新的领导者,才能促进互联网文化产业的可持续发展。无论是在数量还是质量上,大量的需求都要求内容领域的创新。例如,2009 年 12 月,全球移动数据流量(主要是彩信、音乐、电子书、视频、网页浏览、在线游戏等产生的流量)超过语音流量(通话所产生的流量)。到 2014 年,全球移动语音服务营收下降 96%,这体现了内容领域创新的一种方向。

当今,内容提供作为一种可行的商业模式,已经初见成效。互联网技术的进步,特别是移动互联网技术的发展和普及催生了极具成长潜力的文化消费的新增长点——移动互联网文化消费。这带来了各种终端和介质整合的可能性,不仅有利于版权问题的解决,更将创造出规模庞大的新市场。例如,在电子书、网络视频、网络音乐等领域,利润分成是影响产业发展的一个重要原因。2010 年上半年阿里巴巴和华数集团合力推出了淘花网,进军正版数字产品交易业务。淘花网复制了淘宝网的店铺模式,采用内容提供者入驻并自主经营的模式。入驻的内容提供者可以为用户提供影视、音乐、电子书等数字产品,为产品自主设定价格,如 3 元在线欣赏一部电影,1 元看一本小说,通过实时的交易分账及广告分账发挥内容资源的商业价值。百度推出新的正版音乐平台,对于用户从百度 MP3 搜索到的音乐,无论正版作品还是非授权作品,百度都将根据用户的在线播放量和下载次数,付费给中国音乐著作权协会,与词曲作者进行分成。而面对作家对于百度文库涉嫌侵权的"声讨",百度也相继采取了删除文库中的非授权作品、版权方绿色举报通道、紧急上线百度文库合作平台等举措,并表示提供销售分成、广告分成、宣传营销等多种合作模式,为版权内容提供全方位的保护。

这无疑是互联网文化产业实现良性发展的一种可喜进步。作为互联网文化产业,内容是根本,支持创作和生产出有吸引力的、多层次的文化产品,是互联网文化产业发展的根本之道。只有作为产业链源头的创意创作环节受到尊重和保护,整个产业的可持续发展才会有充分保障。

鉴于此,需要从体制机制层面构建推动建立互联网文化产业发展的新格局。首先,要建立平台与内容相结合的新型产业链,打造产业发展的新引擎,形成新型终端、软件、内容、运营服务一体化的信息服务体系。其次,主攻移动互联网、互联网新应用、融合性的网络电视业务等方向。再次,积极扶持发展如下重点项目:与移动互联网发展相关的项目,与内容挖掘、舆论监测相关的项目,与娱乐、游戏和动漫产业相关的项目,与知识性、百科性文化内容相

关的项目,等等。最后,国家或地方需要调研和出台一系列地方性法规、政策或措施,给互联网文化产业提供更加有利的环境。其具体措施包括:其一,加强立法建设,对诸如人肉搜索、低俗文化等给予明确的法律界定。其二,建立创新专项基金,对创新项目给予专项鼓励和支持。其三,大力降低创业门槛,鼓励互联网创业,给互联网创业以专项支持。其四,建立技术服务平台,给企业以 IDC、带宽、安全、技术共享等方面的支持。其五,建立公开的考评体系和沟通机制,让企业能够和政府充分地互动和沟通。其六,加强知识产权保护,建立良好的内容保护环境和制度。

二、互联网娱乐营销的走向

(一)移动化趋势仍将持续

移动化趋势是互联网文化产业的一个重要趋势,移动端基于其便捷性及功能化特点,正在逐步取代 PC 端,成为个人互联网服务的主要载体,值得注意的是,以新闻传播、即时通信、教育培训等为代表的传统服务不断网络化和移动化。在初期发展阶段,企业更多是将移动端视作一个工具来近距离连接用户。而以游戏、文学、视频等为代表的新生泛娱乐服务则更侧重于在互联网上制造原生内容,借助移动端消费行为"挤压"传统娱乐领域场景。具体来说,互联网游戏、互联网文学,以及互联网视频行业领域作为互联网原生内容文化企业的典型代表,与其他产业最大的一个区别在于,其对内容创造的依赖程度促使其在移动化转型的过程中,充分将用户转化为内容创造者,实现用户双重身份的改造。这不仅大大降低了内容创造门槛,激发了市场创造、创新的活力和积极性,而且提升了大规模用户接入能力,使得内容创造场景更显现出融合共生的局面。2016 年,以腾讯天美工作室群的《王者荣耀》为代表的相当一部分移动手机游戏,实现了爆发式的增长。此外,巨人网络旗下的《球球大作战》以及网易旗下的《阴阳师》游戏等爆款游戏,共同占据了大部分市场流量。

互联网文化企业在对移动化顺势而行的时候,有两个重要的方面值得注意。第一,可穿戴设备的爆发式发展加速了移动化的市场拓展节奏。美国消费电子协会(CEA)的报告显示,未来 5 年内,可穿戴设备的整体市值将超过80 亿美元。[①] 可穿戴设备进一步简化了终端系统的机械性,丰富了互联网文化产品和服务的消费场景。随着 VR 虚拟现实等一系列技术市场模式的发展成熟,其与可穿戴设备之间在移动端的融合交互值得关注。第二,碎片化是移动化趋势的本质和核心逻辑,这典型地体现在移动阅读行业领域。相较于传统的纸质翻阅形式,当今社会快节奏、碎片化的生活模式需要更多渠道、平台以满足不同的阅读需求。因此,移动阅读作为一种新型消费形态成为国民阅读的新趋势。以阅文集团为例,面对全新阅读环境所带来的机遇与挑战,以及首次超 3 亿用户的庞大规模,阅文集团将内容分发渠道扩展至 50 余家,覆盖 PC 端、移动端、音频及电纸书等,包括 QQ 阅读、起点中文网等。其中,QQ 阅读作为中国最大的阅读类应用,年增幅超过 100%。[②] 除了阅读用户方面的碎片化,这种移动化趋势还覆盖了网文创作领域,手机写作在"作家助手"等阅文技术平台的助推下呈现增长态势,每年有近 70 万人在"作家助手"上更新作品,网文创作进一步突破了时间、空间的限制。

(二)平台化向生态化继续推进

互联网是无边界的平台,包括移动互联网在内的互联网有一个非常广的宽度和一种程式化的高度。我们在互联网上可以做任何平时想做的事情,除了现场体验之外,电商、技术、娱乐、传播、金融、教育、营销、社交都可以,传统的商业项目都可以搬到互联网上开展。[③] 近年来,平台型企业发展很快,从门户网站、网络游戏、电子商务网站到社交网络、在线教育、网络视频、互联网金融等,且平台型企业不断地创新,扮演着交易平台、媒体平台、支付平台、应用平台和综合平台等各类角色,向企业、消费者等多方客户提供不同类型的创新服务,平台型企业演化出平台经济产业已是大势所趋。互联网尤其是移动

---

① CEA:可穿戴设备未来十大趋势[EB/OL]. (2014-04-18)[2019-12-30]. http://www. eepw. com. cn/article/236780. htm.

② 2016 网络文学发展报告出炉 四大数据带你读懂中国网络文学产业[EB/OL]. (2017-02-14)[2019-12-30]. http://www. sohu. com/a/126217917_488898.

③ 陈少峰. 当前互联网文化产业发展的新趋势[J]. 艺术百家,2015,31(4):46-49.

互联网的快速普及,为平台企业的发展注入了强大的动力。未来利用互联网平台这个优势,文化产业必将打造出多个平台型企业。互联网作为兼具技术、用户、内容等关键市场要素的新领域也逐渐与传统文化产业相融合。互联网给文化产业带来了诸多新变化,这不仅仅表现在业务类型、市场范围、传播媒介等一般产业特征上,更关键的变化是互联网改变了文化产业的思维模式,文化产业企业要适应互联网潮流就必须从根本上转变思维模式。预计未来 10 年,互联网行业的竞争层次将从规模和业务扩张升级到以提高效率和创新商业模式为主的行业生态系统的竞争,打造成熟的商业生态系统成为各大互联网企业的首要任务。

随着互联网文化产业链的演进,内容生产商到最终用户之间的产业链环节逐渐细化,从产业链最上游的内容生产到产业链终端的用户消费,需要经过代理发行、产品运营、营销推广、计费支付等诸多环节,这也意味着占据其中一个环节的互联网文化企业,在产业市场整体的影响力逐渐降低。因此,原来产业链各环节的参与者不再满足于仅获取单一环节的收益,而是通过上下游整合,分享产业链多环节收益。同时,通过多环节的整合,服务商也能够以更加丰富的服务手段,满足客户的一站式服务需求,增强产业核心竞争力。

生态化业务布局是现在和接下来很长一段时间内,互联网文化产业的重要发展趋势和方向。以阿里巴巴为例,首先,其整合内部资源规划产品,诸如阿里音乐、阿里体育、阿里旅行、阿里游戏、阿里文学等,除此之外,还通过收购入股的形式,借由资本注入现有企业实现快速占据竞争对手的市场份额,如口碑外卖、饿了么、优酷土豆等。其次,基于电商内核增强内容生产业务和 O2O 变现渠道,如基于淘宝网和天猫商城的淘宝直播和天猫直播,与优酷土豆的产品联动营销等。最后,以支付宝作为数据支持,丰富自己的线上线下支付场景,为其他业务布局提供支付和金融服务,实现消费行为闭环。因此,生态化的业务布局虽然是大势所趋,但是真正能够实现这一战略的互联网文化企业仅仅是市场的少数,这也为其他中小规模企业提出了实践困境课题,如何让企业自身的生态潜力最大化是其首要的考量,而以 BAT 为代表的巨头企业则更应该注意生态布局的逻辑性和发展空间,一味地把摊子铺大只会给企业自身的商业模式带来无法消化的负担。

（三）内容的 IP 化日益凸显

随着大数据时代的到来,文化产品的使用方式和传播路径发生了重大变革,作品创作向全民化、大众化方向发展,传统"先授权后使用"的许可付酬模式面临挑战。如在网络文学这一产业链条上,网络文学作为上游,通过授权的方式,可以根据文学内容推出游戏、动漫、影视等一系列衍生产品。IP 成为"互联网＋文化"的发展主线与核心价值,"泛娱乐"生态构建行业全产业链内容布局。互联网巨头已全方位深入内容产业上下游,以阿里巴巴、腾讯、百度三巨头为代表的大型互联网企业频频将触角伸到文化产业领域,加强内容与平台的融合,打造以 IP 为核心的泛娱乐生态系统。

（四）竞合关系日趋多元

互联网文化产业市场竞合关系多元化,一个重要的体现就在于通过资本运作等方式,垂直行业领域重要主体之间的竞争与合作关系的动态变化。在互联网环境下,传统企业是以竞争为主,互联网是以合作为主,[①]影响垂直产业格局的合并事件依然存在。首先是滴滴出行与 Uber 中国的合并,使得国内的交通出行市场真正形成一家独大的局面,滴滴出行成为市场垄断者并占据绝对的市场份额,Uber 中国告别"烧钱竞争"。Uber 本身也成为滴滴出行最大的单一股东,仍有着财务投资上可能的收益。另外则是蘑菇街和美丽说的合并,组合成新的"美丽联合集团",使得时尚女性电商市场产生新一轮的竞争格局,内容、社交和直播要素将更多地融合进这一垂直市场,蘑菇街和美丽说之前并不重合的用户受众群也将面临重新定位和划分。从另一个角度来说,这也为时尚女性电商领域提供了创新的蓝海空间。

互联网文化产业市场竞合关系的多元化趋势也将给企业带来多重影响。首先,行业巨头之间的合并收购或将带来市场垄断程度的提高,许多互联网文化产业行业领域巨头在长期的竞争过程中,通过不断收购其他企业快速增

---

① 黄锦宗,陈少峰.互联网文化产业商业模式创新[J].福建论坛(人文社会科学版),2016(2):63-68.

强自身规模实力和产品业务线,最终实现极少数企业占据市场几乎全部的消费人群,即使这部分企业之间依旧保持竞争格局,也会对市场垄断程度带来较大的影响,而如果这部分企业经过长期的"烧钱竞争",最终走向合并,那么也将占据行业领域内的绝对市场份额。其次,第一梯队企业之间的价格竞争策略或将破坏正常市场秩序和产业生态,由于互联网平台本身的开放性特征,互联网文化企业核心产品的功能性差异化战略实现难度较大,最为迅速的竞争策略就是低价策略,通过对用户进行直接的资金补贴等,快速占领市场份额,但是这种策略往往很难获得用户黏性、品牌认同感和归属感,因此用户流失概率也会更大。在这种情况下,"烧钱竞争"如果得不到有效的规范,市场生态困境就将愈演愈烈,最终破坏正常市场秩序,造成两败俱伤的结局。最后,中小规模新进企业的发展格局更为艰难,其面对的战略选择就是要么成长为独角兽企业,要么等着被 BAT 等企业收购。而就现实发展来看,即使成长为独角兽企业,可能最终也将面临被其他巨型企业收编的结果,长此以往,或许将挫伤创业者和新进初创企业的创新积极性。而对于以 BAT 为代表的企业来说,合并收购依然是其重要的企业发展课题,对被收购者的业务和模式消化的过程,将成为决定其收购能否成功的重要判断依据。整体来说,对于互联网文化企业,互联网资本的大体量特征为其竞合关系多元化发展提供了先决条件,但是其对自身在市场中所处的位置和号召力应该有明确的认识,应立足于转型商业模式,增强核心竞争力,以低价策略为辅,理智对待合并收购。

(五)国际化市场不断开拓

在互联网技术支持和嵌入的背景下,全球文化服务贸易与文化产品贸易越来越呈现融合趋势,互联网技术也对推动中国文化走出去,凸显信息安全和文化安全,特别是发展文化服务贸易提供了强大动力。与传统产业市场边界不同,互联网文化产业在互联网本质属性和文化产业独特属性上具有双重开放性。因此,以区域地理边界划分市场的逻辑不复存在,国际化市场在长远来看是大势所趋。

以腾讯为例,其以 86 亿美元收购著名的芬兰移动游戏公司 Supercell

84％的股份①,这是 2016 年披露金额最大的并购事件,也是一起影响巨大的跨境并购,不仅仅丰富了腾讯的移动游戏业务布局,让腾讯在国内的游戏帝国地位更加稳固,也使得网易等公司难以追赶上其游戏产业规模。同时,腾讯自身的国际化娱乐公司品牌也得到更大范围的传播和巩固。此外,腾讯还收购了另外一家境外公司——Sanook.com,这是目前泰国最大的门户网站,腾讯在此基础上直接将其升级为"腾讯泰国公司",该公司也成为其国际化进程中重要的战略性步骤之一。各互联网文化企业在培育具有全球影响力的文化产品和品牌的过程中,可以基于互联网大数据的基础作用,通过分析全球用户的消费行为和文化偏好,进一步实现普遍认同的文化价值,从而推出通行全球的文化产品和品牌,消除国际市场文化壁垒,通过跨界运作,实现企业自身的国际化战略转型。

(六)用户中心化趋于回归

随着互联网技术的不断发展,互联网文化企业的用户流量、资源平台、文化产品、入口渠道越来越多元,呈现出"去中心化"的市场态势。但是,随着用户话语权回归,用户表达需求的意愿不断增强,个性与自我主张愈加明显,用户中心化的趋势更加突出。以互联网影视为例,社交平台、在线票务平台、影视评分网站等一系列平台都提供了用户表达渠道,通过对影视内容本身的判断进行消费选择更具可能性。互联网文化企业要做到关注用户成长性,实现动态营销和用户中心化。越来越成为市场趋势的超龄儿童经济模式,就是这一点的典型体现。当"80 后""90 后""00 后"成长为社会结构的中坚力量,契合其成长过程的回忆营销和怀旧营销,往往能够收获巨大的社会关注和市场效益;这部分群体是年轻化的思维方式和传统消费习惯的结合体,这就要求企业产品的设计将年轻化的线上模式和传统的线下场景相融合,实现触发消费的营销目的。此外,大数据技术和开发模式的不断发展成熟,也为用户回归市场中心地位提供了重要的技术铺垫。还是以互联网影视为例,网络电视剧和网络大电影等新生代影视领域,呈现出新的创新态势,包括以视

---

① 腾讯 86 亿美元收购芬兰手游公司 84％股权[EB/OL]. (2016-06-23)[2019-12-21]. http://www.sohu.com/a/85370133_119663.

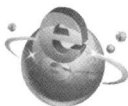

频平台等在内的播放环节和以社交平台在内的信息环节,为采集用户消费习惯和消费行为提供了基础;对用户大数据的分析和使用,为其内容创作提供了重要的灵感方向和内容素材取向;同时,这也能进一步对生产完成后的推广营销手段进行定制和策划,用户的观影兴趣点、观影渠道、观影习惯等均可以通过这一手段实现,宣发放映环节的结束又带来新一轮的用户分析和内容创造,如此形成的良性循环也会不断加强用户在行业领域市场的中心地位。

(七)企业两极分化加剧

一方面,大而强的舰队型企业迅猛发展。大舰队式的企业集团将会产生无限可能的企业市值。比如,一万家垂直网站,十万人众筹出书,百万爱好者参与艺术品拍卖,千万粉丝点播歌曲与虚拟现场互动,就会让舰队式的文化企业产生无限量的企业市值。当前,中国文化企业还有很大的成长空间,中国文化企业与世界级文化企业的差距很大。比如,2019年华谊兄弟和迪士尼相比,前者一年销售收入15亿元人民币,后者销售收入450亿美元,相差3000亿元左右人民币。产业内整合将会提升龙头企业的行业地位,中小影视企业的资金劣势和平台劣势问题日益突出。未来5年内,中国有望出现3—5家世界级传媒集团,在移动互联网时代,文化产业将以核心平台企业为主,企业也将形成舰队式结构。

另一方面,"小而美"的商业时代到来。由于国家重视扶持小微文化企业创业,以及阿里巴巴等企业对电商或微商平台的带动,中小企业寻找到成长的新路径。依托于互联网平台,中小文化企业可以通过在专业化和细分领域的创新,并与电子商务的结合,来实现突破,其存在的新机会包括:其一,中国有很多区域特色文化产业、特色文化产品及文化品牌,可以进行创意、包装和挖掘;其二,针对特定消费人群的个性化文化服务,例如健康养生、小圈子的兴趣化族群都有新的机会。

与企业两极分化相对应的是,国有文化企业遇到挑战。首先是电信运营商。智能手机更新换代最主要的变化是去运营商化,表现在:一是智能手机可能会去掉SIM卡,二是智能手机将开启手机与手机直接通信的时代。这都将使运营商边缘化。电信运营商要面对互联网公司的冲击,而这在以后会更加严重。以后电信运营商会更加互联网化,甚至会抛弃原有的运营模式和成熟业务,互联网化的电信运营商与虚拟电信运营商的互联网公司将展开面对面的竞争,流量降价和语音免费将是直接的结果。

部分国有传媒企业不再拥有核心竞争力。新旧媒体融合,本质上是新媒体正在淘汰旧媒体,从而向新型的融媒体提升。以报纸的发行量持续下降、电视开机率锐减、广告收入不断下滑等为显著指征,传统媒体的困境将由一报一台的休刊、关闭逐渐蔓延至全行业的生存危机。大批人才从传统媒体流向网站、新媒体等领域,这些领域集结了一大批昔日传统媒体的佼佼者与领军者。需要关注的是,中央所谓新旧媒体融合,其实是督促传统媒体单位加快发展新媒体。发展新媒体,就要有新媒体思维和互联网思维(互联网思维代替不了新媒体思维),平台意识是两种思维的焦点。

(八)模式创新带动产业创新

在传统的内容创新之外,模式创新趋势越来越成为推动产业创新的重要方向。以共享模式为例,随着互联网尤其是移动互联网的发展以及近年来"互联网＋"行动计划和"大众创业、万众创新"的推进,共享模式成为众多创业者的重要选择。从在线创意设计、营销策划到餐饮住宿、物流快递、资金借贷、交通出行、生活服务、医疗保健、知识技能、科研实验,共享模式已经渗透到几乎所有的领域。作为共享模式的重要代表性服务之一,网约车行业在 2016—2018 年出现跨界融合现象,平台企业围绕出行服务领域进行全面化布局,由单一业务开始向平台化生态拓展。网约车在盘活车辆资源、满足用户出行需求方面发挥了重要作用,并随着相关政策的出台进入规范发展期。

除了共享经济,网红经济、社群经济等创新性经济模式也成为互联网文化产业市场的重要发展趋势。总的来说,模式创新的最重要原则和核心理念是依托用户需求。在互联网无边界的开放平台上,缺乏精确的目标定位是很难在市场中获得核心竞争力的,而精确的目标定位和核心竞争力的最重要依据之一就是用户,无论是通过用户关系做文章的社群经济,还是立足于用户

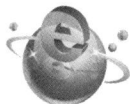

黏性和粉丝效应的网红经济,用户在其中发挥的作用都不容小觑。因此,互联网文化企业在谋求自身模式创新时需要将用户需求与自身文化产品和服务相融合,将用户主体架构与企业商业模式创新相契合,以此保证模式创新的生命力和市场影响力。

【参考文献】

[1] 阿尔·利伯曼,帕特丽夏·埃斯盖特. 娱乐营销完全指南[M]. 王芳,译.2版.上海:格致出版社,2017.

[2] 埃尔·李伯曼,帕特丽夏·埃斯盖特.娱乐营销革命[M].谢新洲,等译.北京:中国人民大学出版社,2003.

[3] 德鲁克.21世纪的管理挑战[M].朱雁斌,译.北京:机械工业出版社,2009.

[4] Joel Comm.微博营销:140字的淘金游戏[M].刘吉熙,杨硕,译.北京:人民邮电出版社,2011.

[5] 莱文森.新新媒介[M].何道宽,译.上海:复旦大学出版社,2011.

[6] 卡尔·夏皮罗,哈尔·瓦里安.信息规则:网络经济的策略指导[M].张帆,译.北京:中国人民大学出版社,2000.

[7] 盖布·兹彻曼,乔斯琳·林德.游戏化革命:未来商业模式驱动力[M].应皓,译.北京:中国人民大学出版社,2014.

[8] 阿尔文·托夫勒.未来的冲击[M].蔡伸章,译.北京:中信出版社,2006.

[9] 伯恩德·H.施密特.体验式营销[M].张愉,等译.北京:中国三峡出版社,2001.

[10] 约瑟夫·派恩,詹姆斯·吉尔摩.体验经济[M].毕崇毅,译.北京:机械工业出版社,2016.

[11] 马克·格兰诺维特.经济生活中的社会学[M].瞿铁鹏,姜志辉,译.上海:上海人民出版社,2014.

[12] 西奥多·莱维特.营销想象力[M].辛弘,译.北京:机械工业出版社,2007.

[13] 托马斯·达文波特,约翰·贝克.注意力经济[M].谢波峰,等译.2版.北京:中信出版社,2004.

[14] 德索托.资本的秘密[M].于海生,译.北京:华夏出版社,2007.

[15] 理查德·佛罗里达.创意阶层的崛起[M].司徒爱勤,译.北京:中信出版社,2010.

[16] 约翰·霍金斯.创意经济——如何点石成金[M].洪庆福,孙薇薇,刘茂玲,译.上海:上海三联书店,2006.

[17] 三谷宏治.经营战略全史[M].徐航,译.南京:江苏凤凰文艺出版社,2016.

[18] 维克托·迈尔·舍恩伯格,肯尼思·库克耶.大数据时代——生活、工作与思维的大变革[M].盛杨燕,周涛,译.杭州:浙江人民出版社,2013.

[19] 金,莫博涅.蓝海战略——超越产业竞争,开创全新市场[M].吉宓,译.北京:商务印书馆,2010.

[20] 艾德·卡特姆,埃米·华莱士.创新公司:皮克斯的启示[M].靳婷婷,译.北京:中信出版社,2015.

[21] 申金霞.自媒体时代的公民新闻[M].北京:中国广播电视出版社,2013.

[22] 刘芸畅.新媒体营销＋:互联网时代的娱乐营销解密[M].北京:中国文史出版社,2015.

[23] 叶朗.中国文化产业年度发展报告2016[M].北京:北京大学出版社,2016.

[24] 叶朗.中国文化产业年度发展报告2017[M].北京:北京大学出版社,2017.

[25] 陈少峰,张立波,王建平.中国文化企业报告2015[M].北京:清华大学出版社,2015.

[26] 陈少峰,张立波,王建平.中国文化企业报告2016[M].北京:清华大学出版社,2016.

[27] 陈少峰.中国文化企业报告2014[M].北京:清华大学出版社,2014.

[28] 陈少峰,张立波.文化产业商业模式[M].北京:北京大学出版社,2011.

[29] 陈少峰,张立波,王建平.中国文化企业品牌案例[M].北京:清华大学出版社,2015.

[30] 张立波.文化产业项目策划与管理[M].北京:北京大学出版社,2013.

[31] 张立波.基于大数据的文化企业商业模式创新[M].北京:北京大学出版社,2017.

[32] 张立波,陈少峰.新中道的企业管理哲学[M].北京:北京大学出版社,2012.

[33] 卢泰宏,周懿瑾.消费者行为学:中国消费者透视[M].2版.北京:中国人

民大学出版社,2015.

[34] 王文科.传媒导论[M].杭州:浙江大学出版社,2006.

[35] 陈威如,余卓轩.平台战略:正在席卷全球的商业模式革命[M].北京:中信出版社,2013.

[36] 阿里研究院.互联网+:从IT到DT[M].北京:机械工业出版社,2015.

[37] 喻晓马,程宁宁,喻卫东.互联网生态:重构商业规则[M].北京:中国人民大学出版社,2016.

[38] 范周.重构·颠覆:文化产业变革中的互联网精神[M].北京:知识产权出版社,2016.

[39] 陈虎东.场景时代:构建移动互联网新商业体系[M].北京:机械工业出版社,2016.

[40] 黄锦宗,陈少峰.互联网文化产业商业模式创新[J].福建论坛(人文社会科学版),2016(2):63-68.

[41] 王淼.数据驱动的互联网广告效果监测研究[J].广告大观(理论版),2017(4):31-46.

[42] 张艳.传播学视角下即时性营销模式与战略实现——以微信营销为例[J].中国出版,2013(16):18-20.

[43] 孟兆平,周辉.网络音乐产业发展现状与趋势研究[J].学术探索,2016(5):110-116.

[44] 傅琳雅."互联网+文化产业"的新业态及发展趋势[J].沈阳工业大学学报(社会科学版),2016,9(4):306-309.

[45] 王琴.我国电视节目模式版权交易现状思考[J].长江大学学报,2013,36(3):189-190.

[46] 卢紫馨.网络直播平台发展分析——以YY直播的发展及受到新兴直播平台冲击为例[J].湖北经济学院学报(人文社会科学版),2017,14(2):53-56.

[47] 周凯,徐理文.基于5T理论视角下的企业微博营销策略及应用分析——以欧莱雅的微博营销为个案研究[J].图书与情报,2012(5):120-127.

[48] 徐达内.微信公众号的五类商业"变现"模式[J].新闻与写作,2015(7):10-13.

[49] 张鸿飞,李宁.自媒体的六种商业模式[J].编辑之友,2015(12):41-45.

[50] 陈立敏,姚飞.视频自媒体的内容生产与盈利模式[J].广西师范学院学报(哲学社会科学版),2016,37(2):164-168.

[51] 王欢,庞林源.网络直播监管机制及路径研究[J].出版广角,2017(6):78-82.

[52] 张彬.对"自媒体"的概念界定及思考[J].今传媒,2008(8):76-77.

[53] 王海龙,景庆虹.吐槽弹幕与网络节目的互动性探析——以《吐槽大会》节目为例[J].新媒体研究,2017,3(8):47-49+84.

[54] 喻国明,景琦.传播游戏理论:智能化媒体时代的主导性实践范式[J].社会科学战线,2018(1):141-148+2.

[55] 喻国明.解读新媒体的几个关键词[J].广告大观(媒介版),2006(5):12-15.

[56] 陈建勋,于姝.消费者、顾客与客户的区分及其营销意义[J].兰州学刊.2007(11):61-62.

[57] 陈少峰,李源.文化产业的十种商业模式创新[J].中国国情国力,2016(12):14-16.

[58] 邹立清.电子商务视角下的文化产业发展研究[J].理论界,2015(8):23-29.

[59] 孙丽君,张雪.VR影视产业盈利模式探析——基于传统影视价值链的分析[J].人文天下,2018(5):2-11.

[60] 毛规.电子商务在大众传媒产业中的应用及意义——以电影产业为例[J].新媒体研究,2016,2(6):33+38.

[61] 刘扬.互联网化电影发行的现状与发展分析[J].当代电影,2015(1):84-88.

[62] 刘耀.新媒体环境下电子商务平台的发展战略研究[J].经济研究导刊,2017(3):154-155.

[63] 杨芷静.自媒体时代的电子商务营销新形式[J].电子商务,2016(10):42-43.

[64] 袁建平,向科衡.媒体电商互动商业场景构建对策[J].传媒评论,2015(12):82-84.

[65] 史瑞.论新媒体的产生,应用及其商业模式[J].现代商业,2008(2):163.

[66] 韩宏斌.浅谈"互联网+"给博物馆发展带来的机遇和挑战——太原市晋祠博物馆"互联网+旅游"新思路[J].文物世界,2017(1):66-69.

［67］陈少峰,陈晓燕.基于数字文化产业发展趋势的商业模式构建［J］.北京联合大学学报(人文社会科学版),2013,11(2):64-69.

［68］陈少峰."互联网＋文化产业"的价值链思考［J］.北京联合大学学报(人文社会科学版),2015,13(4):7-11.

［69］张立波.数字内容产业发展的五大趋向［J］.文化产业导刊,2011(8):64-69.

［70］陈波,张雷.基于大数据的影视剧制播模式创新［J］.电视研究,2014(4):19-21.

［71］阿里研究院.信息经济呈现十大浪潮［J］.理论参考,2015(3):52-55.

［72］R. H. Coase,The Nature of the Firm［J］.Economica,1937,4(16):386-405.

［73］Aral S,Walker D. Identifying influential and susceptible members of social networks［J］. Science,2012,337(6092):337-341.

［74］Zhang Libo,Hu Yan. Price Discrimination of Film Products and Building Hierarchical Market Under the Background of"Internet Plus "［J］. Contemporary Social Sciences,2016(2):129-136.

［75］Thomas H. Davenport,Paul Barth,Randy Bean. How"Big Data"is different［J］.MIT Sloan Management Review,2012,54(1):22-24.

［76］McKinsey Global Institute. Big data:the next frontier for innovation,competition,and productivity［R］. McKinsey Report,2011(3).

［77］Mark Beyer,Douglas Laney. The Importance of "Big Data":A Definition［R］.Gartner,2012(6).

［78］中国互联网信息中心.第 41 次《中国互联网络发展状况统计报告》［R/OL］.（2018-01-31）［2019-09-20］.http://www. cac. gov. cn/2018-01/31/c_1122347026.htm.

［79］中国互联网信息中心.第 42 次《中国互联网络发展状况统计报告》［R/OL］.（2018-08-20）［2019-09-20］.http://www. cac. gov. cn/2018-08/20/c_1123296882.htm.